21世纪经济与管理精编教材

会计学系列

无形资产评估
理论与实务

Theory and Practice of
Intangible Assets Valuation

刘小峰 ◎ 编著

图书在版编目(CIP)数据

无形资产评估:理论与实务/刘小峰编著. —北京:北京大学出版社,2017.2
(21世纪经济与管理精编教材·会计学系列)
ISBN 978-7-301-28040-9

Ⅰ. ①无⋯ Ⅱ. ①刘⋯ Ⅲ. ①无形资产管理—资产评估—高等学校—教材 Ⅳ. ①F273.4

中国版本图书馆 CIP 数据核字(2017)第 024478 号

书　　名	无形资产评估:理论与实务 WUXING ZICHAN PINGGU:LILUN YU SHIWU
著作责任者	刘小峰　编著
责 任 编 辑	任京雪　叶楠
标 准 书 号	ISBN 978-7-301-28040-9
出 版 发 行	北京大学出版社
地　　址	北京市海淀区成府路 205 号　100871
网　　址	http://www.pup.cn
新 浪 微 博	@北京大学出版社　　@北京大学出版社经管图书
电 子 邮 箱	编辑部 em@pup.cn　　总编室 zpup@pup.cn
电　　话	邮购部 62752015　发行部 62750672　编辑部 62752926
印 刷 者	北京宏伟双华印刷有限公司
经 销 者	新华书店
	787 毫米×1092 毫米　16 开本　19 印张　330 千字 2017 年 2 月第 1 版　2023 年 12 月第 6 次印刷
定　　价	38.00 元

未经许可,不得以任何方式复制或抄袭本书之部分或全部内容。
版权所有,侵权必究
举报电话:010-62752024　电子邮箱:fd@pup.cn
图书如有印装质量问题,请与出版部联系,电话:010-62756370

前　言

无形资产评估是国内高等院校资产评估专业的核心课程。编写这部《无形资产评估：理论与实务》教材的原因主要有：

（1）编者从事多年资产评估本科课程"无形资产评估"和资产评估硕士研究生课程"无形资产评估：理论与实务"的教学工作，在教学过程中缺少理想的教材，制约了学生对相关知识的理解和掌握。这是编者编写这部教材最直接的原因。

（2）我国资产评估市场的发展逐步趋于规范，从无序到有序，逐步形成了层次分明的产业格局，发展方式也由过去的"跑马占地"发展为如今的"精耕细作"。无形资产评估实务积累了较为丰富的成果，到了一个可以总结的阶段。

（3）自从2005年教育部在高等财经院校恢复资产评估本科专业以及2010年国务院学位委员会正式批准设立资产评估专业硕士以来，目前我国共有两百多所高校开设了资产评估专业，形成了专科、本科、硕士、博士的完整的培养结构。无形资产评估的理论体系也在这个过程中逐渐成熟、完善，其系统性和专业性日益凸显，也到了一个可以总结的阶段。

实务和理论界积累的丰富成果是编者编写这部教材的深层次原因。本教材力图将理论和实务有机结合，满足各层次读者的需求。本教材适用于普通高等院校资产评估专业的本科和研究生、从事资产评估实务的工作人员，以及希望了解无形资产价值和评估的其他人员。此外，希望使用本教材的读者已经学习过资产评估学基础。拥有一定的资产评估基础知识，有助于对本教程的理解。

编写思路

在编写过程中，本教材主要遵循以下思路：

（1）推进党的二十大精神进教材，将"高质量发展""创新型国家建设""加强生态环境保护"等时代要求融入专业知识点，将"无形资产评估准则""资产评估职业道德要求"等行业要求融入案例，推进课程思政建设。

（2）突出对无形资产评估方法的总结。目前，大部分教材对于评估方法的介绍较少,内容主要讲"资产",本教材共用了 4 章内容来讲"方法",包括收益法(第四章)、无形资产的许可交易和收益分成(第五章)、市场法和成本法(第六章)以及实物期权方法(第七章)。

(3)突出对无形资产价值的分析。编者认为资产评估的核心在于对资产价值的分析和理解。在会计学中,有一个原则为实质重于形式,是指企业应当按照交易或事项的经济实质进行会计核算,而不应当仅仅按照它们的法律形式作为会计核算的依据。在对资产价值进行评估时,我们认为应该坚持价值分析重于形式,为此本教材力图强调无形资产的经济学意义,突出无形资产的获利能力,即评估价值,希望唤起读者对于"价值"的重视。

(4)努力保持无形资产评估案例的过程性和完整性。本教材收入了四个完整的案例,包括商誉评估(割差法)、专利价值评估(主要是收益法)、电容量(主要是实物期权法)以及合并对价分摊(多种方法)。为尽量突出无形资产评估的分析与计算过程,本教材专门设计了评估步骤,注重技能培养,实现理论与实务的有机结合,并维持相关知识点在拆分与整合之间的平衡。

(5)纳入最新的无形资产理论与实务问题。吸取最新研究成果与评估实务,包括无形资产侵权的损失赔偿、具有大量无形资产的企业价值评估、合并对价分摊的公允价值评估、无形资产的市场化和转让定价以及无形资产评估中的税务摊销收益等。

(6)突出学科的交叉与融合。无形资产评估是一门正在发展的新兴、复合、交叉性学科,无形资产评估理论、方法和实务都离不开相关学科的交融。本教材借助了会计知识来探讨无形资产的信息披露与计量问题,借鉴了社会分工理论和价值链知识来阐述收益分成问题,借助了现代金融定价理论来介绍实物期权理论,采纳了法学知识来界定知识产权和分析知识产权侵权损失赔偿的评估问题,吸取了计量经济学知识来探寻市场法的变化之道。

内容安排

本教材共分为十四章和附录,可以分为五个部分。

第一部分为无形资产评估概论,共 3 章内容。包括:第一章,无形资产概述;第二章,常见的无形资产;第三章,无形资产价值评估。

第二部分为无形资产评估理论与方法,共 4 章内容。包括:第四章,收益法;第五章,无形资产的许可交易与收益分成;第六章,市场法与成本法;第七章,实物期权方法。

第三部分为无形资产评估专题,共 3 章内容。包括:第八章,具有大量无形资产的企业价值评估;第九章,无形资产侵权的损失赔偿评估;第十章,关于无形资产的若干问题探讨。

第四部分为无形资产评估案例,共4章内容。包括:第十一章,商誉及其评估案例;第十二章,专利价值评估案例;第十三章,基于实物期权方法的电容量价值评估案例;第十四章,合并对价分摊的公允价值评估案例。

第五部分为附录。

在使用本教材教学的过程中,教师可以根据需求定制章节,也可以根据自身特点重新编排章节顺序,特别是第四部分的无形资产评估案例,可以根据讲授内容自由调整。若需要教学PPT,可与出版社联系(按照本书最后一页注明的方式申请)。

致 谢

本教材的编写得益于无形资产评估理论和实务界多年来形成的丰硕成果,在此向为无形资产评估理论与实务界做出贡献的专家和学者致敬。同时,特别感谢中国资产评估协会组织的多期培训班,我有幸参加了2011年的"清华大学第五期资产评估高级研修班"和2014年的"资产评估专业院校师资培训班"。这两次的培训,让我聆听到来自实务界一线明星的精彩分享,使我受益匪浅。特别感谢全国资产评估教育研究会组织的多期"全国资产评估教育发展论坛"和由多所高校举办的多期"资产评估新发展国际会议"。参与多次会议,不仅使我收获了同行无私的知识和智慧分享,更收获了同行情谊。

本教材的形成也得益于多年教学科研过程中与我反复探讨的同学与同事的帮助。南京财经大学会计学院是一个温暖的家庭,领导和同事的关爱让我可以做一些自己想做的事。感谢钱坤博士、叶玲博士、于成永教授、胡晓明教授、赵海林副教授以及吴孝灵副教授对本书提出的宝贵意见。感谢多年来听过我这门课程的学生,包括2011级至2015级资产评估专业的硕士研究生和2010级至2013级资产评估专业的本科生,他们不仅是本课程最佳的听众,更为本教材提出了诸多有建设性的建议,他们的鼓励与需求是我编写本教材最大的泉源和动力。感谢北京大学出版社的张燕和任京雪编辑给予的大力支持。

本书不仅得到了江苏高校品牌专业建设工程资助项目的资助,还得到了南京财经大学各方面的大力支持,在此一并表示感谢!

虽然编者在编写过程中力求精益求精,但由于水平有限、经验不足,教材中难免有错误和疏漏之处,恭请广大师生和读者斧正(联系方式:lxf@njue.edu.cn)。

编 者
2017.01
修改于2022.11

目 录

第一章 无形资产概述 …… 1
    第一节 无形资产的重要性 …… 1
    第二节 无形资产的概念 …… 2
    第三节 法律与无形资产 …… 5
    第四节 无形资产的会计计量 …… 8
    第五节 无形资产的信息披露 …… 13

第二章 常见的无形资产 …… 17
    第一节 专利权 …… 17
    第二节 专有技术 …… 19
    第三节 著作权 …… 20
    第四节 商标权 …… 22
    第五节 品牌 …… 24
    第六节 商誉 …… 25
    第七节 研发 …… 28
    第八节 特许权 …… 29
    第九节 关系类无形资产 …… 30
    第十节 其他无形资产 …… 32

第三章 无形资产价值评估 …… 35
    第一节 无形资产评估情形 …… 35
    第二节 无形资产的经济学含义 …… 37
    第三节 常见无形资产的价值分析 …… 40
    第四节 无形资产评估的价值类型 …… 42

第五节　无形资产评估方法 …………………………………………………… 46

第四章　收益法 …………………………………………………………………… 50
　　第一节　收益法概述 ……………………………………………………………… 50
　　第二节　无形资产评估收益法模型 ……………………………………………… 51
　　第三节　量化经济收益 …………………………………………………………… 62
　　第四节　无形资产的折现率 ……………………………………………………… 66
　　第五节　无形资产收益期限 ……………………………………………………… 72

第五章　无形资产的许可交易与收益分成 ……………………………………… 75
　　第一节　无形资产许可交易 ……………………………………………………… 75
　　第二节　收益分成 ………………………………………………………………… 78
　　第三节　影响无形资产分成率的因素 …………………………………………… 82
　　第四节　分成率的计算方法 ……………………………………………………… 86

第六章　市场法与成本法 ………………………………………………………… 98
　　第一节　市场法 …………………………………………………………………… 99
　　第二节　成本法 …………………………………………………………………… 107

第七章　实物期权方法 …………………………………………………………… 115
　　第一节　实物期权的概念 ………………………………………………………… 116
　　第二节　常见的实物期权评估模型 ……………………………………………… 127
　　第三节　模型参数的估计 ………………………………………………………… 140

第八章　具有大量无形资产的企业价值评估 …………………………………… 148
　　第一节　具有大量无形资产的企业概述 ………………………………………… 148
　　第二节　具有大量无形资产的企业价值评估 …………………………………… 155
　　第三节　案例分析 ………………………………………………………………… 162

第九章　无形资产侵权的损失赔偿评估 ………………………………………… 172
　　第一节　无形资产侵权的损失赔偿概述 ………………………………………… 172
　　第二节　无形资产侵权的损失赔偿评估 ………………………………………… 178

第十章　关于无形资产的若干问题探讨 ………………………………………… 186
　　第一节　无形资产的市场化 ……………………………………………………… 187

第二节　无形资产与金融融资 190
　　第三节　无形资产评估中的税务摊销收益问题 195
　　第四节　无形资产的转让定价问题 197
　　第五节　无形资产的管理问题 203

第十一章　商誉及其评估案例 207
　　第一节　案例介绍 207
　　第二节　案例描述 209
　　第三节　评估过程技术说明 212

第十二章　专利价值评估案例 220
　　第一节　案例介绍 220
　　第二节　案例描述 222
　　第三节　评估过程技术说明 224

第十三章　基于实物期权方法的电容量价值评估案例 237
　　第一节　案例介绍 237
　　第二节　委托评估资产分析 239
　　第三节　项目价值评估 240
　　第四节　电容量价值评估 243

第十四章　合并对价分摊的公允价值评估案例 252
　　第一节　案例介绍 252
　　第二节　案例描述 254
　　第三节　评估过程技术说明 255

附录1　国际评估指南 NO.4——无形资产评估(修订版) 267

附录2　资产评估准则——无形资产 284

附录3　常用表格 288

主要参考文献 293

第一章 无形资产概述

"不能测量,就不能管理。"(You can't manage what you don't measure.)

——管理学谚语

截至 2015 年 3 月,阿里巴巴集团(Alibaba Group)的物业、厂房和设备总值仅有 24 亿美元左右,但资本市场市值却高达 2 000 亿美元以上,无形资产的重要性日益凸显,商业信誉、企业知名度、客户关系网等无形资产发挥的作用越来越突出。人们对于有形资产容易建立认知模型,但对于无形资产,虽感觉重要,但却较难有明晰的概念和清晰的认识。无形资产评估是一门研究如何度量无形资产价值的实用科学,为我们认识无形资产和评估无形资产价值提供了大量的视角。本章就以下内容展开讨论:

- 什么资产才能算是无形资产?
- 会计学、经济学、资产评估学对于无形资产的界定有什么区别?
- 为什么法律在无形资产中具有特别重要的作用?
- 会计学科如何处理无形资产?
- 会计准则计量无形资产方法会导致财务报告数据呈现哪些特点?
- 为什么信息披露机制在无形资产披露问题上会失灵?

第一节 无形资产的重要性

中国经济正处于产业结构的调整时期,一个重要的方向就是:公司不仅生产有形商品,更多的是提供体验和服务。即使是出售有形商品,其包含的技术含量和代表的品牌形象也使该产品价值大大提高。调结构、转方式的根本出路在于科技进步和人力资源能力建设等无形资产的长期积累。与经济结构调整相适应,科技管理应由原来的重引进技术和重硬件购置,转向重创新能力培育和重人力资源能力建设,更加注重技术积累,并将研究开发延伸到产业化全过程,全力推进技术与经济的结合,最大限度地发挥有形资产和无形资产的综合效益。格力拥有 6 000 多项专利、华为跻身全球电信设备制造领域第二位,依靠的不仅仅是硬技术,对消费者的尊重、企业的良好愿景和长期的人力资源能力建设是更为重要的成功因素。美国等经济发达体进入 21 世纪后,影响其经济增长和社会财富最主要的因素也是无形资产或非实物资产,如智力资本、研究开发(R&D)、品牌、人力资本等。随着社会的演进,经济的增长不再主要依靠有形资产的投资,如工厂、机器、办公楼和矿产资源,取而代之的是对智力、网络、制度和良好声誉的投资。举一个极端的例子,截至 2015 年 3 月,阿里巴巴集团的物业、厂房和设备总值仅有 24 亿美元左右,但资本市场市值却高达 2 000 亿美元以上。

无形资产的重要性日益凸显,商业信誉、企业知名度、客户关系网等无形资产发挥的作用越来越突出。经济全球化导致财产组织形式的多样化和市场机制渗透力的增强,促进更多财产性权利转化为资本。无形资产作为财富的重要组成部分,已经成为带来有形价值的重要源泉。经济全球化提高了国际社会的消费需求,加速了品牌价值等无形资产在全球的扩张。品牌商品提供给消费者的不仅是实用价值,而且也包括精神文化价值,提供给社会的是企业科学管理、技术创新、卓越品质等良好的形象,这些无形资产是企业发展壮大的重要资源。

科技进步推动了产、学、研更加紧密地结合,促进了无形资产在经济发展中功能的发挥,突出表现为经济增长方式的转变、生产方式的转型和个性化消费模式的兴起,对商品品质、规格、样式等提出了更高的要求。这就使得人力资本、技术专利等无形资产成为企业核心竞争力的关键要素。知识更新和传播速度的加快,亦使无形资产在经济要素中的地位明显上升。知识、技术承载者已经成为最有价值的财产形式。谷歌、微软、阿里巴巴的成功,更多地依赖于强大的人力资源能力、对知识的深度创造及对科学知识的成功运用。无形资产正通过市场显示出它独特的价值和难以估计的力量。

第二节　无形资产的概念

根据 2006 年财政部制定的《企业会计准则第 6 号——无形资产》:无形资产是指企业拥有或者控制的没有实物形态的可辨认非货币性资产。对于可辨认性标准的规定是:(一)能够从企业中分离或者划分出来,并能单独或者与相关合同、资产或负债一起,用于出售、转移、授予许可、租赁或者交换。(二)源自合同性权利或其他法定权利,无论这些权利是否可以从企业或其他权利和义务中转移或者分离。对于投资性房地产的土地使用权、企业合并中形成的商誉和石油天然气矿区权益,使用的是《企业会计准则第3号——投资性房地产》《企业会计准则第8号——资产减值》《企业会计准则第20号——企业合并》和《企业会计准则第27号——石油天然气开采》。

美国财务会计准则委员会(Financial Accounting Standards Board,FASB)1999年公布的会计准则认为无形资产指没有实物形态的非流动性资产(不包括金融资产),包括商誉。2001年对该准则进行了修订,将商誉和其他无形资产分离开来,建立了可辨认和不可辨认两类无形资产的分类体系,把无形资产定义为"没有实物形态(不包括金融资产)的资产",商誉则被定义为"被取得实体的成本超过分配到各项资产与承担各项债务上的金额净额的差额"。同时,FASB 颁布的《企业并购与无形资产》,建议公报将无形资产分为6种:(1)顾客基础资产(Customer-based Assets)及市场基础资产(Market-based Assets),如客户资源、供应商及经销商关系等;(2)契约基础资产(Contract-based Assets),如不竞争契约、盈利性契约和租赁契约等;(3)科技基础资产(Technology-based Assets),如专有技术、专利权、自创软件和秘密配方等;(4)法律基础资产(Statutory-based Assets),如开采权、商标权、品牌、广播许可证和无线网络许可证等;(5)员工基础资产(Workforce-based Assets),如人力资源、员工凝聚力和雇佣合同等;(6)组织基础资产(Organization-based Assets)及金融资产(Financial Assets),如购买抵押服务权、核心存款和购买信用卡关系等。

我国在2001年颁布的《企业会计准则第6号——无形资产》和新版企业会计准则均没有对无形资产的要素及项目进行列举,新版会计准则与国际会计准则趋同,主要强调了商誉的不可辨认性。但新旧会计准则指南对无形资产的特征、内容和分类方式都进行了一些具体的描述;其中指出无形资产的要素主要包括专利权、非专利技术、商标权、著作权、土地使用权、特许权、商誉等。目前我国比较流行的分类主要有以下几种:(1)知识型无形资产,主要包括知识产权[①]、专有技术;(2)权

[①] 对于知识产权的内容范畴,目前另一个比较认可的一个版本是世界贸易组织(WTO)的《与贸易有关的知识产权协议》(Agreement On Trade-related Aspects of Intellectual Property Rights,简称 TRIPS)关于知识产权的界定。TRIPS 协议涉及的知识产权共有以下八个方面:著作权及其相关权利、商标、地理标记、工业品外观设计、专利、集成电路布图设计、对未公开信息的保权和对许可合同中限制竞争行为的控制。另外一种比较流行的观点是知识产权包括工业产权(专利权和商标权等)和著作权。

利型无形资产,主要包括土地使用权、专利权、各类特许权和使用权等;(3)关系型无形资产,主要包括顾客名单、供应商网络、销售网络等;(4)其他类型无形资产,主要是不可辨认资产(图1-1)。

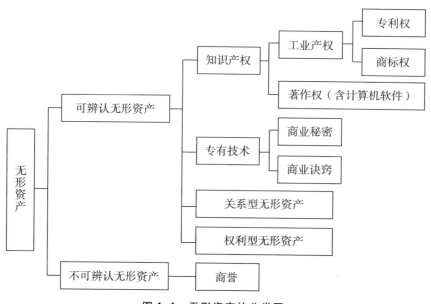

图1-1 无形资产的分类图

另外,从中美两国上市公司披露的无形资产来看,中国主要以土地使用权、软件和其他使用权为主,如佳通轮胎股份有限公司2010年所披露的无形资产分项只有土地使用权;方兴科技股份公司和冠豪高新技术股份有限公司作为高新技术企业,在2010年所披露的无形资产项目也仅限于土地使用权和软件。而美国上市公司所披露的无形资产分项相对我国而言范围更广,如美国金融行业中的JPMorgan(摩根大通)在2010年年报中披露了网点合作协议、客户名单、不竞争契约和其他无形资产;科技业的巨头IBM公司于2010年披露了资本化软件、客户关系、专有技术、研究开发、专利、商标权和其他无形资产。关于无形资产的会计计量和信息披露将在后面的章节进行探讨。

财政部2001年制定的《资产评估准则——无形资产》继承了中美会计准则的基本原则,认为无形资产是指为特定主体所控制的,不具有实物形态的,对生产经营长期发挥作用且能带来经济利益的资源。无形资产分为可辨认无形资产和不可辨认无形资产。可辨认无形资产包括专利权、专有技术、商标权、著作权、土地使用权、特许权等;不可辨认无形资产是指商誉。

无论是中国的会计准则和评估准则,或者美国的会计准则,对无形资产的定义都反映了无形资产的"没有实物形态""可辨认"和"非货币性(非金融性)"三大特征,但均没有严格的界定和清晰的列举。诸如公司文化(Company Culture)、创新(Innovation)、品牌(Brand)、市场地位(Market Position)、领导能力(Leadership)、知识资本(Knowledge Capital)、组织灵活性(Organization Agility)和忠诚的顾客(Loyal Customers)等并不在财务报告中的资产列表中(需要说明的是,受限于无形资产的会计计量,有许多没有争议的无形资产也并不出现在财务报告的资产列表中),但常被人们感知且认为是组织价值的创造源泉。当然,根据会计准则,诸如公司文化之类的"资产"并不能完全满足资产的定义。

美国财务会计准则委员会(FASB)对于"资产是什么"建立了清晰的规则,主要包括:(1)必须有明确的界定,与其他资产完全不同;(2)必须能被组织有效地控制;(3)可为组织带来现金流且可以数字计量;(4)必须有可能确定经济损失,及因废弃或损耗而贬值。我国企业会计准则对资产也有严格的界定,认为资产是指企业过去的交易或者事项形成的、由企业拥有或者控制的、预期会给企业带来经济利益的资源。前款所指的企业过去的交易或者事项包括购买、生产、建造行为或其他交易或者事项。预期在未来发生的交易或者事项不形成资产。由企业拥有或者控制,是指企业享有某项资源的所有权,或者虽然不享有某项资源的所有权,但该资源能被企业所控制。预期会给企业带来经济利益,是指直接或者间接导致现金和现金等价物流入企业的潜力。

从会计准则的角度上分析,客户和人力资本并不由组织拥有或控制,品牌、知识和信息技术可能并不具有明确的界定或独立性,从而很难被确定为会计上的资产。但一方面,世界各国的会计准则都在变化,对于无形资产的探讨不能局限于会计准则;另一方面,不能被确认到财务报表资产列表的无形资产发挥着不可替代的作用,需要对这些无形资产进行价值评估。布鲁金斯无形资产特别工作组坚持认为,优秀的资产管理始于评估,重要资产需要用货币计量从而使管理者可以确定该资产带来的收益或损失。管理学有句古老格言:"不能测量,就不能管理。"(You Can't Manage What You Don't Measure.)组织要管理好创新、顾客、文化、品牌等无形资产,也需要了解或掌握评估这些资产的相关知识。

第三节 法律与无形资产

无论是以会计概念、资产评估概念为依据,还是以国民收入和财富的计量标准为依据,人们都很难对无形资产的界定达成共识,这也导致无形资产很难界定。当人们对无形资产的界定无法达成共识的时候,法律作为一种特别的社会行为规范,对无形资产的确认和保护起到了重要的作用。布鲁金斯无形资产特别研究小组认为:在很大程度上,政府的产权政策,知识产权法和监管公司、合同以及劳工关系的其他法律界定了许多无形资产,并保证其带来的收益流应该作为财产进行保护。甚至可以说,在历史的长河中,人类创造了无穷的无形资产,但只有在人类把创造发明与法律条款结合在一起之后,无形资产才变得更有力量。

法律与无形资产之间的关系主要体现在专利制度的建立。专利制度最早是由中世纪的威尼斯共和国建立。1474年,该国制定了世界上第一部专利法《发明人法规》。该法规定:任何在本城市制造的前所未有的、新而精巧的机械装置,满足相关条件后即可向市政机关登记申请保护。在10年内没有得到发明人许可,本城其他人不得制造与该装置相同或相似的产品,如有任何人制造,上述发明人有权在本城市任何机关告发。该机关可以命令侵权者赔偿100金币,并将该装置立即销毁。上述规定表明威尼斯共和国的专利法已经包含了现代专利法的一些基本因素,为现代专利制度奠定了基础。著名科学家伽利略曾在威尼斯取得了扬水灌溉机20年的专利权。

现代美国是知识产权政策的有效运作者。美国虽然只有200多年的历史,但却是世界上最早建立知识产权制度的国家之一。美国独立后,即在1787年宪法中规定了著作权和专利权条款:"国家有权制定法律,对作者或发明人就其个人作品或发明的专有权利,赋予一定期限的保护,以促进科学和艺术的发展。"上述宪法条款被美国学者称为知识产权制度的"3P"政策:(1)促进知识传播的政策(The Promotion of Learning);(2)公共领域保留政策(The Preservation of Public Domain);(3)保护创造者的政策(The Protection of Author)。根据宪法规定,美国政府于1790年颁布了专利法和著作权法。但是,美国早期的知识产权政策,深刻地贯彻了实用主义的商业激励机制。对内保护私人知识财产,以暂时的垄断授权换取科技与文化的发展;对外以知识产权为政策工具维护国家利益,采取了明显的本国保护主义的做法。例如,不保护外国人作品,放任涉外盗版行为;对外国人申请专利收取高额费用,以保护本国技术;长期拒不参加由欧洲国家发起制定的《伯尔尼公约》,积极推动自己主导的美洲著作权联盟。

自20世纪90年代初至21世纪初,中国的知识产权制度进入了一个发展与完善的重要阶段。中国在加入世界贸易组织前,全面修订了《著作权法》(2001年)、《专利法》(1992年、2000年)以及《商标法》(1993年、2001年),颁布了《植物新品种保护条例》(1997年)、《集成电路布图设计保护条例》(2001年)等,使中国的知识产权保护标准和水平达到了《知识产权协定》的要求。可以说,中国仅仅用了十多年的时间,就实现了知识产权保护从低水平向高水平的转变,完成了本土化向国际化的过渡。其中的动因除了有中国对履行国际条约义务的承诺外,也是中国寻求自身发展的需要。在国际层面,1992年的《中美关于保护知识产权的谅解备忘录》和1995年的《中美保护知识产权协议》,客观上加快了中国知识产权制度的国际化进程。特别是1994年形成的世界贸易组织《知识产权协定》,对中国的知识产权立法产生了直接影响。在"知识产权保护国际化"的背景下,中国不可能通过不保护外国人的知识产权来发展本国的经济、科技与文化。同时,在"国际贸易知识化"的体制中,中国不可能孤立于世界之外,摆脱由发达国家主导的知识产权国际保护的格局。在国内层面,中国作为一个新兴的工业化国家,加强知识产权保护是推动经济发展和科技进步的内在要求。在制度安排方面,由被动到主动,是经济增长型国家的必然选择,它往往有助于政策总目标的实现。这一时期的几次法律修订,基本体现了制度创新的要求。如2001年《著作权法》的修订,扩充加入了实用美术作品、杂技美术作品等客体,加强了对计算机程序的保护,增加了出租权、信息网络传播权等权利内容;2000年《专利法》的修改,将药品、化学物质等纳入专利客体范围,延长专利权保护期限,增加进口权、许诺销售权等新权利,同时对强制许可进行严格的限制;2001年《商标法》的修改,将商标权的保护范围由商品商标扩大到了服务商标,增列注册商标的构成要素和商标注册人的适用范围,加强了对驰名商标的保护。

随着我国经济社会的发展,知识产权审判的重要作用日益凸显,案件数量迅猛增加,新型疑难案件增多,矛盾化解难度加大。2008年1月至2012年6月,全国法院共受理知识产权案件近23万件。2014年8月31日,十二届全国人大常委会第十次会议表决通过了全国人大常委会关于在北京、上海、广州设立知识产权法院的决定。知识产权审判庭的主要职责有:(1)负责审理知识产权和竞争民事案件、专利商标等知识产权授权确权行政案件、不服下级人民法院有关前两项所列案件生效裁判的审判监督案件(包括对再审申请的审查和再审审理)和最高人民检察院按照审判监督程序就有关前两项所列案件向本院提出抗诉的案件(但本庭裁判的案件除外)以及涉及知识产权争议的请示、复议案件;(2)负责对全国法院知识产权审判工作和垄断案件审判工作的调研、指导和监督工作;(3)负责人民法院贯彻落实国家知识产权战略工作,具体承担最高人民法院贯彻落实国家知识产权战略工作领导小组办公室工作。

最后,需要指出的是,以知识产权为代表的无形资产专有权利应该得到保护并不是一个没有争议的观点。一个著名的争论案例就是艾滋病药品专利权。自1981年美国发现了第一例艾滋病病例以来,艾滋病在全球急剧蔓延传播,公共健康问题令人担忧,而艾滋病药品专利权造成的技术垄断,致使艾滋病治疗药物价格高昂,众多的艾滋病患者因得不到治疗而面临着死亡的威胁。当艾滋病患者的健康生命权遭遇艾滋病药品专利权时,我们该保护专利,还是拯救生命?健康权与药品专利权的冲突在现实中该如何协调?著名经济学家张五常质疑知识资产是否需要保护,他认为,从经济学的角度看,以法律保护知识资产有三个难关需要克服。其一是知识属思想,而思想是抽象之物,法律怎可以保护看不到、摸不着的东西呢?其二是思想或知识属于公共品①(Public Goods),舍弃公共品而保护少数人的私利存有争议。其三是知识产权的保护带来的专利必定具有垄断性质,而经济学传统历来是反对垄断的。科研带来的利益应该受到法律保护吗?法律应该维护垄断吗?这些是价值观的问题。客观地问,对发明专利——这种垄断——的保护,给社会带来的利益是否高于垄断的无效率或浪费带来的害处呢?

第四节 无形资产的会计计量

无形资产在经济中发挥着重要作用,但要取得这方面的可靠、充分的数据却显得非常困难,一个主要原因是无形资产本质上就难以计量、量化和记录。建立在有形商品的生产、交易和消费基础上的经济形态与建立在服务、经验、科技和观念交易基础上的经济形态,两者之间的最大区别在于前者易于计量,而后者的交易中,除了支付的价格可以计量外,交易量的计算极其困难,同时也很难对用于创造无形商品所需的投资和支出进行量化,也无法评价该投资和支出的使用情况。因为人

---

① (1)公共品:一种商品,其效用不可分割地影响整个公众,而不管其中任何个人是否愿意消费。例如,一项根除天花的保健措施对所有人都起了保护作用,而绝不只是那些付钱接种疫苗的人。(2)准公共产品:具有有限的非竞争性或有限的非排他性的公共产品,它介于纯公共产品和私人产品之间,如教育、政府兴建的公园、拥挤的公路等。(3)私人产品:那些具有效用上的可分割性、消费上的竞争性和受益上的排他性的产品。其中,效用上的可分割性(Divisibility)是指产品可以分割为许多能够买卖的单位,而且其效用只能对为其付款的人提供;竞争性(Rivalry)是指如果某个人消费了某种产品,其他人就不能再消费该产品;排他性(Excludability)是指排除那些没有付费的人消费该产品的能力。

们看不见、摸不着无形资产,也不能衡量它的重量,所以人们不能直接计量无形资产,而只能借助于一些变量或间接的计量工具,通过反映无形资产对其他可计量变量的影响来衡量无形资产。这就如同一个人无法回答"客户对公司的满意度如何?",但对同样难度的问题"公司买了多少瓶矿泉水?",人们却很容易回答。人们很难测量公司的广告宣传效果和客户的忠诚度,却很容易测量新办公大楼的办公面积。尽管有形资产的计量需要大量的主观判断,往往也很难准确计量,但相比之下,无形资产的价值计量则要复杂得多。

在历史的长河中的大部分时间里,无形资产未被作为国民财富的组成部分,也未被广泛地当作公司的一项资产。1911年费希尔(Fisher)将财富定义为"人类拥有的物质实体"。这个定义奠定了国民账户的传统计量基础。同时,企业会计记录中,只有有形资产或者买卖交易中的无形资产(如专利)才可作为公司的资产项目,除此以外的其他投入均作为短期的服务支出。

会计准则是为计量具体情况,反映公司资产的流入和流出而设计的,一项资源要被确认为企业的一项资产需要满足以下条件:①该项资源能明确清晰地界定,并能与其他资源严格区分;②公司能有效控制该项资源;③必须能预见其在未来的经济收益;④可以确定其经济价值的减损(如通过折旧或损耗)。这些判断标准表明,通常意义上的资产是指房产、厂房、设备、金融资产及购进的已明确计价的无形资产,如专利、著作权、商标和土地使用权等。但在实际中,如果严格按照以上罗列的条件进行会计计量,依然会出现问题,典型的例子就是商誉的会计处理。比如A公司在收购B公司时,B公司的净资产(资产-负债)被计入A公司资产负债表的净资产项目中,如果B公司账面上有5亿元人民币的房产、厂房、设备、金融资产和其他可确认资产,并且负债为0,那么B公司的所有资产都计入A公司的账目中。如果A公司向B公司支付了8亿元人民币,那么B公司账面上未反映的3亿元人民币该如何入账?A公司首先做的是"提高账面价值"或通过资产评估高估获得的资产价值,接着确认可识别和可计价的无形资产价值,最后A公司将剩余的金额(如1亿元人民币)作为商誉入账。可以看出,商誉并不是特指某一种资产,而只是对剩余资产的总括,即被收购公司剔除可准确计量的资产后剩余的资产价值。

根据我国《企业会计准则第6号——无形资产》,无形资产会计计量分为初始计量和后续计量两种情形。(1)初始计量:无形资产按取得时的实际成本计量,包括购买价款、相关税费以及直接归属于使该项资产达到预定用途所发生的其他支出;(2)后续计量:无形资产的后续计量需要在取得无形资产时分析判断其使用寿命。对于使用寿命有限的无形资产,在为本公司带来经济利益的期限内按直线法摊销;无法预见无形资产为公司带来经济利益期限的,视为使用寿命不确定的无形资产,不予摊销。在每个会计期间对使用寿命不确定的无形资产的使用寿命进行复核。如果有证据表明无形资产的使用寿命是有限的,估计其使用寿命,并在为本公司带来经济利益的期限内按直线法摊销。后续计量中,还有可能涉及无形资产的减值测试。对于使用寿命有限的无形资产,如果有明显的减值迹象,期末应进行减值测试。减值迹象包括以下情形:①某项无形资产已被其他新技术等所替代,使其为企业创造经济利益的能力受到重大不利影响;②某项无形资产的市价在当期大幅下跌,剩余摊销年限内预期不会恢复;③某项无形资产已超过法律保护期限,但仍然具有部分使用价值;④其他足以证明某项无形资产实质上已经发生了减值的情形。

布鲁金斯无形资产研究特别工作组对无形资产的计量问题做了三个层次的分类:第一类为由公司所有且可出售的无形资产;第二类为公司可以控制但不可剥离和出售的无形资产;第三类为公司无法完全控制的无形资产。

(1) **由公司所有且可以出售的资产**。专利、著作权、商标和商品名称属于这一类资产,它们共同的特征是现存法律对之进行了确认并提供了一定的保护。虽然这类无形资产的产权并不完全清晰,但至少它们已被现行法律确认为"财产"。只要产权清晰,资产即可进行买卖交易。如果一项无形资产或商品进行了有偿的交易,那么这个交易就为该项无形资产的计价提供了一个清晰的、实用的参考价格。进行买卖交易的无形资产需满足会计上关于资产确认的标准。除知识产权外,企业的商业契约、管理合同、许可证和数据库只要满足会计上的资产或负债的定义,如顾客名单、营业执照、特许经营权、媒体经营权、管制行业的生产配额、雇佣合同等,一旦这些无形资产成为交易目标,也会出现在资产负债表中。

但上述资产如果是公司内部自行研制开发的,那么与其相关的支出便在当期做费用化处理,会计上并未将其确认为资产,该项资产产生的收益仅作为当期收入,不计提任何折旧或摊销费用。当出售或转让该资产时,交易所得作为销售收入处理,但交易结束后,在资产负债表中并未减少该项资产,而购买该项无形资产的公司却将其作为资产登记入账,在公司并购过程中,并购的一方会获得大笔这样的资产。收购方的资产负债表上可能会出现商誉,以反映公司的收购价与被收购公司资产（冲减项被扣除后）的市场价值之间的差额。

当然，会计界围绕这种处理方法是否恰当一直争论不休。许多学者认为研发和广告等支出与用于购置新厂房或新设备的支出一样，应视为投资。假定一家公司斥资新建了一个仓库，这笔支出并不是作为当期费用，而是一方面记录为现金资产的减少，另一方面记录为公司厂房的增加，在后续期间内，公司从当前收入中减去一项费用以反映该项资产已使用或磨损部分的价值。这种会计处理方法被称之为费用的"资本化"，后续期间从收入中减去的费用支出被称为"折旧"。因此，对研发的会计处理方法争论的焦点集中在这样的一个问题上：应该把研发等支出作为公司运营的当期成本一次性计入损益，还是应基于该支出为公司增加了一项资产而予以资本化。关于这一点，我国2006年颁布的《企业会计准则第6号——无形资产》作了相关规定，认为企业内部研究开发项目开发阶段的支出同时满足下列条件的，可以确认为无形资产：①完成该无形资产以使其能够使用或出售，并在技术上具有可行性；②具有完成该无形资产并使用或出售的意图；③无形资产产生经济利益的方式，包括能够证明运用该无形资产生产的产品存在市场或无形资产自身存在市场，无形资产将在内部使用的，应当证明其有用性；④有足够的技术、财务资源和其他资源支持，以完成该无形资产的开发，并有能力使用或出售该无形资产；⑤归属于该无形资产开发阶段的支出能够可靠地计量。可见，要获得这类无形资产的信息需要解决一些关键问题，包括：获取或界定这些资产产权的问题；有关公司开发或取得资产的支出信息的一致性问题；价值评估技术的前后一致性和可验证性问题。

（2）**公司可控制但不可剥离和出售的资产**。有些无形资产是由某个公司所持有，但很难与其他资产分离出来，也不能公开出售，对它们的确认和计量变得困难。如正在进行的研发项目、商业秘密、商业诀窍、企业声誉、独特的管理系统、交易流程等。这类资产往往只满足会计上"资产"确认的某些标准。公司对它们的控制还算有效，对未来的经济价值也可以进行一些预测，从这个意义上，它们可以说是公司所持有的资产，但公司不能将它们从其他资产中分离出来以单独计价或转让，除非与其他资产一同计价或转让。

（3）**公司不能完全控制的无形资产**。此类无形资产常见的典型代表是人力资本、核心竞争力、组织资本、供应链和关系资本等。这些"无形资产"虽然不满足资产确认的会计标准，公司对这些无形资产也不拥有法定产权，但常常与为公司服务的人员以及向公司提供商品或服务的机构发生关联。以人力资本为例,人力资本投资不同于有形资产投资,甚至与其他无形资产也有所区别,被培训的人才能随时走出公司的大门,并带走他掌握的知识和技能,尽管公司可以通过员工保密协议及同业竞争禁止协议来阻止前任雇员与自己竞争,但是无法强迫他们把这些知识和技能留在公司里。

如果说研发难以计量和入账,那么相比之下人力资本等无形资产就是一个更大的挑战。但相对来说,人力资本的会计处理方法比较明确,争议也较小。工资及非工资的人力成本在劳务提供的会计当期做费用化处理,除非这些成本与固定资产的建造或与将被计入资产清单的产品的生产有关。当劳务生产的资产被售出或折旧时,人力成本就在出售或折旧当期被确认为费用。当这些成本与公司的运营密切相关时,这样的处理方法确实没有太多的争议;但如果这些劳务成本支出(如培训、团队建设、重组)能够带来未来的经济收益,这种处理方法就是对交易实质的扭曲。因为这类支出既不作为一项资产列示在资产负债表上,也不能与其他资产一样受到控制和管理,所以公司对其带来的预期回报率只能作出一定的估计,但并不能准确计量。

表1-1反映了在我国财务会计准则下上市公司对于无形资产计量的一些信息,有些看似核心资产是无形资产的上市公司,如华谊兄弟(300027)、云南白药(000538)、游族网络(002174)等,资产负债表中无形资产的占比却较低,然而并不是所有公司都如此,诸如乐视网(300104)、深高速(600548)、天润控股(002113)等上市公司,无形资产的占比却较高。那么,为什么传统的会计模式不能为管理人员提供非常有用的无形资产信息呢?最终原因在于会计准则主要是用来计量离散的和连续的交易活动,并反映这些交易的累积影响,而一项无形资产投资创造的价值和离散的交易活动之间并不能直接关联,相反与其他资产投资密切相关。例如一个品牌的价值会依赖于产品背后的技术专利、广告支出或其他提高企业形象的活动。并且,无形资产创造价值的过程并不总是线性或直接的,一项研发计划或投资的不成功可能会为其他项目提供研究线索,从而创造出意料之外的价值;同样,意想不到的或间接的事情也可能使价值毁于一旦。例如2005年腾讯收购Foxmail后并未给腾讯带来实际的财务收入,但Foxmail之父领衔的研发团队却在几年后开发出了使腾讯称霸移动互联网领域的微信。

表 1-1　部分上市公司 2014 年计入财务报表的无形资产情况

(资产单位:万元)

上市公司	无形资产	商誉	资产总计	无形资产占比(%)	商誉和无形资占比(%)	核心资产	核心产品或服务
华谊兄弟(300027)	7 411.21	148 606.00	981 864.00	0.75	15.89	影视作品、创作团队	影视作品
中信证券(600030)	188 727.00	1 007 520.00	47 962 600.00	0.39	2.49	客户、管理团队	证券服务
云南白药(000538)	24 883.60	1 284.37	1 634 130.00	1.52	1.60	中成药配方	中成药
用友网络(600588)	49 248.10	88 012.40	881 064.00	5.59	15.58	软件、客户	财务软件
新华百货(600785)	12 610.40	117.20	395 835.00	3.19	3.22	零售网络、客户	零售百货
游族网络(002174)	529.22	0.00	137 549.00	0.38	0.38	网络游戏、用户	网络游戏
贵州茅台(600519)	358 262.00	0.00	6 587 320.00	5.44	5.44	酿酒工艺与配方	白酒
乐视网(300104)	333 854.00	74 758.50	885 102.00	37.72	46.17	影视作品、用户	网络视频
深高速(600548)	1 615 470.00	0.00	2 432 930.00	66.40	66.40	公路经营权	高速公路
天润控股(002113)	9 947.51	0.00	11 877.50	83.75	83.75	合同权益	租赁服务
宁波海运(600798)	376 726.00	0.00	639 840.00	58.88	58.88	航线	货物运输

第五节　无形资产的信息披露

我国资本市场监管层和会计准则都在不同程度上鼓励对无形资产进行信息披露,比如我国证券会出台的《关于上市公司进一步规范无形资产会计核算和信息披露的监管通报》和《规范上市公司和关联人收购商标等无形资产信息披露的通知》。根据《公开发行证券的公司信息披露内容与格式准则第 2 号》第二十一条(四)"公司应当披露报告期内核心竞争力(包括设备、专利、非专利技术、特许经营权、土地使用权等)的重要变化及对公司所产生的影响"的相关规定,上市公司应当充分披露与公司核心竞争力相关的无形资产,并描述其变化情况及其对公司产生的影响。此外,财政部颁布的新会计准则也在一定程度上鼓励无形资产资本化。然而,在多方力量的努力下,无形资产的信息披露仍存在研发费用资本化制度建设存在漏洞、无形资产会计处理不规范、无形资产信息披露不能充分反映企业研发实力等问题。市场的力量不足难以保证市场提供足够的无形资产信息来满足披露需求,甚至可以说,无形资产信息存在市场失灵的现象。

一、信息披露原则

经济理论和常理告诉我们,当存在信息需求时,通常就会有足够的激励机制来提供信息。假设资本市场是一个简单情形:市场上的投资者都不能获得上市公司的信息,在完全未知的情况下,投资者对于所有上市公司成功与失败的概率判断是相等的,所以,上市公司的市场价值将是同一的,所有证券的价格也是单一的。在这种情况下,如果有一家公司的管理者认为其内在价值应该高于现行的市场价值,那么这个公司的管理者就有动机向投资者提供关于公司真实价值的信息(如销售收入的增长、收益、资产价值等),当一些公司选择披露,而另一些公司选择沉默时,投资者为了规避不确定性,就会选择信息披露的公司,这时候,没有消息就意味着坏消息。随着保持沉默的公司的市值持续跌落,迫使原来有很好理由保持沉默的公司也会选择信息披露,市场机制会促使所有公司都选择信息披露。当然,受新兴国家资本市场和一些资产的固有特性等影响,在市场机制尚不能发挥足够力量的时候,就需要选择强制信息披露。

二、无形资产披露政治

为什么完全信息披露原则不能适应于无形资产呢?布鲁金斯无形资产研究特别工作组认为,无形资产信息失灵的主要原因在于信息舞台上主要参与者(经理人员、审计人员和相关的财务分析师)的复杂动力网络:①公认会计准则关于所有的无形资产投资费用化的规定,保证了从收购和自创无形资产处获得的未来收益不会被主要的分期摊销抵减,这夸大了未来的利润和成长性,保护了经理人员免受财务拮据的困扰。无形资产费用化也导致常用的利润指标,如权益报酬率和资产报酬率被夸大,因为这些指标的分母中少了购买资产和自创资产费用化的部分。即使无形资产投资没有产生所期望的回报,分母中较低的权益也会让局外人无法认清公司经营的失败。②注册会计师对无形资产披露的改善也不感兴趣,因为注册会计师比较关心的是股东的法律诉讼,当公司经营失败时,注册会计师对无形资产披露的改善会使得资产负债表"难看",可能会招致股东的不满甚至起诉,所以对能消除资产负债表中资产风险的会计准则他们是欢迎的。③财务分析师作为信息传递的重要力量,最希望的是掌握更多的信息优势,他们会通过公司走访、投资会议等渠道获得关于公司创新活动方面的足够信息。如果说这些信息都在财务报告中公开披露,这会影响他们的信息优势。

三、信息不对称的后果

当一项契约或社会安排中的不同群体可获得的信息存在差异时,经济理论认为,信息不对称会导致负面的私人和社会结果。在资本市场中,一些群体(经理人员、关系紧密的财务分析师)通常会比其他人拥有关于公司活动和未来前景更加灵通的消息,这会导致:①信息占有者的非正常报酬。信息拥有者(如经理人员拥有关于研制中的药物在临床试验中成功的信息)将依靠私人信息在交易中获益。②资本市场诚信度和信心的丧失。信息占有者得到的收益增加了公司价值的可变性,信息占有者获取巨大收益造成的负面社会结果是其他投资者会产生相应的损失和投资者对资本市场诚信度和信心的丧失,这也是要对内部交易严格管制的原因。③股票价格波动性变大。信息不对称是产生证券买卖差价的主要决定因素,当市场中的信息不对称时,市场中的参与者的投资行为就可能变得更加非理性,投资者为防止过度损失的自我保护机制等的作用会使得买卖差价扩大,导致股票价格波动过大。④资本成本增加。信息不对称导致投资者需要用高回报来补偿风险和成本,这就意味着公司将产生较高的资本成本。高的资本成本将阻碍公司投资和成长。

四、监管启示

为保证与无形资产相关的会计处理和信息披露更加规范和充分,公司应注意以下几点:①健全资本化制度及执行标准。存在研发费用资本化情况的上市公司,应当严格制定研发费用资本化制度并规范执行。企业应根据《企业会计准则》中无形资产资本化的条件,结合企业具体情况细化制度,明确资本化时点、依据和内控流程,注意重点环节的控制及留痕;执行过程中应当明确研发费用的开支范围和标准,严格审批程序,保证开发阶段相关支出的核算和归集准确、清晰。②规范无形资产会计核算。上市公司在企业并购过程中,应当将可辨认的无形资产根据其未来收益情况确认为无形资产,在其存续期间进行摊销,降低因未来可能出现的巨额商誉减值造成的利润风险。在无形资产的后续处理中,应当根据行业惯例和不同类型无形资产所带来经济流入的情况,确定合理的摊销年限和摊销方法,并于年末核查各项无形资产的可使用状态,及时调整摊销年限、进行减值处理或报废处置。③充分披露核心无形资产。上市公司在披露各项会计政策时,应当结合公司自身特点充分披露具体操作方法,而非照搬准则。在披露无形资产相关情况时,应当说明无形资产与企业未来发展的关联性,对于核心无形资产应当详细说明其具体情况,既充分展示企业研发能力,又为投资者决策奠定基础。④科学管理无形资产。上市公司应当建立完善的无形资产管理制度,将表内、外无形资产相关信息录入公司系统,并由专人管理;完善无形资产的转让、许可和投资制度,制度执行中做好内控管理。同时,在我国当前相关法制不健全、诚信体系尚未完全建立的情况下,上市公司还应当提高知识产权保护意识,采取措施,主动防范因他人的侵权行为对企业造成的经济损失和名誉影响。

习题

1. 会计学、资产评估和经济学对于资产的界定有哪些差异?
2. 与有形资产相比,由无形资产引发的纠纷有什么特点?
3. 会计报表中无形资产的比重可以反映无形资产的重要性吗?
4. 无形资产的会计处理方法有哪些?
5. 为什么传统会计计量模式较难为管理人员提供有用的无形资产信息?
6. 为什么完全信息披露原则不能适用于无形资产?
7. 无形资产的信息不对称会引发利益相关者怎样的经济行为?
8. 如何促进上市公司更高质量的无形资产信息披露?
9. 根据现行会计准则下,2014年计入财务报表的无形资产情况,同为互联网行业的用友网络(600588)和乐视网(300104)无形资产占总资产的比重相差甚远(5.59%与37.72%),请探讨其原因。
10. 在现行会计准则体系下,什么类型的企业的无形资产披露会相对充分?

第二章 常见的无形资产

名不正,则言不顺。言不顺,则事不成。

——孔子《论语》

2010年11月10日,广药集团联合国家中医药管理局、国家食品药品监督管理局、中国中药协会、中国社会科学院知识产权中心等在人民大会堂举办了"中国知识产权高峰论坛暨广药集团'王老吉大健康'产业发展规划新闻发布会",北京名牌资产评估有限公司宣布:广药集团旗下的"王老吉"品牌价值评估为1 080.15亿元。此事的背景是王老吉与加多宝沸沸扬扬的商标之争。那么它们争的是什么呢?"品牌"和"商标"是一回事吗?如何界定无形资产的概念?除了"品牌"与"商标"比较容易混淆之外,"专利"与"专有技术"等无形资产的概念也常常被误用。那么,该如何界定无形资产?无形资产家族有哪些成员?本章就以下内容展开讨论:

- 如何界定常见的无形资产?
- 常见无形资产的基本特点是什么?
- 哪些无形资产是由法律来界定的?
- 一项无形资产如果不由法律来界定会导致什么问题?
- 知识产权类无形资产具有什么特点?
- 商誉为何在理论界争论较多?

第一节 专利权

一、专利权的概念

专利权是一个法律概念,具有明晰的产权关系;同时,专利权是典型的工业产权,是知识产权的重要组成部分。依据《中华人民共和国专利法》,专利包括发明专利、实用新型专利和外观设计专利。其中,发明是指对产品、方法或者其改进所提出的新的技术方案。实用新型是指对产品的形状、构造或者其结合所提出的适于实用的新的技术方案。外观设计是指对产品的形状、图案或者其结合以及色彩与形状、图案的结合所作出的富有美感并适于工业应用的新设计。

授予专利权的发明和实用新型,应当具备新颖性、创造性和实用性。其中,新颖性是指该发明或者实用新型不属于现有技术,也没有任何单位或者个人就同样的发明或者实用新型在申请日以前向国务院专利行政部门提出过申请,并记载在申请日以后公布的专利申请文件中或者公告的专利文件中。创造性是指与现有技术相比,该发明具有突出的实质性特点和显著的进步,该实用新型具有实质性特点和进步。实用性是指该发明或者实用新型能够制造或者被使用,并且能够产生积极效果。授予专利权的外观设计应当不属于现有设计,也没有任何单位或者个人就同样的外观设计在申请日以前向国务院专利行政部门提出过申请,并记载在申请日以后公告的专利文件中。授予专利权的外观设计与现有设计或者现有设计特征的组合相比,应当具有明显的区别。

发明和实用新型专利权被授予后,任何单位或者个人未经专利权人许可,都不得实施其专利,即不得为生产经营目的而制造、使用、许诺销售、销售、进口其专利产品,或者使用其专利方法以及使用、许诺销售、销售、进口依照该专利方法直接获得的产品。外观设计专利权被授予后,任何单位或者个人未经专利权人许可,都不得实施其专利,即不得为生产经营目的而制造、许诺销售、销售、进口其外观设计专利产品。发明专利权的期限为20年,实用新型专利权和外观设计专利权的期限为10年,均自申请日起计算。

二、专利权的资产特点

一般地,专利权具有以下特点:

1. 专利资产确认复杂

专利技术成为资产的前提是能够给特定权利人带来经济利益,同时还必须符合法律的相关规定。法律在对专利技术进行保护的同时,还对专利技术获得保护的范围及时限等做出了明确的规定,这使得专利资产的确认与一般的有形资产相比较为复杂。

2. 收益能力具有一定的不确定性

与有形资产相比,这种不确定性主要体现在专利资产应用过程中产生的技术风险、市场风险、资金风险及管理风险,这种不确定性对评估的影响主要体现在参数的选择上。

3. 法律特征

第一,法律规定的时间性特征。虽然各国的专利法规对专利资产进行法律保护的期限不同,但都在专利法规中对专利权的法律保护期限作出了明确的规定。依法取得的专利权在法定期限内有效,受法律保护;期满后,专利权人的权利自行终止,成为公开的技术。第二,地域性特征。任何一项专利只在其申请并获取授权范围内才依当地法律获得保护。所谓地域性是指一个国家依照其本国专利法授予的专利权,仅在该国的地域内有效,对其他国家没有约束力,外国对该专利权也不承担保护的义务。如果我国一项技术具有国际市场前景,则除了要在我国申请专利外,还应当及时向外国提出专利申请,否则在外国是得不到任何保护的。另一方面,如果一项发明创造没有在中国获得专利权,即使获得了外国的专利权,其在我国也得不到任何保护,任何人都可以在我国境内自由利用该技术。第三,独占性特征,是指法律赋予专利所有者一段时间内对该资产的垄断权,未经权利人许可或未经一定的法律手续,其他人不得擅自行使这些权利,否则就构成侵权。这是该专利获得超额利润的保证。

第二节 专有技术

一、专有技术的概念

专有技术,又称秘密技术或技术诀窍,是指从事生产、管理和财务等活动领域的一切符合法律规定条件的秘密知识、经验和技能,其中包括工艺流程、公式、配方、技术规范、管理和销售的技巧与经验等。例如云南白药的配方、东阿阿胶的配方、大众汽车的生产工艺流程、IBM的技术规范等。需要指出的是,迄今为止,国际上对专有技术一词还没有公认的定义。

一般来说,专有技术的构成要件有三:(1)该信息不为公众所知悉,即该信息是不能从公开渠道直接获取的;(2)该信息能为权利人带来经济利益,具有实用性;(3)权利人对该信息采取了保密措施。所以概括地说,不能从公开渠道直接获取、能为权利人带来经济利益、具有实用性,并经权利人采取保密措施的信息,即为《反不正当竞争法》所保护的商业秘密。专有技术是企业的财产权利,它关乎企业的竞争力,对企业的发展至关重要,有的甚至直接影响到企业的生存。

从法律角度讲,专有技术没有经过法律的认可,不具备法定权利。但是,专有技术持有人对这种技术拥有所有权,这种所有权是一种非法定权利,仅为技术持有者所独有。即专有技术虽然得不到专利法、商标法的保护,但它应当得到财产法的保护。作为一种财产,专有技术也可以以许可合同的方式进行转让。

二、专有技术与专利的区别

专有技术与专利虽然都含有技术知识的成分,都是人类智力活动的成果,但是在法律上两者是有重大区别的。专有技术与专利的区别主要表现在以下几个方面:

1. 专利是公开的,而专有技术则是秘密的

按照各国专利法的规定,发明人在申请专利权时,必须把发明的内容在专利申请书中予以披露,并由专利主管部门在官方的《专利公告》上发表,公之于众。但专有技术则尽量保密不予公开,一旦丧失秘密性,就不能得到法律保护。

2. 专利权有一定的保护期限,而专有技术无所谓保护期限问题

如前所述,按照各国专利法的规定,专利权的有效期一般为10年至20年。但专有技术则无所谓保护期限的问题,只要严守秘密,没有泄露出去,未为公众所知,就受到保护,不过,一旦被公开,则任何人都可以使用。因此,在专有技术许可证中,一般都订有保密条款,要求被许可人承担保密义务,不得把专有技术的内容透露给第三者。

3. 专利权受专利法保护,而专有技术受其他法律保护

专利权是一种工业产权,受有关国家专利法的保护,而专有技术则是没有取得专利权的技术知识,它不是依据专利法的规定取得保护,而主要是根据民法、刑法、不公平竞争法的有关规定取得法律上的保护,比如我国《反不正当竞争法》中对侵犯专有技术的行为做出了明确的处罚规定。

第三节 著作权

一、著作权的概念

著作权,又称版权。与专利权一样,著作权是一个法律概念,具有明晰的产权关系;同时,著作权也是知识产权的重要组成部分。依据《中华人民共和国著作权法》,著作权主要包括以下形式创作的文学、艺术和自然科学、社会科学及工程技术

等作品:(1)文字作品;(2)口述作品;(3)音乐、戏剧、曲艺、舞蹈、杂技艺术作品;(4)美术、建筑作品;(5)摄影作品;(6)电影作品和以类似摄制电影的方法创作的作品;(7)工程设计图、产品设计图、地图、示意图等图形作品和模型作品;(8)计算机软件。

著作权包括下列人身权和财产权:(1)发表权,即决定作品是否公之于众的权利;(2)署名权,即表明作者身份,在作品上署名的权利;(3)修改权,即修改或者授权他人修改作品的权利;(4)保护作品完整权,即保护作品不受歪曲、篡改的权利;(5)复制权,即以印刷、复印、拓印、录音、录像、翻录、翻拍等方式将作品制作一份或者多份的权利;(6)发行权,即以出售或者赠予方式向公众提供作品的原件或者复制件的权利;(7)出租权,即有偿许可他人临时使用电影作品和以类似摄制电影的方法创作的作品、计算机软件的权利,计算机软件不是出租的主要标的物的除外;(8)展览权,即公开陈列美术作品、摄影作品的原件或者复制件的权利;(9)表演权,即公开表演作品,以及用各种手段公开播送作品的表演的权利;(10)放映权,即通过放映机、幻灯机等技术设备公开再现美术、摄影、电影和以类似摄制电影的方法创作的作品等的权利;(11)广播权,即以无线方式公开广播或者传播作品,以有线传播或者转播的方式向公众传播广播的作品,以及通过扩音器或者其他传送符号、声音、图像的类似工具向公众传播广播的作品的权利;(12)信息网络传播权,即以有线或者无线方式向公众提供作品,使公众可以在其个人选定的时间和地点获得作品的权利;(13)摄制权,即以摄制电影或者以类似摄制电影的方法将作品固定在载体上的权利;(14)改编权,即改变作品,创作出具有独创性的新作品的权利;(15)翻译权,即将作品从一种语言文字转换成另一种语言文字的权利;(16)汇编权,即将作品或者作品的片段通过选择或者编排,汇集成新作品的权利。

二、专利权和著作权的区别

著作权与专利权的差异显著,在通常情况下二者是易于区分的,但在美术作品、图形作品的保护方面,著作权与专利权存在交叉,如外观设计权与著作权在实用美术作品保护上可能发生交叉。一般来说,专利权和著作权主要有以下几点区别:

1. 取得保护的方式不同

著作权多实行重要作品独立完成原则,不论它们之间是否相同、类似,都受著作权法的保护;而对于同一内容的发明专利法只授予先申请的人,要求"首创性"。

2. 权利客体范畴不同

著作权保护文学、艺术、科学作品;专利权保护发明专利、实用新型专利、外观设计专利。著作权客体较专利权广泛得多。

3. 权利的内容不同

著作权中的人身权具有不可转让性、永久性的特点,包括发表权、署名权、修改权等。著作财产权主要包括复制权、发行权、展览权、表演权、广播权等。相比之下,专利权的内容较为简单,著作财产权的使用方式较为复杂。

4. 权利的排他性不同

我国《著作权法》规定只要是独创的作品,不论其是否与已发表的作品相似,均可获得独立的著作权。相比之下,专利权具有较强的排他性。如果发明人就一项技术成果获得专利,其他人未经权利人的许可,不能随便在生产、经营中使用这项技术。

5. 权利受保护的期限不同

著作权中的人身权在一般情况下是不受时间限制的,著作权中财产权的保护期限较长。公民的著作权的保护期限为作者有生之年加死后 50 年;法人作品和职务作品的著作财产权的保护期限为 50 年,但作品自创作完成 50 年未发表的,不受保护。发明专利权的保护期限为 20 年,实用新型和外观设计专利的保护期限为 10 年。

第四节 商标权

一、商标的概念

与专利权、著作权一样,商标权也是一个法律概念,具有明晰的产权关系;同时,商标权是典型的工业产权,也是知识产权的重要组成部分。依据《中华人民共和国商标法》,注册商标是指经商标局核准注册的商标,包括商品商标、服务商标、集体商标和证明商标;商标注册人享有商标专用权,受法律保护。其中,集体商标,是指以团体、协会或者其他组织名义注册,供该组织成员在商事活动中使用,以表明使用者在该组织中的成员资格的标志。证明商标,是指由对某种商品或者服务具有监督能力的组织所控制,但由该组织以外的单位或者个人使用于其商品或者服务,用以证明该商品或者服务的原产地、原料、制造方法、质量或者其他特定品质的标志。

并不是所有的商标能够成为无形资产,只有商标权才能构成无形资产。商标权是商标注册后,商标所有者依法享有的权益,它受法律保护,未注册商标不受法律保护。商标权是以申请注册时间的先后为审批依据,而不以使用时间的先后为审批依据。商标权一般包括排他专用权(或独占权)、转让权、许可使用权、继承权等。排他专用权是指注册商标的所有者享有禁止他人在未经其许可而在同一种商品服务或类似商品服务上使用其商标的权利。转让权是指商标所有者作为商标权人,享有将其拥有的商标转让给他人的权利。我国《商标法》规定:"转让注册商标的,转让人和受让人应当签订转让协议,并共同向商标局提出申请。受让人应当保证使用该注册商标的商品质量。""转让注册商标经核准后,予以公告。"许可使用权是指商标权人依法通过商标使用许可合同允许他人使用其注册商标。商标权人通过使用许可合同,转让的是注册商标的使用权。继承权是指商标权人将自己的注册商标交给指定的继承人继承的权利,但这种继承必须依法办理有关手续。

二、商标权的特点

一般地,商标权具有以下特点:

1. 商标权具有经济价值

商标权作为一种无形资产,其经济价值并非由设计、制作、申请、保护等方面的耗费形成,广告宣传有利于扩大商标的知名度,并需要花费高额费用,但这些花费只对商标价值起影响作用,而不是决定作用。商标权的经济价值体现在它能带来超额收益,如果不能带来超额收益,商标权也就不具有经济价值。商标带来的超额收益,是它所代表的企业的商品质量、性能、服务等效应因素的综合性、重复性的显示,甚至是一定的效用价格比的标志。它实际上是对企业生产经营素质的反映。尤其是对技术状况、管理状况、营销技能的综合反映。另外商标权的评估价值还与评估基准日的社会、经济状况以及评估目的等密切相关。

2. 商标权价值的范围性

商标权价值的范围性主要包括商标权的地域性和所依托商品的范围。与专利权的地域性特征一样,商标权的地域范围对商标权的价值有很大影响。商标权的严格地域性使得商标权只在法律认可的一定范围内受到保护,在其他国家或地区不受保护。如果需要得到其他国家的法律保护,必须按照该国的法律规定,在该国申请注册,或向世界知识产权组织国际局申请商标国际注册。商标权在特定的商品范围内有效。商标注册申请采用"一类商品、一个商标、一份申请"的原则。此外,商标注册的商品种类和范围会影响商标权的价值,商标权只有在核定的商品上使用时才受法律保护,对超出注册范围部分所带来的收益不应计入商标权的预期收益中。

3. 商标权的时间性

导致商标失效的情况有以下几种:①注册商标到期后未续展[①]的。在中国,注册商标的有效期是10年,10年期满如果没有申请续展,注册的商标将被注销,商标权失效。②自行改变注册商标的。③自行改变注册商标的注册人名义、地址或者其他注册事项的。④自行转让注册商标的。⑤连续三年停止使用的。

第五节 品牌

一、品牌的概念

品牌(Brand)一词来源于古挪威文字brandr,它的中文意思是"烙印"。在当时,西方游牧部落在马背上打上不同的烙印,用以区分自己的财产,这是原始的商品命名方式,同时也是现代品牌概念的来源。1960年,美国营销学会(AMA)对品牌给出了较早的定义:品牌是一种名称、术语、标记、符号和设计,或是它们的组合运用,其目的是借以辨认某个销售者或某个销售者的产品或服务,并使之同竞争对手的产品和服务区分开来。

品牌是给拥有者带来溢价、产生增值的一种无形资产,它的载体是用于和其他竞争者的产品或劳务相区分的名称、术语、象征、记号或者设计及其组合,增值的源泉来自消费者心中形成的关于其载体的印象。品牌是人们对一个企业及其产品、售后服务、文化价值的一种评价和认知,是对企业的一种信任。

二、品牌与商标的区别

品牌与商标之间的相同点是:两者都有自己的识别系统,商标与品牌都有自己的名称、标志、图像等。注册后的品牌,商标与品牌的标志基本上是一致的;两者都属于无形资产,都具有一定的价值;两者都具有唯一性和排他性。商标,谁先注册谁先拥有,商标是品牌的重要组成部分,注册了商标就拥有了这个品牌。但品牌还包括一种没有注册商标而自然形成的符号,如没有注册的名巷、名街或名号等等。

---

① 商标权可以无限续展,从而成为永久性收益的无形资产。

品牌和商标主要有以下三点区别：

1. 两者的概念不同

品牌是一个市场概念，而商标是一个法定概念。从我国《商标法》对商标的定义看，它与品牌的区别在于商标具有独占性，并能通过法律进行保护，而品牌没有。而品牌的定义是：品牌是一种名称、术语、标记、符号或图案，或是它们的相互组合，用来区隔、识别和区分其他组织及其产品或服务，是产品或服务所提供的一切利益关系、情感关系和社会关系的综合体验的总和。品牌最大的特点是它差异化的个性，这种个性是通过市场来验证的。

2. 两者属于不同的话语权

商标属于法律概念，品牌属于口碑概念。两者的保护方式和增值方式不同。商标受国家法律保护，增值主要靠法律及市场规律来运行。而品牌主要依靠科技、文化、创新和市场概念来塑造附加值，靠品牌拥有者的管理等方式来进行保护。

3. 两者的使用范围和扩展空间不同

商标主要在法律和市场范畴内运作和受到保护，主要功能是依法保护商标拥有者的合法权益和商标的增值。而品牌主要用于社会和市场中，体现在工具和手段的功能上，其功能主要是塑造附加值，让产品或服务溢价。

第六节　商誉

一、商誉的概念

在无形资产会计中，商誉是受人们关注最多的热点问题，也是难点问题。1926年，著名会计学家杨汝梅先生的博士学位论文"Goodwill and Other Intangible Assets"是当时对商誉研究的集大成者，甚至在一定程度上将商誉作为了无形资产的代名词，但在2006年颁布的《企业会计准则》中，对商誉的计量却不在无形资产会计准则（第6号）规定的范围之内，而是在《企业会计准则第20号——企业合并》对其进行了规定。

那商誉究竟是什么呢？关于商誉的本质，比较权威的观点当属美国当代著名会计理论学家亨德里克森在其专著《会计理论》中介绍的三个论点：即好感价值论、超额收益论和总计价账户论。这三个论点被称作商誉的"三元论"。

1. 好感价值论

这一论点认为商誉产生于企业的良好形象以及顾客对企业的好感,这种好感可能起源于企业所拥有的优越的地理位置、良好的口碑、有利的商业地位、良好的劳资关系、独占特权和管理有方等方面。由于这些因素都是看不见、摸不着的,且又无法入账记录其金额,因此商誉实际上是指企业上述各种未入账的无形资源,故好感价值论亦称无形资源论。

2. 超额收益论

这一论点认为商誉是预期未来收益的现值超过正常报酬的那个部分。这里的超额收益应该是指在较长时期内能获取较同业平均盈利水平更高的利润。商誉是与企业整体结合在一起的,无法单独辨认,但企业一旦拥有它,就具有超过正常盈利水平的盈利能力和服务潜力。因此,它的价值只有通过作为整体所创造的超额收益才能集中表现出来。

3. 总计价账户论,也称剩余价值论

这一论点认为商誉是一个企业的总计价账户,是继续经营价值概念和未入账资产概念的产物。继续经营价值概念认为,商誉本身不是一项单独的会生息资产,而是实体各项资产合计的价值(整体价值)超过了其个别价值的总和;而未入账资产指的是诸如优秀的管理、忠诚的客户、有利的地点等。

此外,美国财务会计准则委员会(FASB)于1999年9月7日公布了一项征求意见稿,首次提出了"核心商誉"(Core Goodwill)的概念。FASB认为,商誉可被描述为由六个要素组成:(1)被收购企业净资产在收购日的公允市价大于其账面价值的差额。(2)被收购企业未确认的其他净资产的公允市价。(3)被收购企业存续业务"持续经营"(Going-concern)构件的公允价值。(4)收购企业与被收购企业净资产和业务结合的预期协同效应的公允市价。(5)收购企业由于计量收购报价的错误而多计量的金额。尽管在所有现金交易中的收购价格不会出现计量错误,但如果是涉及股票交换的交易,则很难说不会出现计量错误。(6)收购企业多支付或少支付的金额。

其中,要素(1)和要素(2)都与被收购企业有关,它们从概念上讲都不是商誉。要素(1)反映的是被收购企业未确认净资产的利得,要素(2)只不过是指那些能够单独辨认但由于不能完全符合确认标准而未确认的无形资产。要素(5)和要素(6)与收购企业有关,它们从概念上讲也不是商誉,要素(5)是一个计量误差,要素

(6)代表的则是收购企业的损失(在多支付的情况下)或利得(在少支付的情况下)。只有要素(3)和要素(4)从概念上讲是商誉的一部分。要素(3)与被收购企业有关,它反映了被收购企业净资产的"超额组装价值"(Excess Assembled Value)。它表示被收购企业事先存在的自创商誉或以前从企业兼并中收购的商誉。要素(4)与收购企业和被收购企业的结合有关,它反映了由合并而创造的"超额组装价值",即收购企业和被收购企业经营结合所产生的协同效应。FASB 将要素(3)和要素(4)统称为"核心商誉"。

二、关于商誉的争论

商誉问题是传统无形资产会计研究中研究较多的问题,也是争论较多的话题。关于商誉,争论的话题有:

1. 商誉算不算是无形资产

商誉不同于其他资产的最显著特征是其具有不可辨认性,商誉不能脱离企业整体而单独存在,商誉在某种程度上已经成为不可辨认无形资产的代名词[①],但也有一些学者认为商誉实际上就是企业合并时产生的一种"溢价",并不能算成无形资产。

2. 负商誉的概念

与商誉相对,负商誉是指购买企业投资成本低于被并企业净资产的公允价值的差额。形成负商誉的原因与形成商誉的原因正好相反。在实务中,负商誉的出现往往是因为被并企业存在一些账面上未能表态的不利因素,如企业已出现经营不善的端倪,已存在许多不良的社会影响或经营活动,这些不利因素导致被并企业以后各项利润下降,现金流入减少,从而使合并双方的成本交易价格低于被并企业净资产的公允价值。但在会计界,不少学者否定负商誉的存在,认为负商誉的概念与许多会计基本理论存在尖锐的对立和冲突。比如负商誉概念与商誉的性质是资产的概念自相矛盾,资产不可能有负资产,负商誉与商誉三元论等定性理论相背离。但也有学者认为负商誉是客观存在的,是不可避免的,按照价值规律,商品的价格与价值是可以背离的,商品价格与价值不一致的情况是常见的,在交换过程中

---

① 这是一种比较普遍的无形资产分类体系,把无形资产分为可辨认无形资产(Identifiable Intangible Assets)(包括专利权、专有技术、商标权等)和不可辨认无形资产(Unidentifiable Intangible Assets)(主要是商誉)。

为获得相应的收益可能导致经济资源的付出,从而导致负商誉。

3. 商誉与品牌的区别与联系

在资产评估领域里,品牌和商誉是一组相类似的无形资产,都属于组合型无形资产,都是企业不可辨认的无形资产,都能够给企业带来额外的"溢价"收入。但商誉作为一种资产可以进入财务报告,是财务会计的重要问题,品牌并不进入财务报告,但其价值体现形式与商誉是一致的,当企业被并购产生溢价时,品牌价值可以通过商誉的形式出现在资产列表中。

第七节 研发

建设创新型国家的关键是企业增加研发投入。成功的企业大多都拥有较为完善的项目研发管理体系,良好的研发管理体系对企业的高速运转和持续获取竞争力起着强大的支撑作用。依据《财政部关于企业加强研发费用财务管理的若干意见》,企业研发费用是指企业在产品、技术、材料、工艺和标准的研究、开发过程中所发生的各项费用,包括:

(1)研发活动直接消耗的材料、燃料和动力费用。

(2)企业在职研发人员的工资、奖金、津贴、补贴、社会保险费、住房公积金等人工费用以及外聘研发人员的劳务费用。

(3)用于研发活动的仪器、设备、房屋等固定资产的折旧费或租赁费以及相关固定资产的运行维护、维修等费用。

(4)用于研发活动的软件、专利权、非专利技术等无形资产的摊销费用。

(5)用于中间试验和产品试制的模具、工艺装备开发及制造费,设备调整及检验费,样品、样机及一般测试手段购置费,试制产品的检验费等。

(6)研发成果的论证、评审、验收、评估费用以及知识产权的申请费、注册费、代理费等费用。

(7)通过外包、合作研发等方式,委托其他单位、个人或者与之合作进行研发而支付的费用。

(8)与研发活动直接相关的其他费用,包括技术图书资料费、资料翻译费、会议费、差旅费、办公费、外事费、研发人员培训费、培养费、专家咨询费、高新科技研发保险费用等。

研发费用在会计处理中是采用"费用化"处理方式还是"资本化"处理方式一直是人们争论的话题。一般来说,在未来许多年内可创造收益的支出是资本性支出,仅在当年创造收益的支出是经营性支出。根据这种会计原则,会计人员把厂房、设备和建筑的投资归到资本性支出栏目,把劳动力和原材料支出归到经营性支出栏目,当在研发无形资产时,会计师却根据谨慎性原则把相关支出作为经营性支出处理,仅在严格满足"资产"确认条件时给予资本化。例如,我国《企业会计准则第6号——无形资产》规定,企业内部研发项目的支出,应当区分研究阶段支出与开发阶段支出。研究阶段的研究费用依然是费用化处理;进入开发程序后,对开发过程中的费用如果符合相关条件,就可以"资本化"。

第八节 特许权

一、特许权的概念

特许权,又称为特许经营权或专营权,是指政府或企业所授予的在一定地区和时间范围内经营或销售某种特定商品的专有权利。特许权按照授予的方式一般可以分为两种:一种是政府特许的专营权,如生产许可证、进出口许可证、烟草专卖许可证、出租车经营许可证、矿业权(包括探矿权和采矿权)等;另一种是某企业特许其他企业使用其商标,或其他无形资产,或在特定地区经营销售其产品的专营权,比如各种专卖店,如苹果专卖店、茅台专卖店、LV专卖店等,以及各种连锁店,如快餐连锁经营、超市连锁经营、快捷酒店经营等。

政府特许的经营权不同于企业营业执照规定的经营范围。虽然企业营业执照也规定了企业的经营范围,企业不能超出营业执照的范围进行营业,这体现了政府对企业经营范围的限制和监管,企业取得了营业执照就等于取得了经营权,但这并不是通常意义上政府特许的经营权。因为国家对于特殊的行业或特殊的业务会专门颁发相关的从业资格证书和特许证书。企业如果申请相关的营业执照,必须首先按照国家规定向国家相关部门报送资料;国家相关管理部门按照国家规定进行审查,确定企业在满足国家规定要求的前提下,颁发执业证书,特许经营;企业再依据国家办理的执业证书或者特许证书,办理相应的营业执照。

二、特许权的特点

一般地,特许权具有以下特点:

1. 时效性

无论政府授予的特许权还是企业授予的特许权,都是有一定的使用年限的。

政府会定期对获取特许权的企业进行年检或检查,一旦发现企业有违规行为,就要求其整顿甚至吊销其特许权证书;而企业特许权也在合同中约定了使用年限。

2. 转让的限制性

无论是政府的特许权还是企业对其他企业的特许权,在授予时都加了诸多限制,是不可以随意转让的。一般情况下,特许权可以随同企业一并转让而不能单独转让,而且转让后的企业要符合原转让方的要求和规定。对于政府授予的特许权,其限制往往是由相关的法律法规来界定,而企业的特许权限制往往是由合同来约定。

3. 垄断经济效益

由于特许权在某个地区和某个时间具有垄断性,因此,能够给特许权的经营者带来垄断的超额收益。

第九节 关系类无形资产

每个企业都会建立内部的关系,也会与外部的中介机构、其他企业和个人建立外部关系,这些关系可以是契约性质的,也可以不是。为此,关系类无形资产可以分为内部关系和外部关系,其中,内部关系主要是企业与员工之间的关系,外部关系包括客户关系和代理销售关系,有时候也被称为供应链关系。

一、团队关系

每个组织都有员工和管理层,但并不是所有的组织都能形成有效团队,产生对组织有益的团队关系价值。团队(Team)是由员工和管理层组成的一个共同体,它能合理利用每一个成员的知识和技能使之协同工作,解决问题,达到共同的目标。企业团队关系是企业内部最明显的一种关系,这一关系需要通过对团队进行定位、聘用和培训等投入来实现,一支专业团队的组成需要较大的成本,但同时也具有极大的价值。

二、客户关系

每个企业都有客户,但不是每个企业都有客户关系。例如一个城市中一个销售货物的摊点,如报刊亭和路边摊,会拥有大量的习惯每天购买报纸或吃早点、宵夜的客户。但客户在某一个报刊亭或路边摊进行消费时,可能仅仅是因为方便。报刊亭和路边摊的经营者一般也不了解客户的身份,也不知道客户在哪工作,没有保留客户档案,因此较难与客户建立强关联。如果经营者把报刊亭或路边摊搬到另一处,则这些客户极有可能不再找他,而是光顾另一个位置与其路线相符的报刊亭和路边摊。这种情形就很难称之为客户关系。能成为客户关系,称为企业的一项"资产",一般需要满足企业与其客户的关系能够为企业持续带来经济价值的条件。

客户关系主要通过以下两个方面对企业价值产生驱动,一方面是客户关系的惯性产生价值,另一方面是从客户处所获得的信息产生价值。

其中惯性产生价值可分为两类。一类为"低惯性",如理发店、美容店、熟食店、面包房、便利店等,一般具有如下特点:(1)具备的只是常见商品性质的、非独有的、在他处容易获取的产品与服务;(2)决定经营成功与否的是企业的特殊位置;(3)依赖不属于企业产权的重要品牌名称的吸引力;(4)企业经营成功的要素是所有者/经营者/员工决定性的能力和名声。另一类为"高惯性",如必需品的供应公司(水电等)和客户黏性较强的产品(大众使用的社交网站和电商网站等)。高惯性状态的客户关系能使其客户达到一定程度的稳固,一般具备以下特点:(1)具备独有的产品或服务,或者与其竞争者存在很大差异的产品或服务;(2)并不占有重要的地理位置;(3)并不依赖于所有者/经营者/员工决定性的能力和名声;(4)可能要求客户预付货款,或者为交货间歇期很长的订单进行生产,从而存在许多积压订单。

从客户处所获得的信息产生价值也是客户关系的价值体现形式,典型的例子就是大数据的应用。如阿里小贷利用阿里巴巴 B2B、淘宝、支付宝等电子商务平台上客户积累的信用数据及行为数据,引入网络数据模型和在线资信调查模式,通过交叉检验技术辅以第三方验证确认客户信息的真实性,将客户在电子商务网络平台上的行为数据映射为企业和个人的信用评价,向这些通常无法在传统金融渠道获得贷款的弱势群体批量发放"金额小、期限短、随借随还"的小额贷款。沃尔玛的超市管理人员在分析销售数据时发现了"啤酒与尿布"的故事,即通过分析购物篮中的商品集合,从而找出商品之间关联关系的关联算法,并根据商品之间的关系,找出客户的购买行为。

三、供应链关系

供应链合作关系一般是指在供应链内部两个或两个以上独立的成员之间形成的一种协议关系,以保证实现某个特定的目标或效益。建立供应链合作伙伴关系的目的,在于通过提高信息共享水平,减少整个供应链产品的库存总量、降低成本和提高整个供应链的运作绩效。供应链关系可以细分为:(1)买卖关系。它是以传统的产品买卖为特征的短期合同关系。买卖关系是基于价格的关系,买方在卖方之间引起价格的竞争并在卖方之间分配采购数量来对卖方加以控制。(2)物流关系。它以加强基于产品质量和服务的物流关系为特征,物料从供应链上游到下游的转换过程进行集成,注重服务的质量和可靠性,供应商在产品组、柔性、准时等方面的要求较高。(3)合作伙伴关系。企业与其合作伙伴在信息共享、服务支持、并行工程、群体决策等方面合作,强调基于时间(Time-based)和基于价值(Value-based)的供应链管理。(4)网络资源关系。它以实现集成化战略合作伙伴关系和以信息共享的网络资源关系为特征。随着信息技术的高度发展以及在供应链节点企业间的高度集成,供应链节点企业间的合作关系最终集成为网络资源关系。

供应链关系产生价值的方式一般包括:(1)减小不确定因素,降低库存。所面对的供需关系上的不确定因素可以通过相互之间的合作来消除。企业通过合作,共享需求与供给信息,能使许多不确定因素明确。(2)快速响应市场。企业集中力量于自身的核心竞争优势,能充分发挥各方的优势,并能迅速开展新产品的设计和制造,从而使新产品响应市场的时间明显缩短。(3)加强企业的核心竞争力。以战略合作关系为基础的供应链管理,能发挥企业的核心竞争优势,获得竞争地位。(4)用户满意度增加。如制造商帮助供应商更新生产和配送设备,加大对技术改造的投入,提高产品和服务质量,增加用户满意度。

第十节　其他无形资产

一、租赁权

租赁权是指在租赁合同规定的期限内,由出租人将财产的使用权转让给承担人,承租人按照合同规定获得财产的使用权。承租方向出租方支付一定的租金,在租赁合同期后出租方收回财产。按照租赁权的内容划分,租赁一般分为经营性租赁和融资性租赁。经营性租赁是指出租方将财产交给承租方使用并收取租金,在租赁关系终止时收回财产。融资性租赁是指由出租方按照承租方所提出的租赁财产的规格要求及所同意的条款购买某项资产,而后将该资产出租给承租方使用并收取租金,在租赁合同到期时收回、续租或出售该资产。对承租方来讲,这是一种以"融物"方式达到融资目的的交易方式。

租赁权本身是一种权利,是将自有的或者取得的资产的使用权转移给租入方的行为。这种租赁权具有如下特点:(1)时效性。无论是融资租赁还是经营性租赁,都有一定的时间限制,经营性租赁期限一般较短,融资租赁虽然期限较长,但也不是无限期的,期限长短一般取决于租赁双方合同的约定。(2)使用、转让的限制性。对于租入方来说,租入资产的使用、转让等都要受到租赁合同的约束和限制。有些不动产租赁合同约定了资产租赁后的用途、使用方式;而设备等动产有的则规定了使用的地点、范围和人员。几乎所有的租赁合同都对租入资产的再转让行为进行了限制。

二、土地使用权

土地使用权(Land User Right)是指国家机关、企事业单位、农民集体和公民个人,以及三资企业,凡具备法定条件者,依照法定程序或依照约定对国有土地或农民集体土地所享有的占有、利用、收益和有限处分的权利。土地使用权是外延比较大的概念,这里的土地包括对农用地、建设用地、未利用地的使用权。

需要指出的是,英美等国家将土地确定为不动产,不作为无形资产进行核算。由于所有的建筑(包括建筑物和构筑物)都必须建造在土地上,其具有与土地的不可分离性,所以具有建筑承载物的土地也被确定为不动产。但在我国,城镇土地所有权归国家所有,农村土地所有权归集体所有。土地所有权不能买卖,各企业、单位取得的土地仅仅是对其拥有使用权。土地使用权是指土地使用者对其所使用的土地,在法律许可的范围内,享有经营利用、处置和取得收益的权利。土地使用权仅是土地所有权权利束中的权利之一,它可以与土地所有权相分离。法人和自然人可以依据相关法律,通过申请划拨或购买的方式取得土地的使用权。土地使用权的划拨、出让和转让使土地使用权的所有者发生了变更。在资产的归属上,目前,我们将土地使用权归为无形资产,对土地使用权的价值评估和核算也以无形资产对待。

关于土地使用权的价值评估,请参考"房地产评估"或"不动产评估"等专业课程的教材,本教材对此并不进行详细的探讨。

三、人力资本

人力资本(Human Capital)是指劳动者受到教育、培训、实践经验、迁移、保健等方面的投资而获得的知识和技能的积累,亦称"非物力资本"。由于这种知识与技能可以为其所有者带来工资等收益,因而形成了一种特定的资本——人力资本。人力资本不具备实物形态,这也是把人力资本归到无形资产的重要原因。企业员工虽具有实物形态,但人力资本是指员工的服务潜力,这种潜力是没有实物形态的。切不可把人力资本的载体——人,与人力资本本身混为一谈。

人力资本是否属于企业的一项无形资产是一个具有争议的问题。从财务与会计角度来看,人力资本在账面上只有工资薪金支出和相关费用支出,属于企业的负债,而且人力资本并不符合现代会计对于"资产"的定义,前面已讨论过组织不能拥有或控制人力资本。但从企业管理角度来看,人力资本是提高生产力最有效的工具,它被人们认为是企业重要的资产。

习 题

1. 哪些无形资产有明确的法律界定?
2. 没有法律概念界定的无形资产会引发什么问题?
3. 学术界对商誉研究的主要结论有哪些?
4. 政府特许的专营权和某企业特许其他企业使用商标等无形资产的特许权有什么区别?
5. 客户关系在什么情形下可以被企业认为是无形资产?
6. 供应链关系如何为企业产生价值?
7. 美国会计准则对"土地"项目单列,不将其归属到无形资产,无摊销,这样的会计处理方式会对财务数据产生哪些影响?
8. 融资性租赁与经营性租赁的区别有哪些?
9. 研发支出在什么情形下可以被资本化?
10. 企业之间由于专有技术产生的纠纷该如何处理?

第三章 无形资产价值评估

多数情况下,随着时间的消逝,无形资产会增值。

——沃伦·巴菲特(Warren Buffett)

马克思认为价值是人类的抽象劳动在商品上的凝结。然而,无形资产的价值量很难用社会必要劳动时间来衡量。无形资产种类繁多,产生或生成的渠道、途径各异,有的是靠智力投入开发研制成功,有的则是依靠某种权利生成,而有的是靠感情、服务态度获取等。因此,统一用社会必要劳动时间去衡量所有无形资产的价值量是困难的且不切实际的。那么我们该如何认识无形资产的价值呢?本章就以下内容展开讨论:

- 一般在什么情况下需要对无形资产的价值作出评估?
- 驱动无形资产价值的因素是什么?
- 抑制无形资产价值的因素是什么?
- 不同类型的无形资产的价值分析有差异吗?
- 无形资产评估价值和无形资产价值是一回事吗?
- 该如何理解无形资产评估价值?
- 无形资产评估有哪些方法?
- 如何选择无形资产评估方法?

第一节 无形资产评估情形

无形资产已经成为人们生活的一部分,因此,进行无形资产价值评估的原因涉及人们社会生活的各个方面。

需要对无形资产进行评估的情形有:

（1）交易支持。比如个人将发明卖给企业，大学将发明卖给企业，企业之间相互出售商标和专利。在所有的情况下，交易必须确定价格，从而必须对无形资产进行价值评估。

（2）破产清算。无形资产在企业破产清算中扮演着重要的角色。当债权人为争夺能够弥补其损失的资产时，在法庭上就需要提供无形资产的价值评估结论。

（3）授予许可。无形资产的所有者考虑授予买方无形资产产权许可时，也就需要分析许可完整的价值。

（4）企业战略合作。为了开发一项新的技术，两个独立的经济实体常常合作成为第三个经济实体或虚拟组织。此时双方将提供不同的贡献，这些贡献之中就包括无形资产产权。为了确定实体联盟之间所有权的关系，就需要评估无形资产所独立贡献的价值。

（5）遗产税和赠予税。由于专利、商标和著作权等无形资产可能成为遗产或赠予资产，获得赠予或继承的主体将享有无形资产未来的许可使用费收入，从而会产生相关税收，因此必须对无形资产进行价值评估。

（6）离婚。在某些情形下，家庭某一方拥有的无形资产，必须作为离婚财产的一部分。当无形资产为多人所有时，其价值评估将成为离婚诉讼中的一个重要部分。

（7）侵权损失。涉及专利、商标等无形资产侵权的诉讼呈增长趋势。侵权者导致损失的确定将需要进行损失评估。

（8）企业间的交易与税赋。相关方之间无形资产的转让，需要在各个税赋管理部门的监督下进行，这需要对无形资产的价值进行评估。

（9）基于担保的融资。知识产权等无形资产逐渐成为企业中占支配地位的资产，当这些资产成为银行愿意贷款的质押品时，银行需要了解作为质押品的专利权、商标权和著作权等无形资产的价值评估结论。

（10）会计要求，又称以财务报告为目的的资产评估。企业在进行收购时，被要求在其资产负债表中恰当地列示所购入资产的价值。当收购是由无形资产产权推动时，以及这些无形资产处在被收购企业的重要地位时，为会计报表进行价值评估就成为评估无形资产价值的普遍理由。

（11）法律要求。比如企业首次公开募股（IPO）的文件常常需要提供关于上市公司无形资产重要程度的信息。由于知识产权等无形资产在这些上市公司中处于重要的地位，所以，无形资产价值评估意见就常常出现在IPO文件中。

（12）财产的从价计税。财产税的征收一般以不动产为主，但财产种类还包括知识产权或艺术品、独特的思想或方法等。在某些情形下，必须对知识产权等无形资产进行价值评估，然后才能确定财产税适当的税基。

（13）政府政策扶持。例如研发支出的税收减免，从国外引入先进技术的财政补贴等。享受政府扶持政策的无形资产需要符合税法或扶持政策的严格规定，从而需要专门机构和专业人员对其进行价值评估。

第二节　无形资产的经济学含义

大量关于无形资产的研究和分析一般都会赞叹无形资产在创造企业价值和提高企业增长速度方面的巨大潜力。但是人们经常会忽略一个事实：无形资产和实物资产、金融资产一样，都是遵循最基本的成本效益均衡的经济学规律。

一、价值驱动因素

实物资产、人力资本和金融资产都是竞争性资产，人们不可能同时在不同地方使用这些资产。这种竞争性使得这些资产的机会成本很高。例如，中国铁路总公司将某辆和谐号动车用于北京开往上海的线路，那么这辆和谐号动车就不能同时用于北京开往广州的线路，这辆动车的乘务人员和用于购买动车机组的资金也同样如此。因此，实物资产、人力资本和金融资产是竞争性的，这种竞争性具体体现在使用这种资产所花费的成本（放弃这种资产用于其他用途所要承担的机会成本）。而无形资产通常具有非竞争性及网络效应等特性，它们是无形资产的价值驱动因素。

1. 非竞争性

大量的无形资产则具有非竞争性（Non-rival），它可以同时用于不同的地方，大多数无形资产的使用机会成本是微乎其微的，在一个地方使用无形资产并不会妨碍它在其他地方的使用。尽管中国铁路总公司的动车和乘务人员在同一时间只能用于一条路线，但公司的票务预订系统和旅客管理系统却可以同时为成千上万的顾客服务。换言之，当票务预订系统多为一个顾客服务时，几乎不产生任何的机会成本，一旦这个系统开发成功后，它的有用性只会受潜在规模和竞争对手行为的影响，而不会受系统本身的影响。导致无形资产具有非竞争性的主要因素是无形资产所发生的巨额沉没成本及其小额边际成本特性。一种新药或软件的开发一般需要巨额的先期投资,而生产药品或软件拷贝所要花费的成本相对来说则微乎其微。要使得药品的产量扩大一倍需要大量的厂房和设备投资,而专利权或研发开发投资则几乎不需要任何提高。也就是说,大量无形资产的有用性并不遵循实物资产的规模收益递减①规律,相反,无形资产往往具有收益递增的特点。

2. 网络效应

除非竞争性外,网络效应(Network effects)也是驱动无形资产价值的重要特性。网络效应可以定义为"客户作为网络中的一员而得到的好处,这种好处随着网络中人数和公司数量的增加而增大,这就产生了正反馈(Positive feedback),即网络越大越好"。网络收益随网络规模扩大而增加的特性往往会产生良性效益,即成功的公司会更成功。一项刚刚取得领先的技术可能会迅速占领并控制市场,因为关注未来的用户会选择他们预期会在未来取得成功的技术。在网络市场中,用户对领先技术的选择会促进良性反馈效应,甚至使先行企业的标准成为某个行业的标准,进而扩大网络的外部效应。在网络效应下,无形资产带来的企业竞争优势很大程度上来自网络成员之间的依赖性,典型的例子有新浪微博和腾讯微信。

二、价值抑制因素

非竞争性和网络效应等特性促使无形资产创造了极大价值,但在现实中,并非所有的企业都热衷于投资无形资产,大量的企业没有花费足够的精力去创造和管理无形资产。从经济学的角度分析,无形资产有一些抑制价值实现的内在因素。这些因素主要有:

1. 潜在的市场规模

一些行业的市场规模不足以使它们从无形资产的非竞争性和网络效应中获益。无形资产的非竞争性特性能充分发挥的前提是具有一定的市场规模,比如社交网站火爆的前提是有足够的社会主体具有社交需求,电子商务公司产生价值的前提是拥有服务规模巨大的市场。但是,在一些规模小、发展缓慢的市场中,市场规模和发展潜力就会制约无形资产的发展。

2. 所有权风险

有形资产和金融资产的所有权是清晰的。比如谁偷了别人家的电视机或现

---

① 规模收益递减指的是:如果所有投入品的数量都以相同的百分比增加,并导致产量增加的百分比小于该百分比,就是规模收益递减的。

金,是比较容易确认的并按相关法律规定要受到相应处罚。但抄袭别人的创意和概念,有时就比较难以确认;再如培训后的员工跳槽时,其他公司将享受到跳槽前公司员工培训投资(如在职培训和 MBA 培训支付学费)所带来的利益,但进行投资的公司不能有效阻止其他公司享受员工培训的成果。专利权和著作权保护的是对思想的所有权,但是许多优秀的思想既不受著作权法的保护,同时也不能申请专利,而且对于产权清晰的专利权,非所有者也能从中获得利益,即所谓的外部性[①]。竞争对手往往能够通过想办法重组创新,绕开对知识产权的保护。

3. 资产优化与管理的难题

资产最优化是指最大限度地发挥资产的价值。确定了未使用的实物资产,比如上座率不高的航班、客房利用率不高的宾馆,其对策一般是一项比较明确的任务,比如可以降低价格或者促销等,但优化一项技术的网络效应则是一项艰巨的挑战。在管理工具上,诸如管理信息系统向管理人员提供有关成本、收入和预算差异等信息,而该系统几乎完全是与工业经济时代的实物资源和人力资本投入相适应的,无形资产的部分独占和外溢等特性使得无形资产管理并不经济。此外,大量的专利侵权诉讼案件表明,盗用专利权成果给拥有专利权的公司带来了巨大的困难和高昂的成本。

4. 投资回收(Payoff)风险

任何投资的目的都是获得实质性回报,无形资产有可能带来远比有形资产要高得多的投资回报,然而风险也相应地要大得多。著名无形资产研究机构布鲁斯金学院认为,创新过程存在偏态分布现象:少数产品和工序可以一鸣惊人,研究得出的前十个最有价值的专利占全部专利价值的 81%—93%。这说明其余大部分专利是没有价值的,在这些专利上的投资是一种损失。也就是说,创新过程和在该过程中的无形资产投资存在固有风险。当然,在不确定的经济环境下,所有的投资和资产都具有风险,然而,无形资产的投资风险明显高于有形资产和金融资产。许多创新活动,例如开发新药物和网络初始化,可能会在未来颗粒无收,而有形资产和

[①] 外部性又称为溢出效应、外部影响或外差效应,指一个人或一群人的行动和决策使另一个人或一群人受损或受益的情况。经济外部性是经济主体(包括厂商或个人)的经济活动对他人和社会造成的非市场化的影响,即社会成员(包括组织和个人)从事经济活动时其成本与后果不完全由该行为人承担。它分为正外部性(Positive Externality)和负外部性(Negative Externality)。正外部性是某个经济行为个体的活动使他人或社会受益,而受益者无须花费代价;负外部性是某个经济行为个体的活动使他人或社会受损,而造成负外部性的人却没有为此承担成本。

金融资产投资则很少遇到这种情况。不过,需要特别说明的是,一般来说,无形资产投资往往是一个发现(新思想、新知识等)成为商业化商品或服务的过程,在这个过程中无形资产投资的风险是逐渐减少的。基础研究通常在创新初始阶段发生,在技术和商业成功方面具有高风险性;应用性研究或产品创新(包括现有技术的改进)的不确定性明显小于基础研究;而工序创新(提高生产过程效率的工作)的风险比基础性研究和产品创新更小。

第三节 常见无形资产的价值分析

非竞争性和网络效应是无形资产价值驱动的主要因素,但不同无形资产的价值表现形式还是具有差异性的,具体到某一特定的无形资产,不能简单地用非竞争性和网络效应来刻画其价值表现。另一方面,尽管因资产评估情形的不同,资产价值类型及其表述方式也都具有差异,但资产评估时的价值还是有基本的依据和基础的,无论是何种评估情形和价值类型,评估时依然有相对一致的价值分析基础。本节内容主要针对部分常见的无形资产,分别描述它们的价值表现形式。

一、商标

在销售和营销机构中,我们对有价值的商标最为敏感。这方面直接的证据是,在零售阶段,一种有商标的产品,其价格要比其他类似的、不知名的产品高,并且一直有客户愿意支付高价购买该产品,这种价格溢价代表了商标的收入流。溢价定价也可能出现在批发阶段,由于在市场中商品价值促使销售增长,产品制造商能够从零售商处得到更高的价格,零售商由于市场的限制,也许无法把这个增加的价格传递给消费者,因此表现出制造商在与零售商谈判中的强势地位。同时,一个好的商标的所有者,其销售费用可以逐渐降低,零售商在把商品进行销售时,就无须实施过多的推销、降价和促销等活动。

二、专利

专利的作用在市场中能较为明显地体现出来,最简单的例子是在一定时间内占市场垄断地位的药物专利。拥有这类专利的企业可以获得相关的所有"额外"利润。通常,专利通过减少处理程序或降低制造成本来增加企业收入。专利可能通过以下形式降低成本:

（1）减少需要的原材料；

（2）使用更加便宜的原材料；

（3）改善质量；

（4）减少浪费；

（5）降低人工成本；

（6）降低能源成本；

（7）提高制造速度；

（8）不花费成本，增加输出量。

三、专有技术

无论专有技术来自何处，也无论专有技术是怎样形成的，大部分具有价值的专有技术都具备一种或多种专有技术的共同属性。这些共同属性具体体现在以下几点：

1. 专有技术可以产生经济利益

专有技术能使企业因其产品或服务的质量将超过其他种类产品或服务的质量而提高价格或降低成本，从而增加利润。专有技术产生经济利益的形式可能有：

（1）降低材料的成本；

（2）降低所使用材料的数量；

（3）减少产品制造、检查、包装和计量中所使用的劳动力；

（4）通过创造较轻的、较小的和特殊形状的产品，降低运输成本；

（5）提高生产的速度；

（6）减少浪费与降低产品的不合格率；

（7）降低对燃料和动力的需求；

（8）消除或降低对环境的危害，降低成本；

（9）增加交易中的优势。

2. 专有技术可以降低竞争

专有技术的价值可能不仅仅在于能够使企业获得明显的经济利益，专有技术还可以为企业建立一种经济保护，成为对竞争者的一种障碍。

3. 专有技术可以维持或创造牢固的市场份额

专有技术可以帮助企业维持或创造牢固的市场份额。例如，可口可乐、加多宝凉茶以及其他饮料的喜好者，或者某种啤酒的喜好者、某种餐饮的喜好者，他们在进行相关消费时至少部分原因是该产品独特的口味或配方。

四、计算机软件

计算机软件的经济价值正在日益为人们所认识到,并越来越为世界各国所重视。计算机软件指计算机程序及其文档。计算机程序指用机器可读的文字、代码等形式表示的能使计算机完成一定任务、显示某种作用或产生一定结果的一套指令;文档指用一般文字、符号介绍计算机程序的说明,以及帮助理解和运用计算机程序的用户手册、流程图等。

以 APP 为例。企业通过 APP 获取收入有三种可能性:(1) APP 内容与某种线上或线下商品或服务有着天然的关联,容易引导用户在应用内或在相关链接进行付费购买。典型案例是各种淘宝导购应用、酒店预订应用。(2) APP 除了拥有海量用户,还有着容易被用户接受的、表现力出色的广告位。典型案例是各种第三方应用。(3) 通过 APP 来获取具有商业价值的数据。典型案例是 Instagram、高德地图等。

第四节 无形资产评估的价值类型

我国《资产评估价值类型指导意见》采用国际惯例,将资产评估中的价值类型分为市场价值和市场价值以外的价值两种类型。这种分类方法和概念的界定有利于评估人员对其评估结果性质的认识,同时,也便于评估人员划定其评估结果的适用范围和使用范围。无形资产价值评估中所使用的价值类型同样遵从相关惯例。

一、常见的价值类型

(一) 市场价值

市场价值(Market Value)首先是一个独立的、使用频率很高的价值定义。在《国际评估准则》中,市场价值被定义为"自愿买方与自愿卖方在评估基准日进行正常的市场营销之后,所达成的公平交易中某项资产应当进行交易的价值的估计数额,当事人双方应当各自精明、谨慎行事,不受任何强迫和压制"。美国财政部定义市场价值为"资产在自愿交易的买方和卖方之间交易,买卖双方均没有受到外力迫胁做出买、卖决定并且双方均对相关事项有合理的知识背景"。我国《资产评估价值类型指导意见》认为,"市场价值是指自愿买方和自愿卖方在各自理性行事且未受任何强迫的情况下,评估对象在评估基准日进行正常公平交易的价值估计数额"。

根据市场价值的定义,市场价值具有以下条件:

(1)自愿买方,即具有购买动机,但并没有被强迫进行购买的一方当事人。该购买者会根据现行市场的真实情况和现行市场的期望值进行购买,不会特别急于购买,也不会在任何价格条件下都决定购买,即不会付出比市场价格更高的价格。

(2)自愿卖方,即既不准备以任何价格急于出售或强迫出售,也不会因期望获得被现行市场视为不合理的价格而继续持有资产的一方当事人。自愿卖方期望在进行必要的市场营销之后,根据市场条件以公开市场能达到的最高价格出售资产。

(3)评估基准日。市场价值是某一特定日期的时点价值,仅反映了评估基准日的真实市场情况和条件,而不是评估基准日以前或以后的市场情况和条件。

(4)以货币单位表示。市场价值是在公平的市场交易中,以货币形式表示的资产所支付的价格,通常表示为当地货币。

(5)公平交易,即指在没有特定或特殊关系且独立行事的当事人之间的交易。

(6)资产在市场上有足够的展示时间。资产应当以最恰当的方式在市场上予以展示,不同资产的具体展示时间应根据资产特点和市场条件而有所不同,但该展示时间应当使该资产能够引起足够数量的潜在购买者的注意。

(7)当事人双方各自精明,谨慎行事。自愿买方和自愿卖方都合理地知道资产的性质和特点、实际用途、潜在用途以及评估基准日的市场状况,并假定当事人都根据上述知识为自身利益而决策,谨慎行事以争取在交易中为自己获得最好的价格。

资产的市场价值反映了市场作为一个整体对其效用的认可,而并不仅仅反映其物理实体状况。某项资产对于某特定市场主体所具有的价值,可能不同于市场或特定行业对该资产价值的认可。市场价值反映了各市场主体组成的市场整体对被评估资产效用和价值的综合判断,可能不同于特定市场主体的判断。

(二)市场价值以外的价值(非市场价值)

市场价值以外的价值也称非市场价值、其他价值,《国际评估准则》并没有直接定义市场价值以外的价值,而是指出,凡不符合市场价值定义条件的资产价值类型都属于市场价值以外的价值。这里所说的"不符合市场价值定义条件"的资产价值类型,即不同时具备或满足资产评估市场价值基础条件的其他条件组合。需要强调,资产的市场价值以外的价值绝对不是资产的黑市价值、非法交易价值,或其他什么价值的估计值,它也是资产交易中的一种相对公平合理的价值的估计值。市场价值以外的价值不是一种具体的资产评估价值存在形式,它是一系列不符合资产市场价值定义条件的价值形式的总称或组合。我国《资产评估价值类型指导意见》认为,市场价值以外的价值类型包括公允价值、投资价值、在用价值、清算价值、残余价值等。

（1）公允价值:在公平的市场交易中,资产在理性、自愿的买卖双方之间进行交易的价值数额。

（2）投资价值:特定投资者或者某一类投资者所具有的价值估计数额,亦称特定投资者价值。国际企业价值评估词汇定义投资价值为"对于具有个别投资需求和期望的特别投资者的价值"。

（3）协同价值:由两种或两种以上利益相结合而产生的价值附加增值,其中,组合收益的价值要大于原有各项利益价值的总和。

（4）在用价值:将评估对象作为企业组成部分或者要素资产,按其真正在使用方式和程度及其对所属企业的贡献的价值估计数额,而不考虑该资产的最佳用途或资产变现的情况。

二、无形资产评估价值

评估就是对事物属性的意见,"评估"和"估值"两个词的交替使用意味着对资产的货币价值观点。对估值进行定义的另外一种办法是,它描述了一个假设的模拟交易。也就是说,估值是对一个还没有发生的交易考虑(商定价格)的估计。因此,估值必须说明将资产的权利假定为交易和假设条款的重点,必须完整地描述模拟交易以了解其结果,以明确所考虑估值的含义。要科学合理地评估无形资产的价值,必须深刻理解无形资产评估价值的含义。我国著名资产评估教授姜楠认为:明确无形资产评估价值的属性是一种价格范围,决定无形资产评估价值高低的是无形资产潜在获利能力的实现程度。这既解答了关于无形资产价值决定方面的理论争论,又客观地揭示了无形资产评估价值的源泉和决定因素,同时也使得评估实践有了可操作性的技术指导。对无形资产评估价值的理解应注意以下两点:

（1）无形资产的评估价值属于"价格"范畴(但并不是市场价格本身),而不是凝结在无形资产中的社会必要劳动时间所形成的内在价值。在对无形资产评估价值决定理论进行研究和探讨时,不能陷入价值多元论、新劳动价值论、社会劳动价值论与劳动价值一元论的纷争之中。因为对无形资产价值源泉的讨论无助于无形资产市场价值或"价格"的定量分析和判断,反而会造成某些误解。

(2)无形资产评估价值并不完全是其内在劳动价值的货币表现,而是其获利能力的资本化。无形资产的评估价值是无形资产实际运用和交易所能体现出来的获利能力的资本化或货币表现的专家判断。它是资产评估人员在特定条件下模拟市场对无形资产内在价值可实现部分的一种估计。

三、无形资产评估原则

无形资产评估一般发生在转让、出售无形资产及无形资产作价入股之时。其评估的原则是无形资产评估行为的规范。无形资产评估必须遵循下列原则：

1. 独立性原则

独立性原则指评估工作应排除各方面和各种形式的干预而独立地进行。评估机构及其工作人员应恪守评估的行业纪律和职业道德,不与被评估企业(个人)发生评估正常收费以外的任何经济利害关系,依据国家制定的法律、法规和可靠的数据资料,作出完全独立的评定。

2. 客观性原则

客观性原则指评估者应具有公正、客观的态度和方法,评估结果要有充分的事实为依据。评估过程中的预测、推算和逻辑运算等只有建立在市场和现实的基础上,才有意义。

3. 科学性原则

科学性原则指在评估过程中,必须根据特定的目的,选用适用的标准和科学的方法,制定科学的评估方案。

4. 替代性原则

替代性原则指在评估作价时,如果同一资产或同种资产在评估基准日有多种可能实现的实际存在的价格或价格标准,则应选用最低的价格。因为在同时存在几种效能相同的资产时,最低价格的资产需求量最大。

5. 预期性原则

预期性原则指在评估过程中,资产的价值可以不按过去的生产成本或销售价格决定,而是以对未来收益的期望值决定。

第五节 无形资产评估方法

一、传统评估方法

成本法、市场法和收益法是公认的最主要的三种估值方法，也是公认的传统评估方法。成本法是指从待评估资产在评估基准日的复原重置成本或更新重置成本中扣减其各项价值损耗，来确定资产价值的方法。成本法涉及资产的重置成本、有形损耗、功能性贬值、经济性贬值等四个基本要素。市场法是指利用市场上同样或类似资产的近期交易价格，经过直接比较或类比分析以估测资产价值的各种评估技术方法的总称。影响现行市场的基本因素包括资产功能、资产的实体特征和质量、市场条件、交易条件等。收益法是指以被评估资产在未来剩余经济寿命期限内所能获取的收益，按评估基准日的折现值转换为评估资产价值的一种资产评估方法。收益法涉及三个基本要素：被评估资产的预期收益；折现率或资本化率；被评估资产取得预期收益的持续时间。不同资产业务在评估中适用不同的价格标准。因特定资产业务的目的不同，在评估其现行价格时具体条件也有所不同，因而评估时依据的价格标准和评估的基本方法也不同。

本书将在第四章详细讲述收益法在无形资产价值评估中的具体应用过程；第五章探讨收益法中一些重要参数的确定方法；第六章详细讲述成本法和市场法在无形资产价值评估中的应用。

需要说明的是，成本法、市场法和收益法这三种估值方法在不同场合和情景中具有不同的命名和描述，但其基本原理、基本思路和核心仍属于这三种方法。很多情况下，"新"的估值方法是为了分析或取得投入在成本法、市场法和收益法中的核心参数或组成部分，比如行业标准估值法、评级排名法、经验法；可能是为了解决许可费率（分成率）等参数；可能是为了获得现金流这样的重要组成部分，如蒙特卡罗模拟法。而有些则仅属于命名的不同，如在金融行业，常把收益法称为绝对估值法，把市场法称为相对估值法，市场法又细分为可比公司法和可比交易法，本书中将不再赘述。

二、实物期权评估方法

与有形资产和金融资产相比，无形资产存在较高的风险性和不确定性，而存在不确定性的资产评估一直是评估理论与实务的难点。比如正在申请阶段的专利、处于研制阶段的药品或技术、处于创作阶段的文化作品和建设初期的在建工程等。对于这些不确定性程度较高的资产,传统评估方法(成本法、市场法和收益法)遭遇到了极大挑战,而由于这些资产具有较为明显的实物期权特征,也具有实物期权价值,实物期权理论为这类资产价值的评估提供了一种新的视角。实物期权是指附着于企业整体资产或者单项资产上的非人为设计的选择权,即现实中存在的发展或者增长机会、收缩或者退出机会等。拥有或控制相应企业或资产的个人或组织在未来可以执行这种选择权,并且预期通过执行这种选择权能带来经济利益。近年来,实物期权理论在资产评估中的应用得到快速发展的同时,也逐步得到规范。2011年12月31日中国资产评估协会发布的《实物期权评估指导意见(试行)》更是极大地推动了实物期权理论在资产评估中的应用与发展。

需要说明的是,实物期权方法有时候评估的不是资产的全部价值,而仅仅是附着于资产的实物期权,只有当这种实物期权全部包含了被评估无形资产的价值的时候,这时实物期权价值才是资产的全部价值。本书在第七章将重点讲述实物期权方法在无形资产评估中的应用。

除了将实物期权方法作为一种新的无形资产评估方法外,还有一些更为"古老"的方法在一些情况下也足以应付无形资产的风险性与不确定性,典型的就是拍卖法。自古以来,拍卖一直是一种简单而有效的商品销售定价方法。拍卖法与我们所讨论过的其他估值方法(成本法、市场法、收益法和实物期权方法)的实质区别在于在其交易撮合前不提供预期机会价值。拍卖法在技术交易价值敲定、排污权评估、珠宝文物等历史价值确定等领域具有积极的应用。但考虑到拍卖法更多的是一种价格确定机制,本书将不详细展开讲述。

三、评估方法的选择

不同资产业务在评估中适用不同的价格标准。由于特定资产业务的目的不同,在评估其现行价格时具体条件也有所不同,因而评估时依据的价格标准和评估的基本方法也不同。资产评估中的价格标准主要有重置成本、现行市价、收益现值和清算价格。这些价格标准分别适用于不同的评估方法、不同的评估目的和不同的评估条件。同时,不同的评估目的和不同的评估条件也必须选择相应的价格标准和评估方法,这是使资产评估科学合理的重要保证。这就是不同资产业务在评估中适用的价格匹配原则。

评估方法的选择过程本身,实际上包含了不同层面的资产评估方法的选择过程,即三个层面的选择:(1)关于资产评估技术思路层面的选择;(2)在各种资产评估技术思路已经确定的基础上,对实现各种评估技术思路的方法和具体评估技术方法的选择;(3)在确定了资产评估具体技术方法的前提下,对运用各种具体技术评估方法所涉及的经济技术参数的选择。

资产评估方法的多样性,为评估人员选择适当的评估方法,有效地完成评估任务提供了现实可能。在评估方法的选择过程中应注意以下因素:

(1)评估方法的选择要与评估目的、评估时的市场条件、被评估对象在评估过程中所处的状态,以及由此所决定的资产评估价值类型相适应。根据上述条件,当资产评估的价值类型为资产的市场价值时,可考虑按市场法、收益法和成本法的顺序进行选择。

(2)评估方法的选择受评估对象的类型、理化状态等因素的制约。例如,对于既无市场参照物,又无经营记录的资产,只能选择成本方法进行评估;对于工艺比较特别且处在经营中的企业,可以优先考虑选择收益法。

(3)评估方法的选择受各种评估方法运用所需的数据资料及主要经济技术参数能否搜集的制约。每种评估方法的运用都需要有充分的数据资料作为依据。在一个相对较短的时间内,收集某种评估方法所需的数据资料可能会很困难,在这种情况下,评估人员应考虑采用替代的评估方法进行评估。

(4)资产评估人员应当清楚,在选择和运用评估方法时,如果条件允许,应当考虑多种基本评估方法在具体评估项目中的适用性,当可以采用多评估方法时,不仅要确保满足各种方法使用的条件要求和程序要求,还应当对各种评估方法取得的各种价值结论进行分析,并对可能存在的问题做相应的调整,确定最终评估结果。

最后,需要说明的是,价值评估的多种方法(市场法、收益法和成本法等)会在同一时点上就同一标的资产的价值得出不同的评估值,甚至采用同一种方法,也会因假设或指标选取的差异导致评估值的差异。关于如何理解这种差异,达莫达兰(Damodaran)在其代表作《估值:难点、解决方案及相关案例》中认为,市场法估值和收益法估值导致的差异源于人们对市场效用性的不同解读,确切地说,是对市场无效性的不同理解。从收益法估值思路来看,它内含一个逻辑假设:市场会犯错,且有时整个板块乃至整个市场集体会犯错,但市场会逐渐纠错。从市场法估值思路来看,其内含的逻辑假设是:市场只是在单个资产上犯错,但就整体而言是没错的。例如,在基于一群小型软件公司估值一家新软件公司时,我们假设市场对这群可比公司的平均估值是正确的,尽管市场对每家公司的单独定价是错误的。因此,采用不同的估值方法,会导致不同的评估值。

习 题

1. 特许权、租赁权、土地使用权、客户关系等无形资产如何表现其价值?
2. 哪些无形资产评估情形应该由法律强制要求?
3. 是否所有的无形资产都具有非竞争性和网络效应?
4. 无形资产评估方法的选择应该遵循什么原则?
5. 1995年度麦肯锡奖得主克莱顿·M.克里斯坦森(Clayton M. Christensen)在其代表作《创新者的窘境:大公司面对突破性技术时引发的失败》(*The Innovator's Dilemma: When New Technologies Cause Great Firm to Fail*)中阐述了在面对某些类型的市场和技术变化时,公司无法保持其在各自行业中领先地位的原因。这里所讲的并不是任何一般的公司,而是那些以精于管理著称的公司,它们是大多数经理们羡慕并尽力效仿的公司,是以很强的创新和执行能力闻名的公司。试论述突破性技术研发的风险。
6. 目前,有哪些主流的无形资产评估方法?
7. 在选择无形资产评估方法时需要考虑哪些因素?
8. 如何看待采取不同估值方法导致的不同评估值?

第四章 收益法

所谓计划,就是以错误来取代杂乱无章。

——无名氏

无形资产价值较难评估的重要原因在于模糊的因果关系(Causal Ambiguity),既表现为分离模糊(Isolation Ambiguity),即组织的整体收益与具体的无形资产投资之间较难直接分离,较难建立直接的联系;又表现为权重模糊(Weighting Ambiguity),即评估师和管理者等主体较难确定在整体收益中有多少是由无形资产带来的,又有多少是由其他资产贡献的。无形资产常常与其他资产一起贡献组织的收益或利润。那么在用收益法评估无形资产价值时,该如何确定无形资产贡献的收益呢?本章就以下内容展开讨论:

- 运用收益法估算无形资产价值时需要确定哪些参数?
- 超额收益模型和收益分成模型的理论基础是什么?
- 该如何区分与应用三种常见的收益分成模型?
- 确定收益额时有什么基本原则?
- 无形资产折现率的确定有什么方法?

第一节 收益法概述

一、收益法的概念

收益法(Income Approach,Income Capitalization Approach),又称收益现值法、收益还原法、收益资本金化法,是指通过估算被评估资产的未来预期收益并折算成现值,借以确定被评估资产价值的一种资产评估方法。

从资产购买者的角度出发,购买一项资产所付的代价不应高于该项资产或具有相似风险因素的同类资产未来收益的现值。收益现值法对企业资产进行评估的实质是:将资产未来收益转换成资产现值,而将其现值作为待评估资产的评估价值。

二、收益法的前提条件

收益法涉及三个基本要素:被评估资产的预期收益;折现率或资本化率;被评估资产取得预期收益的持续时间。与此相应,收益法的三个基本前提是:

(1) 被评估资产的未来预期收益可以预测并可以用货币衡量;
(2) 资产拥有者获得预期收益所承担的风险也可以预测并可用货币衡量;
(3) 被评估资产预期获利年限可以预测。

三、收益法的基本程序

采用收益法进行评估,其基本程序是:

(1) 收集并验证与评估对象未来预期收益有关的数据资料,包括经营前景、财务状况、市场形势,以及经营风险等;
(2) 分析测算被评估对象的未来预期收益;
(3) 确定折现率或资本化率;
(4) 分析测算被评估资产未来预期收益持续的时间;
(5) 用折现率或资本化率将评估对象的未来预期收益折算成现值;
(6) 分析确定评估结果。

第二节 无形资产评估收益法模型

估算由无形资产产生的收益是应用收益法评估无形资产面临的最大挑战。在研发、购买、获得无形资产许可之前,公司需要确定使用无形资产对公司带来的贡献,尤其是经济上的贡献,即无形资产的评估价值。对无形资产进行巨额投资应该有正当的理由。对于同样的资金,决策者需要在购买原材料、厂房、运输车辆、生产设备,甚至购买国库券和无形资产投资之间做出选择,风险和收益始终是投资者需要权衡的问题。

一般来说,在一个成熟的自由竞争的市场中,当一个企业获得超过平均水平的利润时,其他竞争者会很快意识到其中有利可图,然后进入这个高利润的市场,这些后来者的到来会迫使商品降价销售,导致企业获利减少。这一微观经济过程一般来讲是有效率的,但市场参与者可能是不一致的,高额利润会吸引过多商家挤入市场,其数量会超过市场的承受能力。当供大于求时,相应的价格降低使得持续竞争的市场利润下降;经过一段时间的经济震荡后,该行业的利润下降到最低限度,市场中的参与商家仅能获得应得的利润。然而,由于无形资产的累积性、信息不对称及高门槛等特性,含无形资产的企业却可能保持产生超额利润(Above-Average Profits)。那么该如何测度这种由无形资产带来的超额利润,进而通过收益法估算无形资产的价值呢?本节将重点介绍常见的两种模型:超额收益模型和收益分成模型。

一、超额收益模型

超额收益法就是通过评估无形资产产生的未来超额收益并将其折算成现值,从而得到无形资产价值的评估方法,其基本公式为:

$$V = \sum_{i=1}^{n} \frac{\Delta R_i}{(1+r)^i} \quad (4-1)$$

式中,V 为无形资产价值的评估值;i 代表年份;ΔR_i 为被评估无形资产在第 i 年创造的超额收益;r 为被评估无形资产适用的折现率;n 代表无形资产的剩余经济寿命。

超额收益是指无形资产给企业经济效益创造的增量,在评估中需要将无形资产带来的超额收益与其附着的有形资产的收益分离开。

下面介绍一些常用的方法:

(一) 直接估算法

直接估算法是指通过对未使用无形资产与使用无形资产前后的收益情况进行对比分析,以确定无形资产带来的收益额。在许多情况下,从无形资产为特定持有主体带来的经济利益上看,我们可以将无形资产划分为收入增长型和成本节约型。

1. 收入增长型

无形资产可以通过法律或市场的方式保持超额利润,认可度高的商标就是最好的例子。相同材料和制造质量的两件衣服,客户愿意为耐克和阿迪达斯的标识支付更多的钱,其他消费品如苹果手机、浪琴手表、宝马汽车、加多宝凉茶等产品也是一样。只要溢价不是全部花费在创造形象的广告上,净利润就会得到提高。当然,溢价不总是受商标的驱动,以专利和专有技术为基础的商品也能控制溢价。以药品专利为例。通常,生产制造专利药物需要的生产设备与生产普通医学药物的设备是类似的,但专利药物的售价普遍比非专利药物高;凭借专有技术的中药也是如此,诸如云南白药、同仁堂、片仔癀等传统中药在市场中可以控制溢价。

但是,我们也需要仔细评估是什么在驱动商品溢价,以确保实际的驱动力来源于我们评估的资产。例如,我们所研究的商品能够溢价销售是得益于它的驰名商标还是产品的技术特征?我们用来作为分析基础的价格,与市场中的商品或服务有关,而与某些无形资产没有明确的联系。我们可以用作差法来解释这个问题,去掉商标或技术特征影响后的估计价格。不论何种情况,我们只有仔细弄清事实,认真分析,才能自信地说把溢价归因于无形资产是合乎逻辑的。

2. 成本节约型

与增加销售收入一样,节约成本也能获得利润,许多高科技创新产生的正是这样的收益。能节约成本的无形资产带来了超额收益。

无形资产的利用通常会节约生产成本,增加利润。节约成本可通过如下途径:

(1) 减少原材料用量;

(2) 在保证产品质量和性能不变的情况下用成本更低的材料代替原有材料;

(3) 提高每单位人工投入的产出;

(4) 提高产品质量,减少产品召回;

(5) 提高产品质量,减少浪费和次品;

(6) 减少用电等公共设备;

(7) 采用控制及其磨损的生产工艺,从而降低保养费用和停产检修的时间;

(8) 简化生产程序,节省下原先投资在被删减流程的机器设备上的资金;

(9) 减少或消除需要环境治理的废弃物。

一些类型的成本节约可以很容易地被识别和量化。例如,一种新技术在保持现有生产水平不变的情况下,每月能减少1 500千瓦时的用电量,这条信息和新技术使用地点的电费表单会量化这些成本节约。

但是在更多情形下,确定节省成本的归因是一件困难的事。例如,某类消费品因有持续强劲的市场需求而成为零售商货架上的必备品,这些消费品的制造成本降低是品牌(商标)引起的,还是独特的配方或专利引起的呢?因此,依靠成本节约来衡量经济收益时必须确信该收益的确是由所评估的无形资产产生的。

3. 估算模型

实际上,收入增长型和成本节约型无形资产的划分,是一种为了明晰无形资产形成超额收益来源情况的人为划分方法。通常,应用无形资产后,其超额纯收益是收入变动、成本变动和销售量变动共同作用的结果。评估者在评估时,应加以综合性的运用和测算,从而科学地测算超额收益。考虑到以上三种情况,将其结合起来,无形资产带来的纯收益公式为:

$$\Delta R = [(P_2Q_2 - C_2Q_2) - (P_1Q_1 - C_1Q_1)] \times (1-T) \qquad (4-2)$$

$$或,\Delta R = [(P_2Q_2 - P_1Q_1) + (C_1Q_1 - C_2Q_2)] \times (1-T) \qquad (4-3)$$

式中,P_1,P_2 为使用无形资产前、后产品的价格;Q_1,Q_2 为使用无形资产前、后产品的销售数量;C_1,C_2 为使用无形资产前、后产品的单位成本;T 为企业适用的所得税税率。

(二) 差额法

无形资产收益的贡献时常很微妙,即使是在无形资产对盈利的积极贡献还没有显现出来时,无形资产也能使公司利润高于平均水平。一家在市场中占主导地位的公司能够持续拥有很大的销售量,从而制造和经营产生的协同效应可以增加利润。申请专利不一定能增加收益,成本节约往往只是与大规模生产相关的运营效率得到提升相关。当一个组织的产量高且可信度高的时候,可能产生协同优势,并且通常使企业利润增加。与高生产量相关的典型协同效应包括:

(1) 原材料可按大订单折扣购买,供应商倾向于给大宗购物的客户折扣,从而使购买企业节约成本;
(2) 减少销售人员,增加每位销售人员管理的账户个数,控制销售费用;
(3) 制定章程、遵守制度的成本及固定的日常管理开销可以在更大的生产规模基础上分摊,实现规模效应;
(4) 大批量生产产品的公司大量消耗能源,因此可从水电公司以高折扣购买能源。

各个协同效益结合起来能为企业增加利润,占市场主导地位的无形资产(如商标和分销网络),使企业这项利润的增加得以实现。

直接估算法的思路为:对企业在拥有和不拥有某项无形资产两种状态下的收益做差。这很容易理解,但很难执行。从本质上讲,企业不可能在同一时间段内呈现出两种截然不同的状态。但差额法既可以应用于内部,也可以应用在外部。当它应用于内部时,我们问的问题是"如果公司没有这个商标、技术、专利,那么公司的价值(收益)将变成怎样?"当它应用在外部时,我们比较所研究的企业(拥有某项无形资产)和另外一家不具备该项无形资产的公司的财务业绩,或者与市场中普遍存在的同类公司的财务业绩相比,这个模型便有了较强的操作性。差额法正是把这种减法模型应用在外部,增强了模型的可操作性。差额法估算无形资产价值的基本思路为:采用无形资产和其他类型资产在经济活动中的综合收益与行业平均水平进行比较,从而得到无形资产的获利能力,即超额收益。主要步骤包括:(1)收集有关使用无形资产的产品生产经营活动财务资料,并进行盈利分析,得到经营利润和销售利润率等基本数据,包括对流动资产和已有账面价值的其他无形资产进行统计;(2)收集行业平均资金利润率等指标;(3)计算无形资产带来的超额收益。其基本公式为:

$$\Delta R = \text{EBIT}(1-T) - A \times \text{ROA} \tag{4-4}$$

式中,$\text{EBIT}(1-T)$ 为税后净营业利润,EBIT 为息税前利润①,T 为企业所得税税率,A 为资产总额,ROA 为资产收益率。

使用这种方法,应注意,这样计算出来的超额收益,有时不完全由被评估的无形资产带来(除非能够认定只有这种无形资产存在),其往往是一种组合无形资产超额收益,还须进行分解处理。

【例 4-1】 某项技术为一项新产品设计与工艺技术,已使用 3 年,证明技术可靠,产品比同类产品性能优越。经了解,同类产品平均价格为 150 元/件,该产品价格为 180 元/件。目前该产品年销量为 2 000 件。经分析,产品寿命还可以维持 8 年,但竞争者将会介入。由于该企业已经稳固地占领了市场,竞争者估计将采取扩大市场范围的市场策略,预计该企业将会维持目前的市场占有率,但价格将呈下降趋势。产品价格预计为:今后 1—3 年维持现行价格;第 4—5 年降为 170 元/件;第 6—8 年降为 160 元/件,估计成本变化不大,故不考虑其变化。适用的折现率为 12%,所得税税率为 15%,暂不考虑其他税收因素。

要求:试用超额收益法评估该项技术的市场价值。

---

① EBIT 通过剔除所得税及利息,可以使投资者评价项目的时候不用考虑项目适用的所得税税率和融资成本,这样方便了投资者将项目放在不同的资本结构中进行考察。EBIT 及净利润的主要区别就在于剔除了资本结构和所得税政策的影响。

解:

因为成本没有变化,因此,超出平均价格的收入视同为超额利润。今后8年的超额利润分别为:

(1) 第1—3年的超额利润 = (180-150)×2 000×(1-15%) = 51 000(元)

(2) 第4—5年的超额利润 = (170-150)×2 000×(1-15%) = 34 000(元)

(3) 第6—8年的超额利润 = (160-150)×2 000×(1-15%) = 17 000(元)

根据超额收益模型确定该技术的市场价值:

$$V = 51\,000 \times (P/A, 12\%, 3) + \frac{34\,000}{(1+12\%)^4} + \frac{34\,000}{(1+12\%)^5} + \frac{17\,000}{(1+12\%)^6} + \frac{17\,000}{(1+12\%)^7} + \frac{17\,000}{(1+12\%)^8} = 186\,562(元)$$

【例4-2】 委托评估的无形资产为A公司拥有的无线终端核心技术及其与无线终端有关的其他技术和基于这些技术的知识产权,该组技术尚有4年的市场领先优势。A公司的总资产额为1 000万元,资产负债率为30%,银行贷款利率为8%,该行业的资产平均回报率为10%,未来4年的净利润分别为216万元、186万元、132万元、96万元,投资该无形资产要求的投资回报率为12%,企业适用的所得税税率为25%。

要求:试用超额收益法估算该组技术的市场价值。

解:

根据差额法,可以计算得该组无形资产给A公司带来的超额收益。

第1年的超额收益 $\Delta R_1 = \text{EBIT}(1-T) - A \times \text{ROA} = 216 + 1000 \times 30\% \times 8\% \times (1-25\%) - 1000 \times 10\% = 134(万元)$

第2年的超额收益 $\Delta R_2 = \text{EBIT}(1-T) - A \times \text{ROA} = 186 + 1000 \times 30\% \times 8\% \times (1-25\%) - 1000 \times 10\% = 104(万元)$

第3年的超额收益 $\Delta R_3 = \text{EBIT}(1-T) - A \times \text{ROA} = 132 + 1000 \times 30\% \times 8\% \times (1-25\%) - 1000 \times 10\% = 50(万元)$

第4年的超额收益 $\Delta R_4 = \text{EBIT}(1-T) - A \times \text{ROA} = 96 + 1000 \times 30\% \times 8\% \times (1-25\%) - 1000 \times 10\% = 14(万元)$

根据超额收益模型确定该技术的市场价值:

$$V = \frac{134}{1+12\%} + \frac{104}{(1+12\%)^2} + \frac{50}{(1+12\%)^3} + \frac{14}{(1+12\%)^4} = 247(万元)$$

二、收益分成模型

收益分成模型源于国际技术许可贸易,是国际技术贸易中应用较广的一种做法,称之为 LSLP(Licensor's Share on Licensee's Profit)原则,后推广到一般性的无形资产许可贸易,在一些场合又称为许可费节省法。收益分成模型基于这样一个理念:如果一家公司拥有某项无形资产,它就无须为该无形资产支付相关费用(如许可费或专利费等),这部分虚拟的支出等同于拥有无形资产后的收入,从而可以进行税后现值的计算。

根据收益分成的基础不同,主要包括利润分成模型和收入分成模型,此外还有一些在此基础上的变通,收益分成的比率根据不同场合又可称为分成率、提成率、许可费率等。本节根据分成基础的差异,介绍三种常见的收益分成模型,包括利润分成模型、收入提成模型和整体分割模型。

表 4-1 三种常见的收益分成模型比较

模型	利润分成模型	收入提成模型	整体分割模型
公式	$V=\alpha \sum_{i=1}^{n} \frac{E_i}{(1+r)^i}$	$V=\beta \sum_{i=1}^{n} \frac{S_i}{(1+r)^i}$	$V=\omega \sum_{i=1}^{n} \frac{W_i}{(1+r)^i}$
分成基础	利润	收入	代表企业价值的现金流

(一)利润分成模型

利润分成模型的基本思路为:对于无形资产受方来说,无形资产价格是从引进无形资产所增值的利润中,分给无形资产供方的份额。所估定的无形资产价格一般按照利润分成原理来作价。用公式表示为:

$$V=\alpha \sum_{i=1}^{n} \frac{E_i}{(1+r)^i} \tag{4-5}$$

式中,V 为无形资产价值的评估值;α 为利润分成率;i 为年份;E_i 为被引进无形资产方在第 i 年的预期经济利润;r 为被评估无形资产适用的折现率;n 为无形资产的剩余经济寿命。关于无形资产分成率的确定方法详见第五章内容(无形资产的许可交易与收益分成)。

(二)收入提成模型

收入提成模型是收益分成模型在无形资产评估实务中的一个变通。收益分成模型是以无形资产使用后产生的利润为分成基础,收入提成模型中是以无形资产使用后的销售收入为分成基础,其分成比例又称为销售收入分成率,或者销售收入提成率。

收入提成模型的基本公式为:

$$V = \beta \sum_{i=1}^{n} \frac{S_i}{(1+r)^i} \quad (4-6)$$

式中,V 为无形资产价值的评估值;β 为销售收入分成率;i 为年份;S_i 为被引进无形资产方在第 i 年预期的销售收入;r 为被评估无形资产适用的折现率;n 为无形资产的剩余经济寿命。

从两个模型容易得出:既然分成对象是销售收入或销售利润,由于销售收入与销售利润有内在的联系,因此可以根据销售利润分成率推算出销售收入分成率,反之亦然。

由于,无形资产收益额=销售收入×销售收入分成率=销售利润×销售利润分成率,即

$$\Delta R = S \times \beta = E \times \alpha$$

故有:销售收入分成率=销售利润分成率×销售利润率,用公式表示为:

$$\beta = \alpha \times \frac{E}{S} \quad (4-7)$$

式中,E/S 为销售利润率,是衡量企业销售收入的收益水平指标。

在收益分成模型和收入提成模型中,有两大参数需要确定:(1)销售收入或销售利润的测算。这方面已经形成较为完善的知识体系,原则和方法可详见本章第三节内容(量化经济收益)。(2)无形资产分成率的估算。关于无形资产分成率的确定方法详见第五章内容(无形资产的许可交易与收益分成)。

(三)整体分割模型

传统上,知识产权和单个的无形资产是被分别管理、看待和评估的。但越来越多的研究与实践发现,无形资产之间出现了明显的相互作用、相互融合的关系。例如专利和专有技术,专利往往与商业设计、商业秘密等无形资产一起发挥价值;商标不是单独运行的,常与域名等其他无形资产一起为企业创造价值。虽然这些资产共同在发挥作用,但并不意味着不能对它们单独进行价值评估。事实上,不论目的是商业、法律、税收、会计或金融,相互作用和相互支持的相似无形资产都可以被价值评估。整体分割模型就能在一定程度上解决这种资产难以分离的难题。

由于整体分割模型的思路与收益分成模型的思路相似,故把这种方法归纳为收益分成模型的一种。整体分割模型是把企业看成一个整体,同时把各种无形资产也视为一个整体,将所有无形资产创造的收益按照各种无形资产各自的权重进行分割,实际中具有很强的操作性。无形资产通常很少单独产生经济效益,一般与运营资本和有形资产一起包含在企业中,企业将其作为一个投资组合产生了一个整体的经济回报。将总的公司回报(收益)分配到各个类别的资产中,能够将无形资产所带来的收益从整体收益中分离出来,进而再将单项无形资产的收益从无形资产整体收益中分离出来。

如果从利益分成的角度来理解,整体分割模型分成的基础代表企业价值的现金流。分成率为被评估资产占全部资产的权重或比例,可根据各项资产所占的比例等定量方法来确定,也可以按照德尔菲法等定性方法来确定。运用分割法对无形资产进行评估时需要具备以下几个条件:(1)企业全年创造的收益可以按照由无形资产和有形资产创造的不同收益进行分割;(2)企业经营中各类有形资产的相对比例及相应回报率能够量化;(3)对无形资产有明确的分类标准,从而易于无形资产分割。

分割法的基本公式为:

$$V = \omega \sum_{i=1}^{n} \frac{W_i}{(1+r)^i} \qquad (4-8)$$

式中,V 为无形资产价值的评估值;ω 为被评估无形资产占全部资产的权重;i 为年份;W_i 为被引进无形资产方在第 i 年预期的现金流;r 为被评估无形资产适用的折现率;n 为无形资产的剩余经济寿命。关于无形资产权重或无形资产分成比例的确定方法详见第五章内容(无形资产的许可交易与收益分成)。

【例 4-3】 A 企业将拥有的一项专利权许可给甲企业使用,特委托评估公司对其进行评估。评估人员了解到以下情况:(1)双方协商的合作期暂定为 4 年;确定的利润分成率为 30%。(2)未来 4 年,甲企业的商品销量分别是 9 万件、10 万件、12 万件、15 万件,每件售价和成本费用分别是 100 元和 70 元。(3)据技术所属行业和市场情况,评估人员确定的风险报酬率为 15%;企业适用的所得税税率为 25%;无风险收益率为 5%。

要求:(1)计算专利权各年的收益。

(2)试用收益分成法评估该项专利权的市场价值。

解：

（1）计算该专利权带来的超额收益

由题目所给资料，可以发现用收益分成模型中的利润分成模型较为合适，未来4年，该专利权带来的超额收益＝利润×利润分成率。

未来4年利润分别为：9×(100−70)＝270万元；10×(100−70)＝300万元；12×(100−70)＝360万元；15×(100−70)＝450万元。

未来4年的超额收益分别为：270×30%＝81万元；300×30%＝90万元；360×30%＝108万元；450×30%＝135万元。

（2）计算该专利的评估价值

首先，计算该专利权适用的折现率，由题目所给资料，用风险累加法计算折现率较为合适，折现率＝无风险收益率＋风险收益率＝5%＋15%＝20%。

其次，根据利润分成模型确定专利权的价值 $V = \left[\dfrac{81}{(1+20\%)} + \dfrac{90}{(1+20\%)^2} + \dfrac{108}{(1+20\%)^3} + \dfrac{135}{(1+20\%)^4}\right] \times (1-25\%) = 193.20$ 万元。

【例4-4】 G公司属于某大型现代化服务企业下属的子公司，主要业务为研发设计，目前该公司拥有一项有较好前景的技术专利Y。现对该企业专利技术Y的市场价值进行评估，评估目的是为管理层确定对外投资总额提供价值参考意见。现有资料如下：

（1）根据专家预测该专利技术Y在4年后会过时，市场期望投资回报率为20%。

（2）该类企业无形资产在整体资产表现的贡献率为25%，该专利技术Y占企业全部无形资产的20%。

（3）该公司2012年销售收入净额为6 000万元，评估基准日（2012年12月31日）固定资产为4 000万元，无形资产为3 000万元，营运资金为600万元，无负债。

（4）公司所得税税率为25%，有形资产折旧年限为8年，无形资产摊销年限为6年，采用直线折旧、摊销法。

（5）根据预测，企业未来4年内的增长率为15%，销售成本占销售收入净额的40%，营业费用占销售收入净额的20%，资本支出占销售收入净额的5%，营运资金占销售额的比率为15%。为简便计算，本案例中对于资本性支出不进行折旧或摊销等会计处理，也不考虑其会计处理对企业未来现金流的影响。

要求:根据上述资料,完成以下题目:

(1) 基于上述信息,分析计算专利技术价值的思路。

(2) 计算出该企业未来4年的收益现金流。

(3) 评估专利技术Y在2012年12月31日的市场价值。

解:

(1) 由题目所给信息可知,该情景下没有明确的收入提成率和利润分成率,而给出了无形资产在整体资产的贡献率,故使用整体分割法比较适当。分割法的基本公式为:$V = \omega \sum_{i=1}^{n} \frac{W_i}{(1+r)^i}$,式中,$V$为无形资产价值的评估值;$\omega$为被评估无形资产占全部资产的权重;$i$为年份;$W_i$为被引进无形资产方在第$i$年预期的现金流;$r$为被评估无形资产适用的折现率;$n$为无形资产的剩余经济寿命。

(2) 计算该企业未来4年的收益现金流。计算企业收益现金流有多种方法,根据题目所给信息可先计算出利润,然后得到现金流。

FCFF = 息税前利润×(1-税率)+折旧与摊销-资本性支出-追加营运资本

即:FCFF = EBIT(1-T) + D&A - Capex - ΔWCR

首先,计算EBIT(1-T),由于不涉及债务利息,故EBIT(1-T)等于净利润,其计算如下表所示:

	2012	**2013**	**2014**	**2015**	**2016**
收入增长率		15%	15%	15%	15%
销售收入(万元)	6 000	6 900	7 935	9 125	10 494
销售成本(万元)	2 400	2 760	3 174	3 650	4 198
营业费用(万元)	1 200	1 380	1 587	1 825	2 099
折旧(万元)	500	500	500	500	500
摊销(万元)	500	500	500	500	500
营业利润(万元)	1 400	1 760	2 174	2 650	3 198
企业所得税(万元)	350	440	544	663	799
净利润(万元)	1 050	1 320	1 631	1 988	2 398
EBIT(1-T)(万元)	1 050	1 320	1 631	1 988	2 398

然后,计算追加营运资本和资本性支出,其中 $\Delta WCR = WCR_i - WCR_{i-1}$,式中 WCR为营运资本需求(Working Capital Requirement)的简称,WCR = 流动资产-流动负债,由于资本性支出占销售收入净额的5%,其计算如下表所示:

(单位:万元)

	2012	2013	2014	2015	2016
销售收入		6 900	7 935	9 125	10 494
营运资金	600	1 035	1 190	1 369	1 574
营运资金变动		435	155	179	205
资本性支出		345	397	456	525

最后,计算现金流,如下表所示:

(单位:万元)

	2012	2013	2014	2015	2016
净利润		1 320	1 631	1 988	2 398
(+)折旧		500	500	500	500
(+)摊销		500	500	500	500
(−)营运资金追加		435	155	179	205
(−)资本性支出		345	397	456	525
净现金流		1 540	2 079	2 353	2 668

(3)评估专利技术 Y 在 2012 年 12 月 31 日的市场价值。首先计算出专利技术 Y 的收益贡献率,专利技术 Y 的收益贡献率=无形资产贡献率×专利技术 Y 占企业全部无形资产的比重=25%×20%=5%。适用的折现率为 20%。

用收益法估算无形资产价值,专利技术 Y 在 2012 年 12 月 31 日的市场价值为:

$$V = 5\% \times \left[\frac{1540}{(1+20\%)} + \frac{2079}{(1+20\%)^2} + \frac{2353}{(1+20\%)^3} + \frac{2668}{(1+20\%)^4} \right] = 268.75 \text{ 万元}。$$

第三节　量化经济收益

一、量化经济收益的原则

尽管未来无法预知,人们却并未因此而不去展望未来。即使未来假设发生变化导致财务预测并不准确,但经过大量讨论的财务预测有以下作用:①促进战略规划、行动方案的细化,并进行验证,反过来指导战略的制定;②根据财务计划对未来进行资源安排;③加速未来决策的速度;④是相对合理考核的基础;⑤有助于对资产进行价值评估,为认识组织价值提供帮助。可以说,预测就是用在杂乱无章中寻求规律,虽然附带错误,但是可以接受。

收益法应用中,收益额不是历史数据,也不是现实数据,而是未来数据,需要通过预测获得。预测收益额需要采取科学的预测方法,按照相应的程序来进行。结合收益额预测问题,应考虑和注意以下问题。

1. 审慎选择预测方法

预测是一个复杂的过程,预测者应有良好的统计学、计量经济学以及市场营销学等教育背景;同时预测过程中应注意定性分析和定量研究、评估指标与评估环境等的结合。一般来说,成功预测的六大要素是:

(1) 决策环境和损失函数。根据预测结果我们将做怎样的决策? 如何理解预测模型的设计、使用及其评价? 更进一步来说,如何定量地判断预测的好坏? 如何定义最优的预测? 怎样进行最优预测?

(2) 确定预测目标。预测的目标是什么? 是一个时间序列还是一个事件? 数据的质量和数量怎样? 样本数据如何取舍?

(3) 预测说明。如何陈述预测? 预测值是一个最优值还是未来值的一个合理区间,或是未来值的概率分布?

(4) 预测水平。预测水平是什么? 如何决定这个水平?

(5) 信息集。预测需要哪些信息? 仅仅是预测序列的历史数据,还是包括与该序列相关的其他数据?

(6) 对某一特定的预测问题,最适合的预测方法是什么? 预测模型的复杂程度如何? 等等。

2. 应选择未来预测收益

应用于收益法中的收益是未来预期的,而非过去实际的。但过去绩效及其分析对于未来收益预测的影响是显而易见的。

评估方法所用的大部分数据来自公司年度和季度财务报告,这可以在互联网或公司公开发表的财务声明中很容易地找到。在信息环境优良的社会,寻找和获得过去的数据并不困难,但分析形成这些数据的原因,通过分析和调查数据使之具有真实性和可靠性,并在此基础上进行预测,则是评估师更为重要的工作。

3. 应正确确定收益预测的基准

预测假设、预测基准越合理,预测的可靠性就越高;反之,预测的可靠性就会越低。在预测可靠性的因素时,除了对客观经济发展变化等系统性因素预测外,还应对收益预测基准予以把握。例如,发起企业改制上市评估时,由于各种因素限制及企业主体要求,需对原发起企业进行资产重组,资产重组的结果既影响到资产数量、质量和结构,也直接影响其未来收益。因此,这时的收益预测,是基于原有企业改组以后的资产状况而进行的。同时,资产数量、质量和结构的变更,对收益额预测的影响,不仅体现在数量方面,更重要的是体现在资产与收益的归结和匹配上。

2004年1月6日,在中国证券监督管理委员会《关于进一步提高上市公司财务信息披露质量的通知》(证监会字[2004]1号)中规定:为防止公司和评估师高估未来盈利能力,并进而高估资产,对使用收益现值法评估资产的,凡未来年度报告的利润实现数低于预测数10%—20%的,公司及其聘请的评估师应在股东大会及指定报刊上作出解释,并向投资者公开道歉;凡未来年度报告的利润实现数低于预测数20%以上的,除要作出公开解释并道歉外,中国证监会将视情况实行事后审查,对有意提供虚假资料,出具虚假资产评估报告,误导投资者的,一经查实,将依据有关法规对公司和评估机构及其相关责任进行处罚。

收益额预测质量关系到收益法应用的科学性。上述规定,一方面表明中国证监会对收益法应用中收益额预测的重视,但另一方面,这一规定有其不科学性。这是因为,通常的收益额预测基准是以原投资企业改组以后的状况为依据的,而未来年度利润实现额是以原来投资企业形成的上市公司为主体实现的,这是两个不同的主体,难以通过实现数和预测数进行比较。举例来说,在对企业购并价值进行评估时,一般包括对目标企业独立价值的评估和对购并整体价值的评估两部分。对目标企业独立价值的评估,是通过对目标企业未来收益进行预测,测算其合理价值,通过对购并支付价格与目标企业的合理价值进行对比,进行决策。对购并整体价值的评估,则是通过对并购后形成的新的整体企业未来收益进行预测,测算评估整体企业的价值。将两者对比后再做出最后的购并决策。由此可以看出,对目标企业独立价值进行评估和对购并整体价值进行评估时,其收益额预测基础是不同的。就上市公司而言,对发起投资企业收益额预测是以原发起企业为基础的,不考虑企业上市后增加的新的股东、募集资金以及治理结构改进对收益额的影响,而上市公司收益额实现数则是后者各项因素综合产生的结果。因此,规范收益法中收益额预测的问题,应从收益额预测本身的预测程序、预测的定性研究等方面入手。

4. 加强对收益额实体的认识

收益额的测算,关键在于对产生收益额实体的了解和把握程度。预期收益应根据对所评估企业的性质、资本结构和历史业绩的分析,以及对所评估企业、相关行业与相关经济要素的未来前景的分析,进行预测。实际操作中,根据收益法的形式,可以将收益划分为分段型、等额型、增长型等等,但并不意味着用收益法进行评估时,只要套用某个模型就可以了。恰恰相反,确定评估对象的收益规律,从而明确其收益的变化轨迹则是评估师工作中最重要的内容。比如格里·格瑞(Gray Gary)等所著的《股票价值评估》一书中,列出了5种最重要的现金流指标,即收入增长率(和超额收益期)、净营运利润率、公司所得税税率、净投资和营运资本投资的增长率,并指出这些现金流指标是决定公司自由现金流①和股票内在价值最重要的数字。这在一定程度上要求我们,尽管上述这些指标并不是在收益法应用时需要获得的直接收益额指标,但这些指标的测算与获得却是正确预测收益额所必需的。

二、预测方法

一般来说,进行经济收益预测的方法有如下几种:

(一)定量预测方法

定量预测方法,又称统计法,主要是指使用历史数据或因素变量来预测需求的数学模型,根据已掌握的比较完备的历史统计数据,运用一定的数学方法进行科学的加工整理,借以揭示有关变量之间的规律性联系,用于预测和推测未来发展变化情况的一类预测方法。

---

① 自由现金流(Free Cash Flow)是价值评估中的重要概念,以下学者对此作了重要贡献:(1)最早提出自由现金流概念的是美国学者莫迪格里尼和米勒(Modigliani & Miller, 1958)。他们提出的关于资本结构的MM理论重新诠释了企业目标是价值最大化,并非新古典经济学所述的"利润最大化",并首次阐述了公司价值和其他资产价值一样也取决于其未来产生的现金流的思想,并通过建立米勒—莫迪格里尼公司实体价值评估公式对公司整体价值(Business Valuation)进行评估。(2)詹森(1986)提出了自由现金流理论(Free Cash Flow Theory),用来研究公司代理成本(Agency Cost)的问题。在其理论中,自由现金流被定义为企业在"满足所有以相关的资金成本折现的净现值为正的所有项目所需资金后剩余的现金流"。(3)科普兰(Copeland, 1990)比较详尽地阐述了自由现金流的计算方法:"自由现金流量等于企业的税后净营业利润(Net Operating Profit less Adjusted Tax, NOPAT,即将公司不包括利息收支的营业利润扣除实付所得税税金之后的数额)加上折旧及摊销等非现金支出,再减去营运资本的追加和物业厂房设备及其他资产方面的投资。它是公司所产生的税后现金流总额,可以提供给公司资本的所有供应者,包括债权人和股东。"也就是说,自由现金流 = (税后净营业利润+折旧及摊销)-(资本支出+营运资本增加)。(4)达莫达兰(Damodaran, 1996)对自由现金流的定义也是参照了科普兰的观点:自由现金流 = 息税前利润×(1-所得税率)+折旧-资本支出-营运资本增加。

定量预测基本上可分为两类:一类是时序预测法。它是以一个指标本身的历史数据的变化趋势,去寻找市场的演变规律,作为预测的依据,即把未来作为过去历史的延伸。时序预测法主要包括平均平滑法、趋势外推法、季节变动预测法和马尔可夫时序预测法。另一类是因果分析法。主要包括一元回归法、多元回归法和投入产出法。回归预测法是因果分析法中很重要的一种方法,它从一个指标与其他指标的历史和现实变化的相互关系中,探索它们之间的规律性联系,作为预测未来的依据。

(二) 定性预测方法

一般来说,未来要发生什么,人们往往很难有概念,之所以会这样,除了未来较难预知之外,更主要的是因为没有去调查和研究什么事有可能会发生。定性预测方法是指预测者依靠熟悉业务知识、具有丰富经验和综合分析能力的人员与专家,根据已掌握的历史资料和直观材料,运用个人的经验和分析判断能力,对事物的未来发展做出性质和程度上的判断,然后,再通过一定的形式综合各方面的意见,作为预测未来的主要依据。在资产评估中,常根据访谈管理层来获得相关参数的预测基础。

(三) 情景预测方法

20世纪60年代,研究未来发展的美国人赫尔曼·卡恩发明了一套描述科学、政治和社会在未来可能的发展状况的程序,用于满足交错方案指导的需要。这种方法为用户提供了在给定条件下获得最多可能事件的有效工具。情景预测的主要思路包括:(1)评估关键力量和推动因素的重要性、可预测性以及不确定性;(2)识别关键的"不确定性的主轴",以此作为情景规划的逻辑和结构;(3)选择情景推理方式以应对"不确定区域"和设计情景的故事情节。

第四节 无形资产的折现率

合理确定折现率是收益法在无形资产评估中得以恰当运用的重要前提条件之一,也是难点和障碍之一。折现率确定的微小差异,可能会给评估结果带来较大的差异。因此,应当重视无形资产折现率确定方法的选择和运用,以进一步提高无形资产的评估质量。当前,无论是监管部门,还是其他的利益相关方都对资产评估质量提出了更高的要求。比如中国证监会2004年的第1号文件《关于进一步提高上市公司财务信息披露质量的通知》中对收益现值法使用预测收益数据和评估结果提出了严格的刚性规定。由于折现率是影响收益法评估结果的重要参数，所以在当前应当重新审视无形资产折现率确定方法的选择和运用，以求进一步提高无形资产评估的质量。

一、无形资产折现率的确定方法

尽管无形资产的折现率是决定无形资产最终价值的重要参数，但无形资产很少在公开市场独立进行交易，因此，无形资产的相关收益情况和贝塔系数很难通过直接方式获取。评估中具体测算时通常采用无形资产分成方法间接估算无形资产的收益情况。而对无形资产折现率的确定，2008年颁布的《无形资产评估准则》有如下描述和规定：企业单项资产或某类资产的投资回报率与整体资产的投资回报率是存在差异的，不能等同处置。无形资产折现率应当区别于企业或其他资产折现率。

按照马科维茨教授的定义，如果期望财富的效用大于财富的期望效用，投资者为风险厌恶者；如果期望财富的效用等于财富的期望效用，则投资者为风险中性者（此时财富与财富效用之间为线性关系）；如果期望财富的效用小于财富的期望效用，则投资者为风险追求者。对于风险厌恶者而言，如果有两个收益水平相同的投资项目，他会选择风险较小的项目；如果有两个风险水平相同的投资项目，他会选择收益水平较高的那个项目。风险厌恶者不是不肯承担风险，而是会为其所承担的风险提出足够补偿的报酬率水平，即所谓的风险越大，报酬率越高。就整个市场而言，由于投资者众多，且各自的风险厌恶程度不同，因而对同一个投资项目会出现水平不一的要求报酬率。在这种情况下，即使未来的现金流量估计完全相同，其内在价值也会出现不容忽视的差异。当然在市场均衡状态下，投资者对未来的期望相同，要求报酬率相等，市场价格与内在价值也相等。因此，索偿权风险的大小直接影响着索偿权持有人要求报酬率的高低。比如，按照常规的契约规定，债权人对利息和本金的索偿权的不确定性低于普通股股东对股利的索偿权的不确定性，因而债权人的要求报酬率通常要低于普通股股东的要求报酬率。企业各类投资者高低不同的要求报酬率最终构成企业的资本成本，单项资本成本的差异反映了各类收益索偿权持有人所承担风险程度高低的差异。

因此，在采用收益法估算无形资产时，折现率的估算决不能直接采用企业的整体投资回报率。采用企业全部资产的加权平均投资回报率作为无形资产的投资回报率会低估无形资产的投资风险，从而使无形资产折现率取值偏低。因此，我们必须根据企业整体资产投资回报率通过某种方法推导出无形资产的投资回报率。

无形资产折现率的确定和其他资产的折现率的确定方法一样，但需要注意的是，在评估无形资产价值时，折现率应充分体现投资回报率，其值往往要高于有形资产评估的折现率。同时，折现率的口径应与无形资产评估中采用的收益额的口径保持一致。目前，国内理论界和实务界确定无形资产折现率的方法主要有以下几种：

（1）风险累加法。将无风险报酬率加风险报酬率的值作为被评估无形资产的折现率。

（2）报酬率折算法。以企业全部资产的加权平均投资回报率来折算被评估无形资产的投资回报率，这种方法实质上是对总资产回报率法的修正。

（3）市场法。直接采用公开市场上可比无形资产的收益与价格之间的比率作为被评估无形资产的折现率。

（4）统计分析法。直接收集企业或企业所在行业无形资产收益率的统计资料，通过对历史数据的统计分析，判断无形资产收益率的平均水平及其发展趋势，进而确定被评估无形资产的折现率。

二、加权平均资产回报率（WARA）模型

由于无形资产收益具有不确定性和非独立性，所以无论采用何种方法来确定被评估无形资产的折现率，都应该反映该无形资产在企业整体资产组合中的收益和风险。即无形资产的收益来源于企业产销各环节的协作运行，无形资产的风险也包含在企业整体资产的风险中，不能将无形资产的风险与企业整体风险区分测算。在测算无形资产折现率时，为了将无形资产的收益与风险结合到企业整体资产的收益与风险中，理论与实务界比较常用的方法是，运用加权平均资产回报率（Weighted Average Return on Assets，WARA）法对无形资产的折现率进行测算。加权平均资产回报率法的基本思路是：首先测算企业全部资产的加权平均资产回报率和除无形资产以外各单项资产的税后期望回报率，因为企业全部资产的加权平均资产回报率与企业税后资本成本（Weighted Average Cost of Capital，WACC）相等或相近，如此可由企业全部资产的加权平均资产回报率剔除各单项资产的税前期望回报率后倒推出企业无形资产折现率。

企业税后资本成本的计算公式为：

$$\text{WACC} = R_e \times \frac{E}{E+D} + R_d \times \frac{D}{E+D} \times (1-T) \qquad (4-9)$$

式中,R_e 为股权投资回报率,一般通过资本资产定价模型(Captial Asset Pricing Model,CAPM)方法确定该参数;R_d 为债权投资回报率;E 为股权市场价值;D 为债权市场价值;T 为企业适用的所得税税率。

从投资的角度来分析企业,由于非付息负债几乎没有不花费企业资金成本,因此企业资产投资通常可分为营运资金投资、固定资产投资和无形资产投资三类。加权平均资本回报率的计算公式为:

$$\text{WARA} = W_c \times R_c + W_f \times R_f + W_i \times R_i \qquad (4-10)$$

式中,W_c 为营运资金占全部经营性资产的比例;W_f 为固定资产占全部经营性资产的比例;W_i 为无形资产占全部经营性资产的比例;R_c 为投资营运资金期望回报率(税后);R_f 为投资固定资产期望回报率(税后);R_i 为投资无形资产期望回报率(税后)。

若 WACC=WARA,则可计算出投资无形资产的期望回报率(税后):

$$R_i = \frac{1}{W_i}\left[R_e \times \frac{E}{E+D} + R_d \times \frac{D}{E+D} \times (1-T) - W_c \times R_c - W_f \times R_f \right] \qquad (4-11)$$

下面探讨公式(4-11)中各个参数的确定方法。由于计算的是无形资产的期望回报率,行业平均资产收益率法是目前我国无形资产评估时确定折现率常用的方法之一,故在计算相关参数时,考虑到数据的可获得性,一般会选择具有可比性的同类上市公司相关数据为计算依据。

(一)股权回报率 R_e 的确定

为了确定税前股权回报率,我们一般利用资本资产定价模型。资本资产定价模型是由美国学者威廉·夏普[1](William Sharpe)、约翰·林特纳(John Lintner)、杰克·特雷诺(Jack Treynor)和简·莫辛(Jan Mossin)等人在资产组合理论的基础上发展起来的,是现代金融市场价格理论的支柱,被广泛应用于投资决策和公司理财领域。资本资产定价模型通常是估算投资者收益要求进而求出公司股权收益率的方法,其公式为:

---

[1] 威廉·夏普(William Sharpe)(1934—),与默顿·米勒(Merton Miller)(1923—2000)和哈里·马科维茨(Harry Markowitz)(1927—)共同获得了1990年度诺贝尔经济学奖。诺贝尔委员会认为该三位美国教授在金融问题研究和企业金融理论方面取得了出色成就,"是金融经济学和企业金融理论的先驱"。他们的主要贡献是阐述了金融市场上公司证券如何定价和在某种证券投资上风险和收益如何平衡的问题。

$$R_e = R_f + \beta \times \text{ERP} + R_s \tag{4-12}$$

式中：R_f 为无风险回报率，该参数一般选择对应投资期限的国债收益率，β 为贝塔风险系数。R_f 可从 Wind 数据库或同花顺数据库中查询得到，也可以根据公式自行计算。上市公司 β 参数也可从 Wind 数据库或同花顺数据库中查询得到。ERP 为股市风险超额回报率，通常有两种确定方法：一种是纵向类推，也就是假设过去会持续到未来，用历史数据计算得到过去的风险溢价水平就是对未来的预测；另一种是横向类比，也就是对可比市场的风险溢价水平进行适当调整得出要计算的市场风险溢价水平。R_s 为公司特有风险超额收益率，目前国际上比较多的是考虑公司规模等因素对投资风险大小的影响。

（二）债权回报率 R_d 的确定

一方面，尽管我国目前尚未建立起真正意义上的公司债券市场，但不少的公司债券仍是可以交易的；另一方面，官方公布的贷款利率是可以得到的，故 R_d 参数可以通过公司债券市场利率或银行贷款利率来确定。

（三）股权价值 E 的确定

一般来说，要考虑流通性问题。流通性实际上是指资产、股权、所有者权益以及股票在转换为现金时其价值不发生损失的能力，考虑流通性后，股权价值为：

$$E = 流通股数 \times 收盘价 \times (1 - 缺少流通折扣率) \tag{4-13}$$

式中，缺少流通折扣率可由实物期权等方法来确定，国内外有较为系统的理论和实务研究。

（四）债权价值 D 的确定

债权价值 D 的计算公式为：

$$D = 流动负息负债账面值 + 长期负债账面值 \tag{4-14}$$

（五）营运资金期望回报率 R_c 的确定

由于投资营运资金所承担的风险相对最小，因而期望回报率应最低。在实务中一般取一年内平均银行贷款利率作为投资营运资金期望回报率。

（六）固定资产期望回报率 R_f 的确定

在评估实务中，固定资产期望回报率 R_c 的确定方法有多种。比较常见的做法是，认为企业固定资产投资包括部分自由资金加银行借款，假定自由资金占比为 x，银行贷款占比为 $1-x$，加权得到固定资产投资的期望回报率，其公式为：

$$R_f = x \times R_e + (1-x) \times R_d \times (1-T) \qquad (4-15)$$

式中，R_e 股权回报率，R_d 取 5 年及 5 年以上同期银行贷款利率。

（七）W_c、W_f 和 W_i 的确定

W_c、W_f 和 W_i 分别代表营运资金、固定资产和无形资产占全部经营性资产的比重，各个参数的计算公式为：

全部经营性资产=

股权市场价值×(1−缺少流通折扣率)+负息债权价值−非经营性资产的净值

$$(4-16)$$

$$营运资金 = 流动资产 - 非负息流动负债 \qquad (4-17)$$

$$固定资产 = 固定资产账面价值 \qquad (4-18)$$

$$无形资产 = 全部经营性资产 - 营运资金 - 固定资产 \qquad (4-19)$$

需要说明的是，如果认为会计计量能够充分反映资产的价值，那么 W_c、W_f 和 W_i 就可以根据账面价值来确定，即营运资金=流动资产（账面价值）−非负息流动负债（账面价值）；固定资产=固定资产账面价值；无形资产=无形资产账面价值；全部经营性资产=营运资金+固定资产+无形资产。

【例 4-5】 某行业有代表意义的四家公司 A、B、C、D，计算得出该四家公司的营运资金占全部资产的比例为 30%，固定资产占全部资产的比例为 25%，无流动负债。该行业中，投资其流动资产所承担的风险较小，其回报率可取 1 年内平均银行贷款利率 7.5%；投资其固定资产自有资金占比为 30%，银行 5 年以上平均贷款利率 7.8%。另外，无风险收益率为 2.5%，同期股市风险回报率为 8%，公司对应的市场风险系数为 0.95，公司特有风险超额收益率为 2.5%，所得税税率为 25%，债权的年期望回报率为 7%，该行业平均股权占总资本的比例为 65%。

要求：请根据以上材料，计算出该行业无形资产的投资回报率。

解：

CAPM 模型方法：

股权回报率 $R_e = 2.5\% + (8\% - 2.5\%) \times 0.95 + 2.5\% = 10.225\%$

债权回报率 $R_d = 7\%$；

固定资产投资回报率 $R_f = 30\% \times 10.225\% + (1-30\%) \times 7.8\% \times (1-25\%) = 7.16\%$

WARA 方法：

$WACC = 10.225\% \times 65\% + 7\% \times 35\% \times (1-25\%) = 8.48\%$

$$\text{WARA} = 7.5\% \times 30\% + 7.16\% \times 25\% + R_i \times 45\%$$

由于 WACC = WARA，故有 $7.5\% \times 30\% + 7.16\% \times 25\% + R_i \times 45\% = 8.48\%$

计算得到 $R_i = 9.87\%$

第五节 无形资产收益期限

无形资产收益期限或称有效期限，是指无形资产发挥作用，并具有超额获利能力的时间。也就是无形资产的经济生命周期，是指资产利用处于尚可获得利润的时期。当资产利用不再能够获得收益（未来收益终止）或当利用其他资产可以获得更高收益时，其经济生命周期就结束了，这与资产使用生命周期是不同的。资产使用生命周期是指资产安装日（资产服务启动日）到资产报废日（资产移除、停止服务日）之间的时段，与使用过程中的盈利能力无关。

无形资产在发挥作用的过程中，其损耗是客观存在的。无形资产损耗的价值量，是确定无形资产有效期限的前提。因为无形资产没有物质实体，所以，它的价值不会随其使用期的延长而发生实体上的变化，即它不像有形资产那样存在由于使用或自然力作用形成的有形损耗。然而，无形资产价值降低是由无形损耗形成的，即由于科学技术进步而引起价值减少。具体来说，主要由下列三种情况决定：(1)新的、更为先进、更经济的无形资产出现，这种新的无形资产可以替代旧的无形资产，当采用原无形资产无利可图时，原有无形资产的价值就丧失了；(2)因为无形资产传播面扩大，其他企业普遍掌握这种无形资产，获得这项无形资产已不需要任何成本，当拥有这种无形资产的企业不再具有获取超额收益的能力时，它的价值也就大幅度贬低或丧失；(3)当企业拥有的由某项无形资产所决定的产品销售量骤减，需求大幅度下降时，这种无形资产的价值就会减少，以致完全丧失。

以上说明的是确定无形资产有效期限的理论依据。需要强调的是，无形资产具有获得超额收益能力的时间才是真正的无形资产有效期限。资产评估实践中，预计和确定无形资产的有效期限，可依照下列方法确定：(1)法律或合同、企业申请书分别有规定法定有效期限和受益年限的，可按照法定有效期限与受益年限孰短的原则确定；(2)法律未规定有效期的，企业合同或企业申请书中有规定受益年限的，可按照规定的受益年限确定；(3)法律和企业合同或申请书均未规定有效期限和受益年限的，按预计受益期限确定。预计受益期限可由统计分析或与同类资产比较得出。

同时应该注意的是,无形资产的有效期限可能比其法定保护期限短,因为它们要受许多因素的影响,如废弃不用、人们爱好的转变以及经济形势变化等因素,特别是科学技术发达的今天,无形资产更新周期加快,使得其经济寿命缩短。评估时,对这些情况都应给予足够的重视。

习 题

1. 总结三种收益分成模型的共性与差异性。

2. 在用收益法进行确定诸如销售收入等参数的预测值时,采取怎样的方式可以使结果更合理或更有解释力?

3. 总结经济预测中的定量方法、定性方法和情景方法的优缺点。

4. 无形资产折现率有哪些确定方法?

5. 现有如下资料:某行业全部上市公司近5年资料统计表明,该行业中,平均股权占总资本的比例为65%,流动资产占全部资产比例为30%,无流动负债,固定资产占全部资产的比例为25%,其中,固定资产投资包括部分自由资金和银行借款,自有资金占比70%。收益率方面,无风险收益率为3%,同期股市风险回报率为12%,公司对应的市场风险系数为1.1,公司特有风险超额收益率为1.5%,所得税税率为25%,一年内平均银行贷款利率为9%,5年及5年以上银行贷款利率为8.5%,公司债权的年期望回报率为8%。请根据以上材料,运用WARA方法计算出该行业无形资产的折现率。

6. G公司是某大型国有企业下属的上市公司,现对该企业专利技术Y的市场价值进行评估,评估目的是为管理层确定对外投资总额提供价值参考意见。Y技术的主要资料如下:

(1) 根据专家预测该专利技术Y在4年后会过时,市场期望投资回报率为15%。

(2) 该类企业无形资产在整体资产表现的贡献率为40%,该专利技术Y占企业全部无形资产的30%。

(3) 该公司2015年销售收入净额为1 000万元,评估基准日(2015年12月31日)固定资产为1 000万元,无形资产为300万元,营运资金为300万元,负债为300万元,贷款利率为10%,在评估期间内只付息不还本。

(4) 公司所得税税率为25%,有形资产折旧年限为10年,无形资产摊销年限为 6 年,采用直线折旧、摊销法。

(5) 根据预测,企业未来 4 年内销售收入的增长率为 20%,销售成本占销售收入净额的 30%,营业费用占销售收入净额的 20%,资本支出占销售收入净额的 5%,营运资金占销售额的比率为 10%。为简便计算,本案例中对于资本性支出不进行折旧或摊销等会计处理,也不考虑其会计处理对企业未来现金流的影响。

根据上述资料,完成以下题目:

(1) 基于上述信息,分析计算专利技术价值的思路。

(2) 计算出该企业未来 4 年的自由现金流。

(3) 评估专利技术 Y 在 2015 年 12 月 31 日的市场价值。

第五章 无形资产的许可交易与收益分成

> 理想的社会状态不是财富均分,而是每个人按其贡献的大小,从社会的总财富中提取它应得的报酬。
>
> ——亨利·乔治

许可是无形资产市场交易的重要形式,其实现形式依赖于利润分享原则(Licensor's Share on Licensee's Profit,LSLP),来源于技术交易,是指许可方所取得的技术使用费应占被许可方使用技术后所获利润的一定份额。这个份额确定的依据是什么呢?按贡献,按资本投入,还是按经验?无形资产的许可交易中该如何确定分成率呢?这是收益分成法的一个关键的技术参数。本章就以下内容展开讨论:

- 无形资产许可交易有哪些方式?
- 无形资产许可费该如何计量?
- 收益分成有哪些形式?
- 哪些因素会影响无形资产的分成率?
- 无形资产分成率的确定有哪些方法?

第一节 无形资产许可交易

无形资产参与市场交易最为普遍的形式就是许可。无形资产的许可交易是指无形资产权利人同意将其权利的一部分转移给另一方,以换取资金、产品或服务,该转移是基于合约的,转移的期限是指定的。

一、无形资产许可方式

无形资产的许可方式主要有以下几种:

普通许可：许可人允许被许可人在规定的地域范围内使用在合同中所约定的无形资产内容,同时保留在该地域范围内许可人自己使用该项无形资产以及再与第三方就该项无形资产签订许可合同的权利。

排他许可：许可方允许被许可方在规定的地域内独家实施其无形资产,而不再许可第三方在该地域内实施其无形资产,但仍保留许可方自己实施其无形资产的权利。

独占许可：许可方允许被许可方在规定的地域范围内,拥有独占该项无形资产的使用权,任何第三方也包括许可方自己在内,均无权使用该项无形资产。

分许可：获得许可的被许可方,在指定的地域范围内又向他人颁发了无形资产许可,相当于原来主许可的分许可。

交叉许可：两项以上无形资产的许可方都希望实施对方所拥有的无形资产,这时可采用交叉许可证的方式实施,多见于改进型发明创造所产生的依存知识产权。

通过许可运用无形资产有以下优势:

(1) 现金投资相对较少。尽管在大量的无形资产许可交易中会涉及不菲的许可费,但相对于自主研发或交叉持股等形式,通过许可交易活动形式运用无形资产的投资较少,而且风险也较小。

(2) 不需要长期承诺。在理想状态下,如果一项许可被认为双赢,它可以持续多年,并使两家企业保持紧密联系。但若是许可安排不令人满意,也都为双方提供了"退出机制",从而使得持有者有机会在无形资产的经济周期届满之前,寻找其他方式对其进行利用。

(3) 持有人在将无形资产许可利用之后,仍然可以保持对该产权的部分权利和控制。

(4) 为企业中与非主流业务相关的无形资产提供了加以运用的机会,或者为无形资产的某些特质在其他企业产生作用提供了机会。

不过,通过许可运用无形资产也有一些缺陷,主要体现在:

(1) 在一段时间内对许可的那部分权利失去控制。

(2) 被许可人可能受一些不确定性和固有风险的影响而无法很好地运用无形资产。破产、资金短缺、技术更新、环境变化及自然灾害等都可能使被许可人虽然掌握无形资产,但无力运用。

(3) 由于无形资产许可交易中存有大量的信息不对称和当事人对无形资产的认知存在偏差,因此在具体的运用过程中可能无法达到预期的效果。

(4) 被许可人可能利用无形资产可获得的知识,绕开无形资产或在其基础上进行改进,从而成为许可人的竞争者。

二、无形资产许可费计量模式

世界知识产权组织编写的《技术贸易手册》中,技术的价格是指技术受方为取得技术使用权所愿支付的、供方可以接受的使用费的货币表现。也可以从供、受双方所处的不同立场和所提供的技术内容出发,把技术的价格称为补偿(Compensation)、酬金(Remuneration)、收入(Income)、收益(Profit)、提成费(Royalty)、使用费(Fee)、服务费(Service Fee)等,因此,技术的价格可理解为上述各种字眼含义的总称,通常称技术的价格为"技术使用费",进而,专利技术的价格称为专利许可费。扩展到无形资产,其基本内涵也是一致的。无形资产的许可费一般包括成本模式和分成模式,分别是成本法和收益法的现实基础。

(一) 成本模式

产生无形资产许可费的一个重要依据是许可发生的全部成本,这也是成本法估算许可费(无形资产许可价值)的重要支撑,包括许可的直接费用、沉没成本和机会成本。

1. 许可的直接费用(或称许可成本)

无形资产许可的直接费用是指为进行某项无形资产的许可,在许可前、许可过程中、合同签订后供方需垫付的费用,这些费用可以根据开支的各个项目比较准确地计算出来,是必须回收的。无形资产许可的直接费用一般包括如下内容:(1)基本费用:基本设计、生产流程、维修保养方法、质量控制规程、试验方法等合同所需的全部技术资料编制费;(2)特别设计费:为满足无形资产受方的特殊要求,修改基本设计所支出的费用;(3)无形资产文件费:纸张、人工的费用;(4)派遣专家进行座谈等所需的费用;(5)受方人员到供方工厂考察、培训等所支付的费用;(6)服务费:为使受方掌握无形资产,供方从事无形资产服务和技术指导的费用。

2. 沉没成本(或称开发费用)

沉没成本是指研制所许可的无形资产投入的人力、物力、资金等所支出的费用。但需要指出的是,由于无形资产在会计计量模式上的缺陷(不完整性、弱对称性和虚拟性),开发费用较难客观计量。

3. 机会成本

机会成本是指因许可无形资产,无形资产供方失去在受方地域的销售机会所致的利润损失。机会成本的大小取决于供方对销售市场前景的估计,如果市场前景暗淡,机会成本就小,如果市场前景看好,机会成本就大。因此,机会成本只能是对各种替代值的估计,伸缩幅度很大,对无形资产许可费总量的影响也是有限的。

(二) 收益分成模式

收益分成模式是无形资产许可费计量模式最主要的方式,其支付模式主要有以下几种方式:总付方式、提成费支付方式、入门费与提成费结合的方式。

1. 总付方式

总付方式是指无形资产供方和无形资产受方谈妥一笔固定的金额,由无形资产受方一次或分次付清。

2. 提成费支付方式

提成费支付方式是指无形资产受方利用引进无形资产开始生产之后,以经济上的使用效果(产量、销售额、利润等)作为基础,定期连续提取使用费。

3. 入门费与提成费结合的方式

入门费与提成费结合的方式是指无形资产受方利用引进无形资产开始生产之后,以经济上的使用或效果(产量、销售额、利润等)作为函数予以确定,并按期连续支付。计算提成费的基础有以下三种:按产品的单位或数量计算、按销售价计算、按利润计算。

目前,国际上出现了不要或少要入门费的趋势,因为进行无形资产许可交易,由无形资产受方利用技术制造和销售产品,比无形资产供方自己在海外建立销售网直接出口产品所花的费用要少得多,仅需少量的入门费就可以补偿其直接费用。

第二节 收益分成

收益分成,又称收益分配(Income Distribution),是利益相关主体对收益总额进行的分割,收益分成的对象可以是企业的税后利润、可分配利润、销售收入,或者是代表企业价值的企业现金流等。收益分成主要应用于合作投资、社会分工与社会交易和合作等领域。

一个科学合理的收益分成模式可以促进投资者进行资本或者资源合作,也可以促进身怀不同技能、知识等资源的人才集聚在一起完成部分利益主体无法完成的事情,创造更多的社会价值。由于与无形资产相关的交易和合作,受到信息不对称、所有权风险、优化和管理难等特点的影响,因此建立科学合理的收益分成模式显得尤为重要。

(一)合作投资

合作投资主要指多个利益主体共同投资某一个项目或企业。投入对象可以是现金,也可以是设备、建筑物等有形资产,还可以是技术、著作权、商标等无形资产,甚至可以是管理能力这类无形资产。不管以何种对象进行投入,都需要商定好收益分成模式。普遍的是采取按股权比例分成,但如果涉及非现金类的投资对象,则需要估算其价值,在同一尺度下进行分成。同时需要注意投入对象的动态性,即诸如设备、建筑物、技术、商标等非现金资产的价值会随时间的变化而变化,技术、商标等无形资产还会随企业经营情况的变化而变化。如果采取按投入对象对企业的贡献程度来进行利益分成,还需要对这些投入资源的贡献率进行测算。

(二)社会分工与社会交易和合作

社会分工创造价值。价值创造是指企业或项目的价值是由什么创造的,即价值的源泉是什么。收益分成属于价值分配,价值分配是价值创造出来以后,在各个要素所有者之间按照一定原则进行分配。一般情况下,价值创造和价值分配是两个不同的问题,既不能把价值创造看作价值分配的依据,也不能把价值分配问题等同于价值创造问题。但如果价值的创造者不仅仅是创造者,同时也是价值的分配对象,那么问题的性质便可能发生变化。随着合作形式的不断拓展,衍生出诸如加盟连锁、许可经营、战略联盟、企业研发合作、产学研合作、激励等形式,并被商业世界普遍接受。如何确定利益交错各方的收益分成是现代商业必须解决的难题。收益分成的普遍逻辑是按利益相关者的资本比例或贡献大小对收益进行分割,无论是基于投入资本比例还是各方贡献,或者两者综合考虑,都需要确定一个分成比例,即分成率。

一、按资本比例进行收益分成

按资本比例或贡献大小进行收益分成,反映了两种不同的价值观和分配观。如果按照资本比例进行收益分成,则表明度量利益相关者的投入都必须换算成资本,必须在投资资本这一共同层面上探讨收益分成,同时认为不同资本的地位是相同的,共同创造价值,当折算成货币金额后,其投资回报率也是均等的,最终按资本比例分割收益。如果是股份公司,就是典型的按持股比例分享企业价值和承担企业风险。例如,假设有四类利益相关主体同时投资某企业,投入对象分别为现金、建筑物、技术、管理,则需要把建筑物和技术估算成现金,然后按比例进行划分,其逻辑关系见表 5-1。

表 5-1 按资本比例进行收益分成逻辑（Ⅰ）

出资人	投入对象	合力形成	创造价值形式	投入折算成资本金	分成比例
A	货币资金	企业	税后利润/股权自由现金流	X_1	$X_1/(X_1+X_2+X_3+X_4)$
B	建筑物			X_2	$X_2/(X_1+X_2+X_3+X_4)$
C	技术			X_3	$X_3/(X_1+X_2+X_3+X_4)$
D	管理能力			X_4	$X_4/(X_1+X_2+X_3+X_4)$

如果可以更为清晰地界定所有者权益的投资对象,比如 A 企业投资营运资金,B 企业投资非流动非无形资产,C 企业投资无形资产,资本比例就可以演变为资产比例,各类资产的分成比例一目了然,收益分成逻辑见表 5-2。

表 5-2 按资本比例进行收益分成逻辑（Ⅱ）

出资人	投资对象	合力形成	创造价值形式	资产金额（资产负债表）	分成比例
A	营运资金	企业	税后利润/股权自由现金流	X_1	$X_1/(X_1+X_2+X_3)$
B	非流动非无形资产			X_2	$X_2/(X_1+X_2+X_3)$
C	无形资产			X_3	$X_3/(X_1+X_2+X_3)$

最后,需要说明两点:(1)按资本(资产)比例进行收益分成,收益的表现形式一般不是销售收入,而是企业的税后利润或者代表企业价值的现金流。如果出资人同时又是企业员工,提前支付其工资和福利,则是典型的价值创造和价值分配分离的分配思路。(2)如果出现投资对象价值计量错误,会导致分成比例与分配预期不符。

二、按贡献进行收益分成

按资本比例进行收益分成必须要求利益相关者共同参与到同一个项目或企业

中,而现实中却存在大量的企业间的交易和合作,这种经济金融活动可能并不通过股权变换来实现。此外,按出资比例进行收益分配的分配方式在一些具有大量无形资产的企业收益分配中受到了极大的挑战,也因此引发了各种侵害投资人利益的公司治理问题。因此,需要一种更为普遍的收益分配方式。按贡献进行分配可算是人类建立合作时可以接受的基本逻辑。

与按资本比例进行收益分成不同,按贡献进行收益分成的逻辑是:收益分成须按价值贡献和承担风险的大小来确定。这种收益分成思路广泛存在于加盟连锁、许可经营、战略联盟、企业研发合作、产学研合作、激励等商业合作中。比如,在确定无形资产交易价格时,国际上有一个重要的惯例就是遵循利润分享原则,即LSLP(Licensor's Share on Licensee's Profit)作价原则,通过许可使用费等形式支付给无形资产的卖方。计算原理为:以卖方占买方在该无形资产项目中所获得利润或收入的合理份额作为计价标准,以卖方分成率或许可使用费率表示,即分成率。

以电影的收益分成为例,票房收入的实现需要制片方、发行方、院线方和影院共同努力实现,其分成逻辑见表5-3。

表5-3　电影收益分成逻辑

合作方	合力形成	创造价值形式	贡献额	分成比例
制片方	电影放映	票房收入 (扣除税金和国家电影专项基金)	X_1	$X_1/(X_1+X_2+X_3+X_4)$
发行方			X_2	$X_2/(X_1+X_2+X_3+X_4)$
院线方			X_3	$X_3/(X_1+X_2+X_3+X_4)$
影院			X_4	$X_4/(X_1+X_2+X_3+X_4)$

再以无形资产的许可交易为例,假设A企业把某先进技术X许可给B企业使用,A企业与B企业共同分享引入技术后企业创造的价值,其分成逻辑见表5-4。

表5-4　技术许可收益分成逻辑

交易双方	合力形成	创造价值形式	贡献额	分成比例
A	引入技术后企业	收入/净利润/现金流	X_1	$X_1/(X_1+X_2)$
B			X_2	$X_2/(X_1+X_2)$

当然,需要说明的是,在现实中各方的贡献额较难评估,其分成比例往往由各方博弈协商而定,如果在博弈过程中出现强势方,则可能出现分成比例与贡献率不相符的情形。同时,在理论研究和实务发展过程中,人们也设计了各种不同的分成

率计算方法,并非都需要去计算贡献额或者评估其投入对象的价值,这些方法将在后面的内容中详细介绍。

第三节 影响无形资产分成率的因素

许可费率实质上是一个收益分配比率(分成率)。分成率的确定是无形资产交易谈判过程中的核心,也是无形资产价值评估的关键。本节就影响分成率的主要因素(主要分为无形资产自身因素和交易因素)进行探讨,为分成率的确定提供思路。

一、无形资产自身因素

无形资产自身因素主要包括无形资产的法律保护程度、无形资产的市场特性和无形资产的发展阶段。

1. 无形资产的法律保护力度

诸如专利、商标和著作权等无形资产可以以知识产权的形式成文、保护和转让。当我们对这类无形资产估价时应意识到知识产权的存在。法律对知识产权的保护力度与分成率密切相关,这里的法律保护包括两方面:立法和执法。强有力的法律保护有助于成功授权,所谓成功授权意味着非买卖双方的第三方(公司)认为通过支付无形资产使用许可费取得无形资产许可比自己研发该技术更划算。若产品或服务中的无形资产被法律很好地保护并且市场上关于无形资产的运用较为规范,则无形资产许可带来的回报率就高。反之,无形资产的保护力度若不能阻止第三方复制和抄袭,那么竞争者就可以回避该无形资产的权利,许可给买方带来的经济效益就会降低。

2. 无形资产的市场特性

无形资产的价格与分成比例与其市场特性有直接关系,无形资产的市场特性通常指其在市场中的先进性、通用性和应用性。一般来说,一项无形资产的先进性程度越高,通用性越好,应用性越强,其价格越高,分成率越高。如果存在某项无形资产局部垄断程度较高的情形,甚至成为在较短时间上的独家占有,缺少同类替代时,就形成了局部的卖方市场,价格畸高,分成率也较高。

3. 无形资产的发展阶段

无形资产在不同发展阶段有不同的风险。一般来说,随着无形资产开发与相关工作的不断推进,风险会不断降低,最终趋于稳定。这也就解释了无形资产早期分成率之所以低的原因,主要有以下两点:(1)开发初期难以准确找到产品的有效成分,故无法估计该产品的市场潜力;(2)开发阶段越早期,产品内在风险越大,买方会要求卖方降低分成率。通常,早期分成率低于最终分成率;有时,买方通过提供价值取得许可的无形资产并非已完全成熟,该无形资产可能尚处于开发阶段。买方之所以承担风险购买,是出于自身需要并且该阶段的分成率较低。但是因无形资产的发展占用了一定时限而使使用年限缩短从而不能取得足够的投资回报,这是买方不愿接受的情况。法律上对取得的无形资产有使用时间的限制,所以在确定分成率时应考虑无形资产的使用年限和发展时间。除去发展时间后,无形资产在使用年限内还能收回投资并取得回报的,则分成率会提高。以美国生物制药行业的分成率为例,在项目发展的种子期,分成率在5%以下,创建期为5%—10%,成长期为8%—15%,扩张期为10%—20%,成熟期可达到20%以上。

二、交易因素

交易因素主要包括无形资产被许可的范围、无形资产的独占性、无形资产权利的地域范围、分成率的堆叠、买卖双方的谈判能力和支付模式。

1. 无形资产被许可的范围

对于买方而言,在成交价不变的前提下,被许可无形资产的范围越广则对产品越有利。买方期望卖方提供的"盒子"里不仅有无形资产权利本身,还期望包含其他内容,如专有技术信息、卖方人员、客户、外部许可、行政管理支持服务、侵权防卫等。但对卖方而言,提供给买方的无形资产范围越广,则收取的无形资产许可费越高。例如,麦当劳公司的许可经营不仅仅是麦当劳的标志,还有它的市场方案、店内设计、经营诀窍等一系列的无形资产;在淘宝(www.taobao.com)或天猫(www.tmall.com)获得许可经营权,不仅仅是一个网址的链接,还包括公司网络营销方案、资料库、服务器、信用和支付系统等无形资产。

2. 无形资产的独占性

每一个许可方都追求高许可使用费费率,并力图100%地对潜在的许可市场进行全面的渗透,以避免低费率和低市场渗透状况的发生。然而,在多数情况下,许可方总是面临两种选择:(1)把独占性无形资产以高许可费率许可给一个被许可方,使其有最适宜的市场渗透性;(2)把非独占性的无形资产以低费率许可给多个被许可方,他们可能涉及100%的许可所及的市场。一般而言,独占性许可的许可使用费率比非独占性许可的要高。

3. 无形资产权利的地域范围

在无形资产许可谈判过程中，无形资产权利的地域范围也影响着分成率。由于不同地区的经济形势、国家政策等方面存在差异，而且同一无形资产在不同地域的成熟度和应用度也不同，因此，卖方可以采用一个合理的方法：根据实际情况对不同地域赋予不同的许可费率。其依据是无形资产许可给买方带来的价值存在差异，及无形资产的超额收益会因地域情景的不同而不同。例如，某生物技术研发公司发明了一项技术并获得了专利权，另一家生物制药公司需要使用直接依据该项专利技术所获得的产品来制造药品。根据《中华人民共和国专利法》的规定，生物制药公司须取得专利权人的授权才能合法使用该项技术；否则，便可能构成专利侵权。这两家公司经过协商，生物技术研发公司同意授权生物制药公司使用直接依据该专利技术获得的产品，并签订了一份专利许可协议：规定被许可人有权在 A 地域范围内以某种方式使用依据本专利技术直接获得的产品，B 地域范围同样可以但制药总量不得超过 1 000 万支，若超过这个数量，每增加 1 万支，另付专利使用费 2 万元。

4. 分成率的堆叠

分成率的水平与分成率的堆叠（Royalty Rate Stacking）有关。分成率的堆叠有两种不同情况：

（1）同一产品内的堆叠。这种情况是专指有多种重要成分的产品，每个成分有相应的技术许可，卖方应赋予各种无形资产许可不同的分成率，从而产生同一产品内有不同分成率的堆叠。这种"同体不同率"的堆叠与"一揽子打包"的分成率相比具有明显优势，前者能更好地估计各个无形资产使用权的价值，若买方运用得好可以从整体上降低技术使用费。在中国企业并购外国企业的过程中，关于该方面的知识产权问题屡见不鲜。由于经验不足和能力有限，中国企业对知识产权把握不充分，没有意识到分成率的堆叠问题，为此支付了昂贵的使用费用。如 2005 年 3 月 31 日，联想集团以 12.5 亿美元收购了 IBM（International Business Machines Corporation）全球个人电脑业务，包括台式电脑和笔记本电脑。通过此次并购，联想获得了 IBM 个人电脑部门的全部台式电脑和笔记本电脑业务以及管理人员，全部的生产制造资产、人员和能力，全部的个人电脑研发资产、人员和能力，全部的销售队伍和服务系统，完整的信息系统等有形资产和 IBM 品牌五年的使用权，ThinkPad 等与个人电脑相关品牌的永久使用权，全部相关的知识产权和专利，与个人电脑相关的全部供货合同、销售合同、服务合同、相关的管理流程、知识库等无形资产。但是这次并购并不是十分完美。一个重要的问题是收购的价格并不理想,付出的代价过高。与明基对西门子的收购案例相比,联想获得的优惠条件要少很多。联想虽然获得了个人电脑领域的领先技术和品牌使用权,但收购而来的制造业务和销售渠道的业绩不佳。不仅如此,联想还为此付出了17.5亿美元的代价,即包括廉价出售自己的股份,也包括现金支付和债务承担。如果在此次并购过程中,联想在与IBM谈判过程中采取"同一产品不同分成率"的策略,评估"盒子"的内容是一对一定价,对"制造业务和销售渠道的业绩不佳"就可以支付较低的使用费用,或许这样能从整体上降低收购价格。

(2)无形资产许可的继承性。以专利技术为例,买方在获得某个专利许可后将其应用到某产品技术研发中,通过进一步开发,该技术发展为新的技术,并推动产品商业化,从而买方获得了新的专利技术,这样原先的分成率就会随着新技术的形成而逐渐降低。

5. 买卖双方的谈判能力

买卖双方的个性和谈判过程会对已预见的交易价值和有关风险,以及达成协议的速度产生重大影响。一般在许可谈判过程中,卖方总是扮演乐观主义者的角色,提出未来可以成功的预期的各种理由;同时买方可能会扮演悲观主义者的角色,总是认为事情可能出错。一旦在谈判过程中出现对买方有利的触点,使其认为该技术对自己不可或缺并且寻找替代品要付出更高的代价,那么即使卖方提高分成率,买方也会接受。技术许可谈判过程中买卖双方的主观因素也逐渐成为学者关注的重点。

6. 支付模式

不同的支付模式会影响分成率。买方向卖方提供的价值通常有两种常见的价值形式:一次性支付的许可和使用费许可。除了这两种常见的方式,还有很多其他要素可以被组合起来给卖方提供价值。具体包括:

(1)先期付款。先期付款应无条件地在买方得到预期的商业用途之前支付。这种形式的价值是无条件的和额外的。无条件指的是不论买方最后是否决定使用该无形资产技术或终止该许可,买方都要履行付款义务。另外,这是其他后续形式的价值付款方式,如许可使用费的补充。对于许可方而言,先期付款意味着被许可方对自己的承诺,也是项目失败后唯一的固定回报;对于被许可方而言,先期付款是最大的投资风险。所以先期付款对后期分成率的影响大小取决于项目成功率的高低。若买方预估的项目成功率高,则先期付款和分成率的确定都会比较容易,且相应较高。

(2)里程碑式支付。所谓里程碑式支付是指在重要时间点的支付。例如在医药领域,这样的重要时间点可以是进入临床测试的每一个阶段,或通过任何行政管理批准的时间。里程碑式的支付反映了与项目有关的风险的减少和许可方分享被许可方由此取得的回报。在谈判过程中,卖方特别关注支付的多少和支付的频率。里程碑式支付会随着技术商业化程度的提高而增加。例如,基础许可使用费费率是5%,但是如果该技术的表现在重要时间点高于特定水平,那么就可以得到2个点的促进点,使得许可使用费的实际支付达到7%。

(3)股权支付。分享买方所有权的条款可以替代任何现金支付、许可使用费支付。另一种变通形式是卖方可以选择以约定价格在约定日期购买特定数量的股票,且同样可以把固定的许可使用费支付转为股权。还有一种方式就是,买方将股权价值以资本形式注入卖方公司来换取卖方公司的股票。

第四节 分成率的计算方法

由于收益分成的基础不同,无形资产的分成率主要分为两种:一种为利润分成率,以利润作为计算基础,计算思路为:以无形资产带来的追加利润在利润总额中的比重为基础;另一种为收入分成率,以收入为计算基础,计算思路为:以无形资产带来的追加利润在销售收入中的比重为基础。无形资产的分成率计算目前尚没有统一的标准与方法,下面总结一些常见的方法。

一、边际分析法

边际分析法是选择两种不同的生产经营方式进行比较:一种是运用普通生产技术或企业原有技术进行经营,一种是运用转让的无形资产进行经营,后者的利润大于前者利润的差额,就是投资于无形资产所带来的追加利润;然后测算各年度追加利润占总利润的比重,并按各年度利润现值的权重,求出无形资产经济寿命期间追加利润占总利润的比重,即评估的利润分成率。这种方法的关键是科学分析追加无形资产投入可以带来的净追加利润,这也是购买无形资产所必须进行决策分析的内容。

边际分析法的步骤是:

（1）对无形资产边际贡献因素进行分析。这些因素包括：①新市场的开辟，垄断加价的因素；②消耗量的降低，成本费用降低；③产品结构优化，质量改进，功能费用降低，成本销售收入率提高。

（2）测算无形资产寿命期间的利润总额及追加利润总额，并进行折现处理。

（3）按利润总额现值和追加利润总额现值计算利润分成，其计算公式为：

$$利润分成率 = \frac{\sum 追加利润现值}{\sum 利润总额现值} \qquad (5-1)$$

由于分成对象是销售收入或销售利润，因而就有两个不同的分成率。实际上，由于销售收入与销售利润有内在的联系，因此可以根据销售利润分成率推算出销售收入分成率，反之亦然。

由于销售利润=销售收入×销售利润率，故有：

$$销售收入分成率 = 销售利润分成率 \times 销售利润率 \qquad (5-2)$$

$$销售利润分成率 = 销售收入分成率 \div 销售利润率 \qquad (5-3)$$

【例 5-1】 某企业转让彩电显像管新技术，购买方用于改造年产 10 万只彩电的显像管生产线。经对无形资产边际贡献因素的分析，测算在其使用寿命期间各年度分别可带来追加利润 100 万元、120 万元、90 万元、70 万元，分别占当年利润总额的 40%、30%、20%、15%，适用的折现率为 10%。

要求：试确定无形资产利润分成率。

解：

本例所给条件已经完成了边际分析法第一步的工作。只需计算出各年限的利润总额，并与追加利润一同折现即可得出利润分成率。

各年度利润总额现值之和（P_1）（折现率为 10%）为：

$$P_1 = \frac{100}{40\%(1+10\%)} + \frac{120}{30\%(1+10\%)^2} + \frac{90}{20\%(1+10\%)^3} + \frac{70}{15\%(1+10\%)^4}$$

$$= 1214.881（万元）$$

追加利润现值之和（P_2）为：

$$P_2 = \frac{100}{(1+10\%)} + \frac{120}{(1+10\%)^2} + \frac{90}{(1+10\%)^3} + \frac{70}{(1+10\%)^4} = 305.505（万元）$$

故无形资产利润分成率为：

$$利润分成率 = \frac{P_2}{P_1} = \frac{305.505}{1214.881} \times 100\% = 25\%$$

二、约当投资分成法

约当投资分成法是根据等量资本获得等量报酬的思想,将共同发挥作用的有形资产和无形资产换算成相应的投资额(约当投资量),再按无形资产的约当投资量占总约当投资量的权重确定无形资产收益分成率,其公式表示为:

$$收益分成率=\frac{无形资产约当投资量}{购买方约当投资量+无形资产约当投资量}\times 100\% \quad (5-4)$$

式中:无形资产约当投资量=无形资产重置成本×(1+适用成本利润率);购买方约当投资量=购买方投入的总资产的重置成本×(1+适用成本利润率)

在确定无形资产约当投资量时,适用成本利润率按转让方无形资产总成本占企业(产品)超额利润的总额计算。当没有企业的实际数时,按社会平均水平确定。确定购买方约当投资量时,适用的成本利润率,按购买方的现有水平测算。

【例 5-2】 甲企业以专利技术向乙企业投资,该技术的重置成本为 100 万元,乙企业拟投入合营的资产重置成本为 8 000 万元,甲企业无形资产成本利润率为 500%,乙企业拟合作的资产原利润率为 12.5%。

要求:根据上述资料确定无形资产投资的利润分成率。

解:

如果按投资双方的投资品的成本价格折算利润分成率,就较难体现无形资产较高的风险回报和生产效率,故采取约当投资分成法确定利润分成率。

根据资料,无形资产的约当投资量 = 100×(1+500%) = 600(万元)

乙企业约当投资量 = 8 000×(1+12.5%) = 9 000(万元)

甲企业投资无形资产的利润分成率 = 600÷(9 000+600) = 6.25%

三、经验与行业标准法

经验与行业标准法是依据在自愿买卖条件下,技术交易利润分成率已经形成一定的经验值,这种经验值是市场中形成的均衡条件,这些经验数据虽非统计结果或理论推导结果,但却蕴含真知灼见,在现实中有较为普遍的运用。在早期的实践中,普遍被市场接受的"三分法"和"四分法"就是具体的表现。需要指出的是,随着评估理论与实务的发展,"三分法"与"四分法"早已不是绝对的 33% 与 25%,而是根据不同细分行业形成了具体的经验数据,也有不少组织给出了不同行业的技术分成率参考(见表5-5),如联合国贸易与发展组织、美国商业周刊杂志等。

表5-5 许可费和成功的被许可公司利润　　　　　　(单位:%)

	中间许可费率	平均运营利润率	许可费占利润率百分比
汽车	5.0	11.3	44.1
化工	3.0	12.0	25.0
计算机	2.8	8.3	33.3
消费产品	5.0	18.4	27.1
电子产品	4.5	13.1	34.3
能源和环境	3.5	9.2	38.1
食品	2.3	14.2	15.8
医疗产品	4.0	18.5	21.6
互联网	5.0	10.4	48.0
器械/工具	3.4	9.6	35.0
媒体和娱乐	9.0	-13.5	-66.7
制药和生物技术	4.5	25.8	17.4
半导体	2.5	31.9	7.8
软件	7.5	25.1	21.4
电信	5.0	14.5	34.5
加权平均	4.3	18.8	22.6

数据来源:彭博社 Bloomberg[①],1990—2000。

随着交易数量的增多和相关数据库的建立,经验法逐渐演变为行业标准法。行业标准是指具体、详细地记录了大量历史交易数据的数据库,卖方和买方通过参考这些数据,最终达成一个公平合理的分成率甚至是交易价格。这个概念表达了行业规范和标准的思想,这些历史数据成为一种指南,甚至一种标准,类似于一本复杂的价格手册。有些行业协会在部分领域甚至会提供一些精确的数值,比如电气及电子工程师协会(IEEE)和美国国家标准化组织(ANSI),然而大多情况下,行业协会给定的一般是一个特定交易类型的数值范围。

无形资产许可的行业数据有很多不同的来源。个人、机构甚至国家都在调查

---

① 彭博社(Bloomberg News):全球最大的金融信息服务供应商,其数据终端系统"彭博专业服务"可以帮助客户查阅和分析实时的金融市场数据,并进行交易。使用该数据终端的客户遍布全球,包括交易员、投行、美联储、美国其他官方机构以及全球各大央行等。

许可交易并公布调查结果。比如,一些数据来自公司公布的某些无形资产许可的标准价格条款,还有一些来自法庭案例。各类行业标准数据和信息的来源主要有:

(1) 调查;

(2) 计划或者已确定的规范;

(3) 条款清单和价格列表;

(4) 新闻、出版物及许可协会/从业人员的网络;

(5) 期刊、专有数据库、报道和咨询;

(6) 公布的协议;

(7) 法庭案例;

(8) 终身学习和组织学习。

四、专家分析法

这种方法主要是依据专家的判断,然后结合层次分析等方法综合确定分成率。基本步骤为:(1)由有关技术专家、行业管理专家及市场营销专家确定影响技术分成率的因素;(2)由专家组确定各影响因素的权重;(3)由专家组成员对各影响因素进行打分;(4)综合评价,常见的综合评价方法有层次分析法和模糊层次分析法等。

综合评价是对评价对象的多种因素的综合价值进行权衡、比较、优选和决策的活动,该方法的理论基础为多属性效用理论(Multiple Attributive Utility Theory,MAUT)。利用综合评价法确定分成率,主要是通过对分成率的取值有影响的各个因素进行评测,确定各因素对分成率取值的影响度,再根据多位专家确定的各因素的权重,最终得到分成率。

【例 5-3】 南京某公司拥有某项专利所有权拟转让,保护期限为 20 年,该项技术已使用 5 年,并且产品已进入市场,从专利使用单位情况来看,该项专利技术市场较大,获利能力较强,联合国工业发展组织对各国该专利的技术贸易进行统计,其收入提成率取值范围为 2.5%—4%。为评估该项专利的转让价值,公司聘请了 10 位工程、技术和经济类专家对该专利进行打分评级。该专利分成率的影响因素主要有法律、技术和经济因素。其中,法律因素又分为专利类型及法律状态、保护范围、侵权判定等三个方面;技术因素又分为技术所属领域、替代技术、先进性、创新性、成熟度、应用范围、技术防御力等七个方面;经济因素只考虑供求关系一个方面。专家对指标数据标准化采用线性评分函数法,即以指标最优值为 100 分,最差值为 0 分,建立线性评分函数。指标权重的确定采用对比求和评分法,将待定权重评估指标列出,设计调查表,请专家对各指标的重要程度进行判断,采用多对分值、按照两两比较得分和其他相应的原则,将某项指标同其他指标逐个比较、评分,专家意见返回后,做出统计处理,检查意见的离散程度,若达到要求,则进行归一处理,否则,进行下一轮调查,直至专家意见趋于一致。经过两轮意见回馈,专家意见达到一致性要求,其分值和权重如表5-6所示。

表 5-6 专利分成率影响因素的权重及专家评分

权重	考虑因素		权重	分值					
				90—100	80—90	60—80	40—60	20—40	0—20
0.3	法律因素	专利类型及法律状态	0.4	100					
		保护范围	0.3	100					
		侵权判定	0.3		80				
0.5	技术因素	技术所属领域	0.1			60			
		替代技术	0.2				50		
		先进性	0.2			80			
		创新性	0.1			80			
		成熟度	0.2	100					
		应用范围	0.1				60		
		技术防御力	0.1			80			
0.2	经济因素	供求关系	1			80			

要求:根据上述资料计算该项技术的分成率。

解:

可根据上述资料构建综合评价模型,采用加权算术平均法作为综合评价模型。其中,

法律因素 $z_1 = \sum_{i=1}^{3} w_i y_{ij} = 100 \times 0.4 + 100 \times 0.3 + 80 \times 0.3 = 94$

技术因素 $z_2 = \sum_{i=1}^{7} w_i y_{ij}$
$= 0.1 \times 60 + 0.2 \times 50 + 0.2 \times 80 + 0.1 \times 80 + 0.2 \times 100 + 0.1 \times 60 + 0.1 \times 80 = 74$

经济因素 $z_3 = \sum_{i=1}^{1} w_i y_{ij} = 80$

综合 $z = \sum_{i=1}^{3} w_i z_i = 94 \times 0.3 + 74 \times 0.5 + 80 \times 0.2 = 81.2$

上述确定的值实际上是一个百分数，它代表的意义是待估专利技术的分成率在可能取值的范围内所属的位置，即调整系数。根据待估专利分成率的取值范围及调整系数，可最终得到分成率：$\theta = m + (n-m) \times z$，其中，$\theta$ 为待估专利技术的分成率，m 为分成率取值的下限，n 为分成率取值的上限；z 为分成率所在的位置，即调整系数。为此，有：

$\theta = 2.5\% + (4\% - 2.5\%) \times 81.2\% = 3.718\%$

五、可比公司法

所谓可比公司法，是指在国内上市公司中选择与被评估无形资产拟实施企业位于同行业的上市公司作为"可比公司"，与被评论后资产拟实施的企业进行比较的方法。由于可比公司与被评估无形资产拟实施的企业处于同行业，因此该可比公司中应该也存在无形资产，其发挥作用的方式以及功能与被评估无形资产在拟实施企业发挥作用的方式及功能相同或相似，具有可比性。我们可以通过可比公司中相关无形资产所创造收益占全部收入的比例来估算可比公司相关无形资产的许可费率，再以可比公司中相关无形资产许可费率为基准，估算被评估无形资产的许可费率。可比公司法的实质就是将可比公司中相关无形资产的许可费率通过逻辑推导合理地计算出来。由于可比公司股票交易可以理解为投资者对可比公司整体资产价值的认定，因此也间接地确定了可比公司中无形资产的价值。

以收入分成率为例，设定收入分成率为 w，公司主营业务收入为 S，则有：

$$\text{无形资产对收益流的贡献} = \text{全部收益流} \times \frac{\text{无形资产市场价值}}{\text{全部资产市场价值}} = w \times S \quad (5-5)$$

如果我们假定同等价值的资产创造同等价值的收益，设公司无形资产占全部资产的比例为 α，与被评估无形资产同类的无形资产与可比公司全部无形资产中的比例为 β，则 $\alpha \times \beta$ 就是被评估无形资产占公司全部资产的比例，则公式（5-5）可以演绎为：

$$\text{无形资产对收益流的贡献} = \text{全部收益流} \times \alpha \times \beta = w \times S \quad (5-6)$$

在实务操作中，全部收益流常用 EBITDA[①] 等指标来替代，则公式（5-6）可演

[①] 税息折旧及摊销前利润，简称 EBITDA，是 Earnings Before Interest, Taxes, Depreciation and Amortization 的缩写，即未计利息、税项、折旧及摊销前的利润。

绎为 EBITDA×α×β=w×S，进而可以得到收入分成率 w 的计算公式为：

$$w = \frac{\text{EBITDA} \times \beta \times \alpha}{S} \tag{5-7}$$

利用上市公司对比法计算分成率的主要计算步骤为：

（1）选择可比公司，一般选择同一行业具有相似业务的上市公司，经营范围与被评估无形资产拟实施的企业相同或相似。

（2）统一可比公司经营收益流的口径，一般有现金流口径和利润口径，一般选择现金流口径。

（3）计算被评估无形资产在资本结构中所占的比重。首先，计算可比公司中无形资产占全部资产的比例 α；其次，分析判断与被评估无形资产同类的无形资产在可比公司全部无形资产中所占的比例 β；由此得到 $\alpha \times \beta$ 就是与被评估无形资产可比的可比公司内相关无形资产占可比公司全部资产的比例。

（4）截至评估基准日可比公司无形资产许可费率的估算。

（5）被评估无形资产贡献占收入比率的调整。由于无形资产在经济寿命期内的不同时期对收入的贡献是不一样的，因此无形资产贡献占收入的比率也是不完全一样的；由于可比公司中的可比无形资产所处的经济寿命期阶段与被评估无形资产所处的经济寿命期阶段不同，因此可能会产生不同的贡献比率，因此需要采用适当的方式进行修正、调整。

（6）确定被评估无形资产的许可费率。我们通过前述步骤估算出来的无形资产贡献比率应该理解为被评估无形资产截至评估基准日的许可费率。一般来说，无形资产的贡献应该在无形资产经济寿命期内随时间的推移存在下降的趋势并趋于零，无形资产的贡献比率也应该呈现下降的趋势，因此被评估无形资产在未来经济寿命期内各年的贡献比率应该呈一个下降的序列。

【例 5-4】 复合印刷技术是包装企业的核心技术，某包装企业拟转让该项技术，需要对技术进行评估，需要确定该项技术的分成率。根据专家与企业财务高管判断，公司基本情况与同类上市公司一致，该技术占企业无形资产的比例为 60%，评估基准日为 2015 年 1 月 1 日。

要求：试采取上市公司对比法确定该技术分成率。

解：

根据上市公司对比法确定分成率的思路，首先选取可比公司。同类上市公司有 4 家：合兴包装（002228.SZ）、美盈森（002303.SZ）、上海绿新（002565.SZ）、新通联（603022.SH）。

然后,计算被估无形资产在资本结构中所占的比重,根据 Wind 数据库,获取可比公司过往 3 年的相关财务数据,见表 5-7。

表 5-7 可比公司基本财务数据　　　　　　　　　　　　(单位:元)

	时间	合兴包装	美盈森	上海绿新	新通联
营运资金	2012-12-31	410 717 569	811 025 193	778 575 485	96 476 973
	2013-12-31	304 731 598	792 443 881	823 225 214	103 111 116
	2014-12-31	238 928 397	1 063 348 242	173 510 081	85 247 987
有形非流动资产	2012-12-31	821 394 154	1 001 569 245	954 897 084	87 227 299
	2013-12-31	995 904 174	1 229 159 363	1 264 209 632	130 787 042
	2014-12-31	1 153 333 805	1 201 422 693	1 837 506 787	192 257 117
无形非流动资产	2012-12-31	109 324 271	221 336 206	138 581 398	35 526 294
	2013-12-31	156 204 065	216 142 328	173 271 470	66 426 278
	2014-12-31	153 822 011	210 919 147	165 738 786	64 849 622

根据上述数据,计算可比公司的资本结构(见表 5-8)。

表 5-8 可比公司资本结构　　　　　　　　　　　　(单位:%)

	时间	合兴包装	美盈森	上海绿新	新通联
营运资金	2012-12-31	30.62	39.87	41.59	44.01
	2013-12-31	20.92	35.41	36.41	34.33
	2014-12-31	15.45	42.95	7.97	24.90
有形非流动资产	2012-12-31	61.23	49.24	51.01	39.79
	2013-12-31	68.36	54.93	55.92	43.55
	2014-12-31	74.60	48.53	84.41	56.16
无形非流动资产	2012-12-31	8.15	10.88	7.40	16.20
	2013-12-31	10.72	9.66	7.66	22.12
	2014-12-31	9.95	8.52	7.61	18.94

然后,获取可比公司的 EBITDA/营业总收入数据,计算可比公司的技术提成率(见表 5-9)。

表 5-9 可比公司分成率　　　　　　　　　　　　　　　（单位:%）

对比公司	时间	无形资产占比	技术占比	EBITDA/营业总收入	技术提成率	3 年平均
合兴包装	2012-12-31	8.15	4.89	8.90	0.44	0.59
	2013-12-31	10.72	6.43	10.24	0.66	
	2014-12-31	9.95	5.97	11.35	0.68	
美盈森	2012-12-31	10.88	6.53	16.03	1.05	1.14
	2013-12-31	9.66	5.80	20.55	1.19	
	2014-12-31	8.52	5.11	23.20	1.19	
上海绿新	2012-12-31	7.40	4.44	16.97	0.75	0.60
	2013-12-31	7.66	4.60	20.25	0.93	
	2014-12-31	7.61	4.57	2.29	0.10	
新通联	2012-12-31	16.20	9.72	21.70	2.11	2.14
	2013-12-31	22.12	13.27	18.49	2.45	
	2014-12-31	18.94	11.36	16.37	1.86	

从表 5-9 中我们可以看出,技术对现金流的贡献占销售收入的比例在 4 个可比公司的平均值分别为 0.59%、1.14%、0.60% 和 2.14%。4 家可比公司均为机械制造行业的代表性企业,因此其技术贡献率应当反映了国内相同行业的技术贡献水平,因此,我们以 4 家公司的技术贡献率的平均值作为可比技术贡献率,即 $X=1.12\%$。

习　题

1. 总结边际分析法、约当投资分成法、经验与行业标准法、专家分析法、可比公司法估算分成率的优点和缺点。

2. 按资本比例进行分成和按贡献程度进行分成分别反映了怎样的价值观和分配观?

3. 影响分成率的因素有哪些?

4. 无形资产许可费有哪些计量模式?

5. 如何通过无形资产评估专业知识,帮助委托企业在无形资产相关的谈判中实现利益最大化?

6. 某生产企业预计未来 4 年净利润为 60 万元、80 万元、110 万元、140 万元;现准备受让一先进技术,该技术可以使用 4 年,使用技术后未来预期净利润可达 90

万元、100万元、120万元、160万元,折现率为10%,求该技术的利润分成率。

7. 甲企业以技术向乙企业投资,该技术的重置成本为300万元,乙企业拟投入合营的资产重置成本为8 000万元,甲企业无形资产成本利润率为400%,乙企业拟合作的资产原利润率为15%,试计算在该案例中无形资产投资的利润分成率。

8. 某专利技术市场较大,获利能力较强,联合国工业发展组织对各国该专利的技术贸易进行统计,其收入提成率取值范围为2.5%—4%。为评估该项专利转让价值,聘请了5位工程、技术和经济类专家对该专利进行打分评级。专家对各指标的重要程度进行判断,采用多对分值、按照两两比较得分和其他相应的原则,将某项指标同其他指标逐个比较、评分。专家意见返回后,做出统计处理,检查意见的离散程度。若达到要求,则进行归一处理,否则,进行下一轮调查,直至专家意见趋于一致。经过两轮意见回馈,专家意见达到一致性要求,其分值和权重如下表所示。计算该专利技术的收入分成率。

权重	考虑因素		权重	分值					
				90—100	80—90	60—80	40—60	20—40	0—20
0.3	法律因素	专利类型	0.4		85				
		法律保护情况	0.3	100					
		侵权判定	0.3				50		
0.4	技术因素	技术所属领域	0.1			70			
		替代技术	0.2			75			
		先进性	0.2			80			
		创新性	0.1		80				
		成熟度	0.2	100					
		应用范围	0.1				60		
		技术防御力	0.1			80			
0.3	经济因素	供求关系	0.6		85				
		顾客感知	0.4				50		

9. 医药产业的研发外包始于20世纪70年代药品研究合同组织(Contract Research Organization, CRO)的诞生,CRO是生物医药领域独有的一个概念,其主要功能是通过合同研究的形式向制药企业提供新药临床研究服务(其业务范围涉及新药研究的各个领域和阶段,包括:化学结构分析、化合物活性筛选、药理学、药代学、毒理学、药物配方、药物基因组学、药物安全性评价和Ⅰ-Ⅳ期临床试验、试验设

计、研究者和试验单位的选择、监查、稽查、数据管理分析,乃至药品报批等)。迄今为止,全球已有超过1 000家CRO企业,其中美国有300多家,全球前10位的顶级CRO公司几乎均为美国公司。试探讨CRO合作模式下利益相关者的收益分成问题。

10. 加盟费是一种独特的商业经营形式,它是品牌持有人将企业品牌的无形资产,如知识产权(包括发明、专利、商标、版权)、组织管理资产、市场资产和人力资产等以合同的形式授予加盟商使用,加盟商按合同规定,在统一的经营模式下从事业务活动,并向品牌持有人支付一定的费用。试探讨加盟费的支付方式,同时分析一次性加盟费和许可费率在餐饮、快递、酒店、品牌服装等行业的优缺点。

第六章 市场法与成本法

　　一个人如果能发现他的对手的长处,那就会给他带来不可估量的巨大益处,因为这肯定会使他超过他的对手。

——歌德

　　2016年年初,中国足坛一次次地刷新全球冬窗转会费纪录,在全球冬窗转会费排行榜上,前6名中,有5个引援与中超有关。1月22日,上海上港花费1 850万欧元从广州恒大引进埃尔克森,很多人以为这会是全球冬窗转会的最高价;但没过几天,切尔西的拉米雷斯以2 800万欧元的价格转会江苏苏宁,这个价钱一度让苏宁成为中超转会新标王的拥有者;随后,广州恒大砸出4 200万欧元从马竞拿下了马丁内斯;然而,就当大部分球迷都以为今年冬窗的标王花落广州恒大之时,江苏苏宁再次杀出,以5 000万欧元的天价从顿涅茨克矿工拿下了特谢拉,再次抢回了中超标王的位置。这让我们思考,2016年中国足坛引进足球明星支付的转会费反映的是市场价格吗?足球运动员的价值可以用耗费的成本去计量吗?本章就市场法和成本法在无形资产评估中的应用问题进行探讨,主要包括:

- 应用市场法评估无形资产价值的前提是什么?
- 为什么市场主体容易接受市场法?
- 市场法在无形资产评估中需要注意哪些事项?
- 无形资产具有哪些成本特性?
- 无形资产的成本在什么情景下可以反映其价值?
- 应用成本法评估无形资产需要注意哪些事项?

第一节 市场法

在市场上无形资产的交易通常是作为整个公司或部门交易的一部分来完成的,一个特定的专利或商标作为独立的财产被交易的案例较少,即使特定无形资产单独进行交易时,其价格也很少被披露。如果能够找到所需的资料,市场法可以成为无形资产价值评估的首选方法。与其他方法相比,市场法的优势在于它依赖于市场销售、租赁和许可。实践中,当所需的资料充分时,市场法对于所有类型的无形资产来说都具有可操作性、逻辑性和适应性。评估的结果可以在任何时间进行必要的调整。如果能够得到可靠的交易数据,那么市场法可以是最直接和最体系化的价值评估方法。

一、市场法的概念及前提条件

（一）市场法的概念

市场法是指利用市场上同样或类似资产的近期交易价格,经过直接比较或类比分析以估测资产价值的各种评估技术方法的总称。市场法是根据替代原则,采用比较和类比的思路及其方法判断资产价值的评估技术规程。因为任何一个正常的投资者在购置某项资产时,他所愿意支付的价格不会高于市场上具有相同用途的替代品的现行市价。中华人民共和国《国有资产评估管理办法实施细则》第四十条规定,现行市价法是指"通过市场调查,选择一个或几个与评估对象类似的资产作为比较对象,分析比较对象的成交价格和交易条件,进行对比调整,估算出资产价值的方法"。运用市场法要求充分利用类似资产的成交价格信息,并以此为基础来判断和估测被评估资产的价值。运用已被市场检验了的结论来评估被评估对象,显然是容易被资产评估业务各当事人所接受的。因此,市场法是资产评估中最为直接、最具说服力的评估方法之一。

（二）市场法的基本前提

通过市场法进行资产评估需要满足以下几个基本的前提条件:

(1) 要有一个活跃的公开市场;

(2) 公开市场上要有可比的资产及其交易活动;

(3) 参照物与评估对象在功能上具有可比性,包括用途、性能上的相同或相似;

（4）参照物与被评估对象面临的市场条件具有可比性,包括市场供求关系、竞争状况和交易条件;

（5）参照物成交时间与评估基准日间隔时间不能过长,应在一个适度时间范围内,同时,时间对资产价值的影响是可以调整的。

二、市场法的普遍性

尽管本书大量的篇幅是在讨论收益法（绝对估值法）如何估值,然而市场法（相对估值法）却在实际应用中占据主导地位。许多股票研究报告都是建立在市场法的基础上,尤其是含大量无形资产的股票估值报告。虽然许多估值研究报告包含现金流分析,但大部分价值的评估和推荐咨询则是通过参考可比公司进行的。在收购和企业融资情形下,现金流折现收益法的应用较为普遍,非正式研究表明大部分收购都由收益法估值（现金流折现）作为支撑,但收购价格常常由市场法的基本思路来决定。

市场法（相对估值法）被广泛使用的原因主要包括：

（1）市场法（相对估值法）比收益法（现金流折现）占用更少的信息资源。收益法估值需要的信息较多,对于时间和信息资源有限的评估师和分析师来说,市场法是更为省时和合适的选择。

（2）易于销售。资产评估是专业人士向非专业人士提供的专业服务,所以应当保证资产评估报告和评估结论能被评估报告使用人正确理解和使用。相比收益法,以市场法进行推销更容易获得投资者和利益相关方的理解。

（3）市场法更容易规避评估师的责任。当评估师和分析师采用收益法进行估值时,其基础建立在一系列的市场假设之上,如果出现分歧则较难辩解;而当采取市场法估值时,其责任首先由市场来承担,评估师和分析师相对容易在利益相关者面前为自己的判断辩护。

（4）市场就是规则。市场法估值更有可能反映当前市场的状况,评估的是市场价值,而不是内生价值。在整个市场,通过市场法估值做出的价格咨询意见往往比收益法（绝对估值法）更接近市场价格。

三、市场法的基本程序

市场法评估大致包含五个程序:选择参照物;在评估对象与参照物之间选择比较因素;指标对比、量化差异;调整已经量化的对比指标差异;综合分析确定评估结果。

1. 选择参照物

对参照物的选择主要考虑两方面的关键因素：一是参照物的可比性，可比性包括功能、市场条件及成交时间等。因为运用市场法评估资产价值，被评估资产评估值的高低在很大程度上取决于参照物的成交价格水平，而参照物成交价又不仅仅是参照物功能自身的市场体现，它还受买卖双方交易地位、交易动机、交易时限等因素的影响。二是参照物的数量问题。为了避免某个参照物个别交易中的特殊因素和偶然因素对成交价及评估值的影响，运用市场法评估资产时应尽可能选择多个参照物。

2. 选择比较因素

虽然影响资产价值的基本因素大致相同，如资产性质、市场条件等，但具体到每一种资产时，影响资产价值的因素又各有侧重。例如，影响房地产价值的主要因素是地理位置，而影响机器设备的主要因素是设备的技术水平。因而针对不同种类资产价值形成的特点，应选择影响较大的关键因素作为对比指标，在参照物与评估对象之间进行比较。

3. 量化差异

根据前面所选定的对比指标，在参照物及评估对象之间进行比较，并将两者的差异进行量化。运用市场法的一个重要环节就是将参照物与评估对象对比指标之间的上述差异进行数量化和货币化。

4. 修正参数

市场法是以参照物的成交价格作为评定估算评估对象价值的基础。在这个基础上将已经量化的参照物与评估对象对比指标差异进行调增或调减，就可以得到以每个参照物为基础的评估对象的初步评估结果。初步评估结果与所选择的参照物个数密切相关。

5. 综合分析确定评估结果

一般来说，由于运用市场法应选择三个以上参照物，相应地，运用市场法评估的初步结果也应在三个以上。根据资产评估一般惯例的要求，正式的评估结果只能是一个。这就需要评估人员对若干评估的初步结果进行综合分析，以确定最终的评估值。当然，如果参照物与评估对象的可比性都很好，评估过程中没有明显的遗漏或疏忽，一般可考虑采用简单算术平均法或加权平均法确定最终结果。

四、市场法的评估方法

(一) 直接法

假设某类无形资产价值受 n 个因素共同影响,这些因素分别用指标 $factor_1$, $factor_2$, $\cdots$, $factor_n$ 表示。若选择的参照物有 m 个,分别标号为 $1,2,\cdots,m$,待估资产的标号为 0。参照资产的市场价格分别为 $price_1, price_2, \cdots, price_m$。资产 k ($k \in \{0, 1, \cdots m\}$) 修正后的指标值分别为 $factor_1^k, factor_2^k, \cdots, factor_n^k$。

则待估资产与参照资产 i 相比较后的比准价格 (V_i) 的公式为:

$$V_i = price_i \times \frac{factor_1^0}{factor_1^i} \times \frac{factor_2^0}{factor_2^i} \times \cdots \times \frac{factor_n^0}{factor_n^i} \tag{6-1}$$

式中, $\dfrac{factor_x^0}{factor_x^i}$ 为因素 x 的修正系数。

若采取简单算术平均法确定结果,则待估资产的评估价值 (V_0) 为:

$$V_0 = \frac{1}{m} \sum_{i=1}^{m} V_i \tag{6-2}$$

需要说明的是,还可以采取其他方法处理结果,如加权平均成本法。

(二) 回归分析方法

随着计量经济学和实证金融的发展,越来越多的理论和实务界评估专家把统计分析的方法,特别是回归分析方法应用到了资产评估中,特别是无形资产评估中。

回归分析方法是指利用数据统计原理,对大量统计数据进行数学处理,并确定因变量与某些自变量的相关关系,建立一个相关性较好的回归方程(函数表达式),并加以外推用于预测因变量变化的分析方法。根据因变量和自变量的个数,可以分为一元回归分析和多元回归分析;根据因变量和自变量的函数表达式,可以分为线性回归分析和非线性回归分析。

以多元线性回归分析为例。设 Y 为因变量(Dependent Variable),通常为资产价值或价值乘数, $X_1, X_2, \cdots, X_n$ 为自变量(Independent Variable),通常为影响资产价值的核心因素。当自变量与因变量之间为线性关系时,则多元线性回归模型为:

$$Y = b_0 + b_1 X_1 + b_2 X_2 + \cdots + b_n X_n + \varepsilon \tag{6-3}$$

其中, b_0 为常数项或截距项(Intercept), $b_1, b_2, \cdots, b_n$ 为回归系数(Regression Coefficient)，ε 是一个干扰项(Disturbance)或误差项(Error Term)，是一个随机变量(Random Variable，Stochastic Variable)。

当建立多元性回归模型时，为了保证回归模型具有优良的解释能力和预测效果，首先应注意变量的选择，其主要准则有：

（1）自变量对因变量必须有显著的影响，并呈密切的线性相关；

（2）自变量与因变量之间的线性相关必须是真实的，而不是形式上的；

（3）自变量之间应具有一定的互斥性，即自变量之间的相关程度不应高于自变量与因变量之因的相关程度。

为此，需要对回归模型进行必要的检验与评价，以决定模型是否可以应用。回归分析法应用于资产评估，主要需要对模型进行如下检验：

1. 拟合程度 R^2 的测定

拟合程度 R^2 是在因变量的总变化中，由回归方程解释变动(回归平方和)所占的比重，R^2 越大(越接近1)，回归方程对样本数据点拟合的程度越强，所有自变量与因变量的关系越密切。

2. 显著性检验

显著性检验包括回归方程的显著性检验和回归系数的显著性检验。回归方程的显著性检验，即检验整个回归方程的显著性，或者说评价所有自变量与因变量的线性关系是否密切，通常采用 F 检验。在一元线性回归中，回归系数的显著性检验(通常采用 T 检验)与回归方程的显著性检验(通常采用 F 检验)是等价的，但在多元线性回归中，这个等价不成立。T 检验是分别检验回归模型中各个回归系数是否具有显著性，以便使模型中只保留那些对因变量有显著影响的因素。

3. 多重共线性判别

多重共线性是指线性回归模型中的解释变量之间由于存在高度相关关系而使模型估计失真或难以估计准确。需要指出的是，在多元回归模型中，多重共线性是难以避免的，只要多重共线性不太严重就行。降低多重共线性的办法主要是转换自变量的取值，如变绝对数为相对数或平均数，或者更换其他的自变量等。

最后，需要说明的是，在社会经济现象中，很难确定因变量和自变量之间的关系，它们大多是随机性的，只有通过大量统计观察才能找出其中的规律。在计量经济学中，回归分析主要用于信息分析与预测。分析即对信息进行数学处理，预测就是加以外推，也就是适当扩大已有自变量的取值范围，并承认该回归方程在扩大的定义域内成立，然后就可以在该定义域上取值，进行"未来预测"。但在资产评估应用领域,回归分析主要应用于同类资产价值的判断。

【例 6-1】 有一待评估专利 X,其价值主要受到交易时间、专利类型、法律保护情况、技术先进性、成熟度、应用范围和供求关系的影响。在 2015 年 6 月到 2015 年 12 月期间,物价月环比上涨 1%,其他参数修正后见表 6-1。

表 6-1 可比参照案例参数修正表

参数	待估对象 X	案例 A	案例 B	案例 C
交易价格(万元)		22	20	21
交易时间	2015 年 12 月	2015 年 10 月	2015 年 6 月	2015 年 9 月
专利类型	0	-2%	0	-1%
法律保护情况	0	+1%	-3%	2%
技术先进性	0	+1%	-1%	0
成熟度	0	+5%	-3%	+2%
应用范围	0	+4%	0	+1%
供求关系	0	-1%	2%	+3%

注:表中数字是参照资产与待估资产的比较,负号表示参照资产比待估资产条件差,正号表示是参照资产比待估资产条件优,数值大小代表对资产价格的修正幅度。

要求:试根据以上条件,用市场法评估待估对象 X 的价格(要求有计算过程)。

解:

(1)交易时间修正

表 6-2 交易时间修正参数表

交易时间	2015 年 6 月	2015 年 12 月	2015 年 10 月	2015 年 6 月	2015 年 9 月
修正系数	1	$(1+1\%)^6$	$(1+1\%)^4$	1	$(1+1\%)^3$

(2)计算比准价格

$$V_1 = 22 \times \frac{1.01^6}{1.01^4} \times \frac{100}{98} \times \frac{100}{101} \times \frac{100}{101} \times \frac{100}{105} \times \frac{100}{104} \times \frac{100}{99} = 20.77(万元)$$

$$V_2 = 20 \times \frac{1.01^6}{1} \times \frac{100}{100} \times \frac{100}{97} \times \frac{100}{99} \times \frac{100}{97} \times \frac{100}{100} \times \frac{100}{102} = 22.34(万元)$$

$$V_3 = 21 \times \frac{1.01^6}{1.01^3} \times \frac{100}{99} \times \frac{100}{102} \times \frac{100}{100} \times \frac{100}{102} \times \frac{100}{101} \times \frac{100}{103} = 20.19(万元)$$

(3)计算待估对象 X 的价格

$$V = (V_1 + V_2 + V_3)/3 = 21.10(万元)$$

【例 6-2】 球员是俱乐部重要的人力资源,也是俱乐部十分重要的特殊资产,球员个人竞技水平对俱乐部整体竞技水平有决定作用,高素质、高水平的球员更是俱乐部的"摇钱树"。随着这些体育数据公司不断地发展,俱乐部将能够更加深入地挖掘每一名球员的潜在价值。更重要的是,球员的频繁流动创造了球员转会市场,使得运用市场法评估球员转会价值成为可能。

假设球员的转会价值主要受到以下因素的影响:位置、综合能力及稳定性、年龄、效力球队、球队角色、职业素养、剩余合同年限以及户籍(是否是主流联赛国家或世界强队国家)。其修正系数表如表 6-3 至表 6-10 所示。

表 6-3 位置修正系数表

中锋	边锋	前腰	后腰	边前卫	中后卫	边后卫	门将
10	9	9	8	7	6	5	4

表 6-4 综合能力和稳定性修正系数表

球王级别	足球先生级别	超级球员	顶级球员	优秀	良好	较好	普通
5	4	3	2.5	2	1.5	1	0.8

表 6-5 年龄修正系数表

23 岁以下	23—24	25—26	27	28	29	30	31	32 岁及以上
1.4	1.3	1.2	1	0.9	0.8	0.6	0.4	0.3

表 6-6 原效力球队修正系数表

豪门	准豪门	上游劲旅	中游球队	保级球队	降级队
1.6	1.4	1.2	1	0.7	0.5

表 6-7 球队角色修正系数表

绝对核心	核心	主力	轮换	替补	长期板凳
1.3	1.2	1	0.8	0.6	0.4

表 6-8 职业素养修正系数表

超级优秀	优秀	一般	较差	非常差
1.2	1.1	1	0.9	0.8

表 6-9 剩余合同年限修正系数表

3 年以上	3 年	2 年	1 年	1 年内
1	0.9	0.8	0.6	0.2

表 6-10 户籍修正系数表

英国、西班牙、德国、意大利	巴西、阿根廷、法国、荷兰	准强队	其他
1.2	1	0.9	0.8

某待估转会球员,现收集到 4 个可比较参照交易案例,具体情况见表 6-11。

表 6-11 可比参照案例数修正表

球员	转会价格（单位:万欧元）	位置	综合能力和稳定性	年龄	原效力球队	球队角色	职业素养	剩余合同年限	户籍
待估球员		中锋	优秀	26	上游劲旅	绝对核心	一般	2 年	准强队
球员 1	3 110	后腰	良好	23	准豪门	轮换	优秀	4 年	英国
球员 2	3 359	前腰	优秀	26	准豪门	主力	优秀	3 年	荷兰
球员 3	3 732	边锋	顶级	27	上游劲旅	主力	一般	3 年	意大利
球员 4	3 038	边锋	顶级	29	豪门	绝对核心	一般	1 年	法国

要求:试根据上述材料,利用市场法确定待估球员的市场转会价值。

解:

(1) 量化和修正相关参数,得到修正系数表(表 6-12)

表 6-12 参数修正系数表

球员	转会价格（单位:万欧元）	位置	综合能力和稳定性	年龄	效力球队	球队角色	职业素养	剩余合同年限	户籍
待估球员		10	2	1.2	1.2	1.3	1	0.8	0.9
球员 1	3 110	8	1.5	1.3	1.4	0.8	1.1	1	1.2
球员 2	3 359	9	2	1.2	1.4	1	1.1	0.9	1
球员 3	3 732	9	2.5	1	1.2	1	1	0.9	1.2
球员 4	3 038	9	2.5	0.8	1.6	1.3	1	0.6	1

(2) 计算比准价格

$$V_1 = 3\ 110 \times \frac{10}{8} \times \frac{2}{1.5} \times \frac{1.2}{1.3} \times \frac{1.2}{1.4} \times \frac{1.3}{0.8} \times \frac{1}{1.1} \times \frac{0.8}{1} \times \frac{0.9}{1.2} = 3\ 635 (万欧元)$$

$$V_2 = 3\,359 \times \frac{10}{9} \times \frac{2}{2} \times \frac{1.2}{1.2} \times \frac{1.2}{1.4} \times \frac{1.3}{1} \times \frac{1}{1.1} \times \frac{0.8}{0.9} \times \frac{0.9}{1} = 3\,025\,(万欧元)$$

$$V_3 = 3\,732 \times \frac{10}{9} \times \frac{2}{2.5} \times \frac{1.2}{1} \times \frac{1.2}{1.2} \times \frac{1.3}{1} \times \frac{1}{1} \times \frac{0.8}{0.9} \times \frac{0.9}{1.2} = 3\,450\,(万欧元)$$

$$V_4 = 3\,038 \times \frac{10}{9} \times \frac{2}{2.5} \times \frac{1.2}{0.8} \times \frac{1.2}{1.6} \times \frac{1.3}{1.3} \times \frac{1}{1} \times \frac{0.8}{0.6} \times \frac{0.9}{1} = 3\,446\,(万欧元)$$

（3）确定评估结果

$$V_0 = \frac{3\,635 + 3\,025 + 3\,450 + 3\,446}{4} = 3\,439\,(万欧元)$$

【例 6-3】 标的企业为饮料制造企业，主营产品为白酒，2015 年各项数据如下：所有者权益账面价值为 4.25 亿元，营业收入为 1.68 亿元，2015 年公司净利润为 4 563 万元，企业的 beta 系数为 1.15。经与管理层沟通，一致判定营业收入未来增长率为 25%。假设，根据市场资料统计，得到 2015 年的该类企业股权价值的回归方程为：

$$V = 1.2265 + 0.9568x_1 + 0.4583x_2 - 0.6846x_3 + 1.6951x_4 + 3.5482x_5$$

其中，x_1 为账面价值（亿元），x_2 为营业收入（亿元），x_3 为 beta 系数，x_4 为净利润（亿元），x_5 为营业收入未来增长率，回归方程的拟合度 $R^2 = 0.7859$，自变量之间不存在多重共线性，且参数均在 1% 水平上显著。

要求：试根据上述资料，估算该公司的权益价值。

解：

根据上述资料，可以得到 $x_1 = 4.25$，$x_2 = 1.68$，$x_3 = 1.15$，$x_4 = 0.4563$，$x_5 = 0.25$，直接代入回归方程，得到标的企业的股权价值为：

$$V = 1.2265 + 0.9568 \times 4.25 + 0.4583 \times 1.68 - 0.6846 \times 1.15 + 1.6951 \times 0.4563 + 3.5482 \times 0.25 = 6.94\,(亿元)$$

第二节 成本法

无形资产成本是指无形资产在研制或取得、持有期间的全部物化劳动和活劳动的费用支出。无形资产按照其来源渠道不同可以分为外购和自创两种类型。外购无形资产的成本由买价和购置费用两部分构成；自创无形资产的成本一般包括材料费用、工资费用、专用设备费用、咨询鉴定费用、培训费、差旅费、管理费、技术服务费等项。与有形资产不同,自创无形资产具有一次性生产的明显特点,其成本具有不完整性、弱对应性以及虚拟性等特点,这是确定无形资产成本时必须考虑的因素。

一、无形资产的成本特性

无形资产成本包括无形资产在研制或取得、持有期间的全部物化劳动和活劳动的费用支出。无形资产的成本特性,尤其是研制和形成费用,明显区别于有形资产。具体包括以下特性:

1. 不完整性

在现行会计准则中,与购建无形资产相对应的各项费用是否计入该无形资产的成本,是以费用支出资本化为条件的。在企业生产经营过程中,科研费用等支出一般都是比较均衡地发生,并且比较稳定地为生产经营服务,因而我国现行的财务制度一般把科研费用从当期经营费用中列支,而不是先对科研成果进行费用资本化处理,再按无形资产折旧或摊销的办法从生产经营费用中补偿。这种办法简便可行,大体上符合实际,并不影响无形资产的再生产。但这样一来,企业账簿上反映的无形资产成本就是不完整的,大量账外无形资产的存在是不可忽视的事实。另一方面,即使是按国家规定进行费用支出资本化的无形资产的成本核算,一般也是不完整的。由于知识资产具有固有特殊性,有大量的前期费用,如培训、基础开发或相关试验等,这些费用往往不计入该项知识资产的成本,而是通过其他途径进行补偿。

2. 弱对应性

知识资产的创建要经历基础研究、应用研究和工艺开发等漫长的过程,成果的出现带有一定的随机性、偶然性和关联性。有时有这类特殊事情发生:在一项研究失败之后偶然出现一些成果,显然由其承担所有的研究费用是不够合理的;或在大量的先行研究(无论是成功还是失败)成果的积累之上,往往可能产生一系列的知识资产,而这些研究成果是否应该承担先行研究的费用也很难明断。因而对开发无形资产的费用进行一一对应归算是比较困难的。

3. 虚拟性

由于无形资产的成本具有不完整性、弱对应性的特点,因而无形资产的成本往往是相对的,特别是一些无形资产的内涵已经远远超出了它的外在形式的含义,这种无形资产的成本只具有象征意义。例如商标,其成本核算的是商标的设计费用、登记注册费、广告费等,而商标的内涵标志着商品的内在质量信誉,这是一种商标比另一种商标"响"的根本所在。这种无形资产实际上包括了该商品使用的特种技术、配方和多年的经验积累,而商标形成本身所耗费的成本只具有象征性(或称虚拟性)。

二、成本法在无形资产评估中的应用

采用成本法评估无形资产价值,其基本公式为:

$$无形资产评估值 = 无形资产重置成本 \times 成新率 \qquad (6-4)$$

无形资产重置成本是指在现时市场条件下,重新创造或购置全新无形资产所耗费的全部货币性支出的总额。由于企业无形资产的来源不同,其重置成本的成本项目、评估方法和影响因素亦不同。

(一) 外购无形资产重置成本的确定

外购无形资产的成本包括买价和购置费用。一般企业都有无形资产购置的原始记录资料,即使无账面记录资料,亦可找到市场同类无形资产的交易价格资料。由于掌握资料的条件不同,外购无形资产的重置成本的确定方法通常有以下两种:

1. 物价指数法

有账面记录资料时,采用物价指数法,即以账面历史价格为基础,乘以自购置日至评估日的物价指数,将账面历史成本调整为重置成本。其公式为:

$$无形资产重置成本 = 无形资产账面成本 \times 无形资产评估日物价指数 \qquad (6-5)$$

按物价指数确定重置成本时,关键的问题是物价指数的确定。从无形资产成本构成来看,主要有物质消耗费用和活劳动消耗费用,不同的无形资产,两类费用的构成相差很大。那些需要利用现代科研和实验手段的无形资产,其物质消耗往往占有较大比重,则其物价指数将主要由同类生产资料物价指数决定。在实际评估业务中,一般按两类费用的构成和生产资料及生活资料的物价指数计算综合物价指数,作为无形资产评估日的物价指数。

【例6-4】 某企业2013年1月初自某科研单位购入一项无形资产,其账面价值为100万元,现需要评估2015年1月初的重置成本。经分析,该项无形资产两类费用分别为:生产物质消耗占60%,活劳动消耗占40%。购置日的生产资料物价指数为90,评估日生产资料价格指数为118,购置日的生活资料价格指数为110,评估日的生活资料价格指数为125。

要求:根据资料确定该项无形资产的重置成本。

解：

该项无形资产的重置成本为：

$$V = 100 \times 60\% \times \frac{118}{90} + 100 \times 40\% \times \frac{125}{110} = 124.12(万元)$$

2. 市价类比法

有市场同类无形资产的交易价格资料,采用市价类比法。评估无形资产重置成本时,若无该项无形资产的账面历史成本资料,可搜集市场同类无形资产的交易价格资料,并根据无形资产的功能以及技术先进性和适应性进行调整求得现行购买价格,然后根据被估无形资产的实际情况和现行标准,按购买价格的一定比例,确定无形资产的购置费用。其公式为：

$$无形资产重置成本 = 无形资产现行购买价格 + 无形资产现行购置费用 \tag{6-6}$$

（二）自创无形资产重置成本的确定

自创无形资产成本是由企业在创造或研制无形资产过程中所发生的物质资料消耗和活劳动消耗的总和组成。在实际评估业务中,自创无形资产重置成本的确定一般可以采用以下几种方法：

1. 账面历史成本法

自创无形资产有账面历史成本资料时,可以以账面历史成本为基础,乘以相应的物价指数求得重置成本。

$$无形资产重置成本 = 无形资产历史成本 \times \frac{评估时物价指数}{自创时物价指数} \tag{6-7}$$

2. 财务核算法

无账面历史成本的自创无形资产可按该项无形资产创立时实际发生的材料、工时消耗数量以及现行价格和费用标准,确定其重置成本。

$$无形资产重置成本 = 物质资料实际消耗量 \times 现行价格 + 实耗工时 \times 现行费用标准 \tag{6-8}$$

由于无形资产属创造性智力成本,因此不能原样重置,其重置成本只能是复原重置成本,故上式中物质资料消耗量以及工时消耗量均按创立无形资产时的发生数计算,而不能按现行标准计算。

3. 市价调整法

当市场中存在与自创无形资产相似的无形资产交易时,可按市场同类无形资产的交易价格,以及按自制成本与售价的一定比率进行调整,求得自创无形资产的重置成本。

$$无形资产重置成本 = 同类无形资产市价 \times 成本售价系数 \qquad (6-9)$$

式中,成本售价系数可根据本企业有代表性的已出售的无形资产的自创成本与售价的加权平均比率求得。

(三) 成新率的计算

重置成本法评估的是无形资产的重置成本净值,其数额由无形资产重置成本和无形资产的成新率决定。而无形资产的成新率又由无形资产的损耗决定,因此,确定无形资产的成新率,必须研究无形资产的损耗。

无形资产的损耗是指由于无形资产的使用、技术进步以及企业外部环境的变化,而引起的无形资产价值的降低。通常可以分为无形资产时效性陈旧贬值、功能性贬值和经济性贬值三种情况。无形资产时效性贬值通常是指由于无形资产的使用,使其尚可使用年限减少;无形资产功能性贬值是指由于技术进步,使得拥有该项无形资产的主体的垄断性减弱,从而降低其获得垄断利润的能力,一般来说,技术进步越快,无形资产更新的时间越短,则其功能性贬值越高;无形资产经济性贬值是指由于企业的外部环境变化对企业产生了不利影响,如国家的政策、企业之间的激烈竞争等。

在实际评估业务中,对无形资产贬值的确定,是根据考虑三种贬值因素的综合成新率测定的。无形资产综合成新率的计算公式为:

$$无形资产综合成新率 = \frac{尚可使用年限}{实际已使用年限 + 尚可使用年限} \times 100\% \qquad (6-10)$$

式中:实际已使用年限较易确定;尚可使用年限,指无形资产能够为经营主体带来超额收益的年限,但它不是指法定保护年限。

在实际评估业务中,尚可使用年限可以采用下列方法确定:

(1) 专家对经济寿命预测法。该方法是通过聘请有关技术领域的专家,对被评估无形资产技术的先进性、适用性以及技术市场的发展趋势进行预测,从而确定无形资产的尚可使用年限。

(2) 技术更新周期法。该方法是根据同类无形资产的技术更新周期,确定被评估无形资产的更新周期,从中扣掉无形资产已使用年限,便可得到无形资产的尚可使用年限。

（四）无形资产重置成本法的适用性探讨

在无形资产评估中，单独使用重置成本法可以用于以摊销为目的的无形资产评估、工程图纸转让、计算机软件转让、技术转让中最低价格的评估、收益额无法预测和市场无法比较的技术转让等场合。而在更多的场合则是重置成本法与收益法结合使用，如用于专利权、专有技术和整体无形资产的评估。当评估价格中重置成本部分远高于收益部分时，可以单独采用重置成本法进行评估；当评估价格中重置成本部分远低于收益部分时，可以单独采用收益现值法进行评估。例如国务院在1991年颁布的《国有资产评估管理办法》，对于无形资产评估的方法也是主张成本法和收益法的结合，规定对占有单位的无形资产，应区别下列情况评定重估价值：①外购的无形资产，根据购入成本及该项资产具有的获利能力；②自创或者自身拥有的无形资产，根据其形成时所需实际成本及该项资产具有的获利能力；③自创或者自身拥有的未单独计算成本的无形资产，根据该项资产具有的获利能力。

在使用成本法对无形资产进行评估时，需要注意以下几个问题：

（1）无形资产的成本问题。以成本作为评估依据的基本条件：一是成本能够识别；二是成本能够计量。识别和计量的成本可以是被评估商品本身的成本，也可以是相同商品的再生产成本。为了排除贬值、通货膨胀等因素的影响，成本一般以再生产成本为计量对象。但是，无形资产的再生产成本不能作为计量成本的对象。其原因在于：有些无形资产不能再生产；即使可以再生产的无形资产，由于再生产的成本极低，也根本无法作为估价的依据，也就是说，无形资产的重置成本变得没有意义。因此，无形资产的成本估算只能是其创造时的初始成本，即开发成本，而这种成本与无形资产带来的效益不完全对称，它只能在一定范围内和一定程度上作为估价的基础。

（2）在实际操作中应区别不同情况进行处理。对标识形态类无形资产的评估，由于其成本不能识别，也不能计量，因此，不适宜用重置成本法。标识形态类无形资产包括商标、服务、标记、名牌等，最典型的是商标，一般认为其创造成本是商标的设计费、注册登记费等，这些成本都很低，如果用成本法进行评估显然是与其实际价值相背离的。反映商标价值的主要内容应该是使用该商标所生产的商品的质量、信誉和其社会形象，因此，不适宜用重置成本法。对著作权类无形资产的评估，成本包括物化劳动和活劳动两方面的消耗。众所周知，创作作品主要靠人的智力投入，因此，其成本主要是活劳动的消耗。对于智力劳动的计量问题，以创作人员的工资和创作时间来计量显然是不合理的，工资只是一种平均价格，它不直接反映创作作品的智力劳动的价值，而且，智力劳动的时间计量也是很困难的，因此，重置成本法对著作权类无形资产的评估也是不适用的。

（3）一般来说，成本不等于价值，成本法没有收益法和市场法全面，许多最重要的驱动价值因素在这种方法中被忽略。比如：成本法不直接考虑有关无形资产经济收益总量的信息，而这些收益由对产品或服务的需求驱动，可以生成利润。成本法还缺少考虑与经济收益趋势有关的信息，经济收益趋势受社会的态度、人口因素和竞争力等因素影响，但成本法无法捕捉到这些因素对资产价值的影响。成本法还容易忽略与预期收益直接相关的风险因素。一般来说，资产的风险越高，其价值越低，成本法无法反映这一特性。

习 题

1. 为什么在经济金融活动中，市场法被广泛使用？
2. 无形资产有哪些成本特性？
3. 在什么情形下，可以用成本法估算无形资产的价值？
4. 如何改进市场法，使其更容易被评估师和监管方接受？
5. 某事业有限公司因为管理不善，经济效益不佳，亏损严重，将要被同行的利达有限公司兼并，现在需要对这个事业有限公司的资产进行评估，该公司有一项专利是属于实用新型，两年前自行研制并获得专利证书。对这个要兼并的企业专利进行鉴定，具体资料如下：材料费用为 45 000 元，工资费用为 10 000 元，专用设备费为 6 000 元，资料费为 1 000 元，咨询鉴定费为 5 000 元，培训费为 2 500 元，差旅费为 3 100 元，管理费分摊为 2 000 元，非专用设备折旧费分摊为 9 600 元，专利费用及其他费用为 3 600 元。根据专利技术开发的过程分析，各类消耗仍按过去实际发生定额计算，对其价格可按现行价格计处。根据考察、分析和测算，近两年生产资料价格上涨指数分别为 5% 和 8%。另外，该项实用新型的专利技术，法律保护期限为 10 年，尽管还有 8 年保护期限，但根据专家鉴定分析和预测，该项专利技术的剩余使用期限仅为 6 年。试根据成本法估算该企业专利的价值。
6. 影响电影价值的因素主要有电影类型、制片人、剧本、制作费用、导演、演员、播放时间等，找到 3 部电影的相关资料，并对其参数进行修正后得到表 6-13。

6-13 可比参照案例参数修正表

参数	待估电影 X	电影 A	电影 B	电影 C
市场价值(千万元)		16.58	9.61	12.56
播放时间	100	108	98	102
电影类型	100	110	90	100
制片人	100	120	95	110
剧本	100	106	110	106
导演	100	130	112	95
演员	100	120	115	108

要求:试根据以上条件,用市场法评估待估电影 X 的价格(要求有计算过程)。

第七章　实物期权方法

痛苦不可避免,但可以选择是否受苦(Pain is inevitable. Suffering is optional)。

——村上春树《当我谈跑步时我谈些什么》

长期以来,投资者对资产价值直接评估最常用的经典的方法是贴现现金流法(DCF),但DCF法无法恰当地把握管理者在应对未曾预计的市场变化时调整、矫正后续决策的灵活性;无法把握由某一项已获得论证的技术所产生的战略价值;无法把握各个资产之间的相互依存性和竞争性。如何对经营管理的灵活性和战略性的相互作用产生的价值进行评估呢? 实物期权方法提供了一种积极的方式,类似于针对金融证券而开具的期权,根据某种预定的可选价格获得或者交换资产。实物期权包含着根据具体情况而作出决策的权利而没有必须履行决策的义务。在现代公司的资源配置领域,评估实物期权的能力(例如,推迟、扩充、收缩、放弃、转换用途或另行改变投资方向)已经引起了一场革命。本章就实物期权方法在无形资产评估中的应用问题进行探讨,主要包括:

- 什么是实物期权?
- 金融期权与实物期权有什么区别?
- 如何判别实物期权?
- 实物期权都具有价值吗? 该如何分析实物期权的价值?
- B-S模型和二项树模型如何计算实物期权价值?
- 连续复利和普通计息对模型和参数会产生怎样的影响?
- 实物期权评估模型中的各个参数该如何确定?

第一节　实物期权的概念

期权属于金融衍生产品的范畴,它与期货、掉期等共同组成当今社会上主要的金融衍生产品。期权是一种选择权,期权持有者拥有在约定期限以约定价格(或称敲定价格)向期权提供者购买或售出某种资产(标的资产)的权利,而且期权持有者可以选择执行或不执行这种权利。期权主要分为金融期权和实物期权。

金融期权是指期权的持有者在未来一定时间内拥有以一定价格购买或出售某项金融资产的权利。自1973年费雪·布莱克(Fischer Black)和迈伦·斯科尔斯(Myron Scholes)[①]提出关于不支付红利股票的欧式看涨期权定价公式以来,该期权理论已成为金融理论中发展最快、最具吸引力的理论之一。

实物期权的概念由斯图尔特·迈尔斯(Stewart C. Myers)[②]在1977年首先提出。他认为一个投资项目产生的现金流所创造的利润应来自目前所拥有资产的使用,再加上一个对未来投资机会(增长机会)的选择。这种增长机会可以被看作实物资产的看涨期权,这一期权的执行价格是获得这项资产的未来投资。到期时期权的价值依赖于资产未来的价值,也依赖于投资者是否执行这一期权。也就是说,投资者拥有一种权利,即在未来以一定的价格取得或出售一项实物资产的权利,同时又因为其标的物为实物资产,因此相对于金融期权而言,将此类期权称为实物期权(Real Option)。2011年中国资产评估协会颁布的《实物期权评估指导意见(试行)》定义实物期权为:附着于企业整体资产或者单项资产上的非人为设计的选择权,即指现实中存在的发展或者增长机会、收缩或者退出机会等。拥有或者控制相应企业或者资产的个人或者组织在未来可以执行这种选择权,并且预期通过执行这种选择权能给个人或组织带来经济利益。

与金融期权类似,实物期权包含有权利而不需承担义务。企业可以通过建造新的工厂、开发市场等抓住这一新的利润机会,为企业未来带来收益。反过来讲,企业关闭亏损的经营项目也属于一种投资,这意味着企业未来损失的减少。机会

---

① 布莱克和斯科尔斯的文章"The Pricing of Options and Corporate Liabilities",发表在 *Journal of Political Economy* 杂志1973年第3期上。斯科尔斯和罗伯特·默顿(Robert Merton)(1944—)共同获得了1997年度诺贝尔经济学奖,主要理由为给出了著名的布莱克-斯科尔斯期权定价公式,该法则已成为金融机构设计金融新产品的思想方法。

② 斯图尔特·迈尔斯,麻省理工学院斯隆管理学院财务教授。

就是一种期权,是一种权利而不需要承担任何义务。拥有一个自由决策的投资机会就等于拥有了一项权利而没有任何义务,是否执行这个期权完全取决于投资者自己的战略决策。当投资者决策进行投资后就等于执行了这个期权,也即失去了等待新信息的可能性,如果未来市场出现了与预测相反的情形,他也不能收回投资。这就好比是一个金融看涨期权的持有者,它拥有在有效期内按照执行价格购买某种资产的权利,但不需要承担义务,当执行期权对他有利时他就执行这一期权。实物期权也是如此。

一、与期权相关的基本术语

期权(Option):又称为选择权,是一种衍生性金融工具,是指买方向卖方支付期权费(权利金)后拥有的在未来一段时间内(美式期权)或未来某一特定日期(欧式期权)以事先规定好的价格(履约价格)向卖方购买或出售一定数量的特定标的物的权利,但不负有必须买进或卖出的义务(即期权买方可以选择是否行使买入或卖出的权利,而期权卖方必须无条件服从买方的选择并履行成交时的允诺)。

金融期权(Financial Option):是一份合约,是以期权为基础的金融衍生产品,指以金融商品或金融期货合约为标的物的期权交易的合约。具体地说,其购买者在向出售者支付一定费用后,就获得了能在规定期限内以某一特定价格向出售者买进或卖出一定数量的某种金融商品或金融期货合约的权利。金融期权是赋予其购买者在规定期限内按双方约定的价格(协议价格,Striking Price)或执行价格(Exercise Price)购买或出售一定数量某种金融资产(潜含金融资产或标的资产)的权利的合约。

实物期权(Real Option):附着于企业整体资产或者单项资产上的非人为设计的选择权,即指现实中存在的发展或者增长机会、收缩或者退出机会等。

美式期权(American Option):该期权赋予期权购买者在某个固定最后期限之前的任意时间内购买或卖出某项资产的权利。

欧式期权(European Option):该期权赋予期权购买者在未来某个确定日期购买或卖出某项资产的权利。

看涨期权(Call Option):又称买进期权、买方期权,是指期权的购买者拥有在期权合约有效期内按执行价格买进一定数量标的物的权利。看涨期权是这样一种合约:它赋予合约持有者(即买方)按照约定的价格从对手手中购买特定数量之特定交易标的物的权利。

看跌期权(Put Option):又称卖权选择权、卖方期权,是指期权的购买者拥有在期权合约有效期内按执行价格卖出一定数量标的物的权利,但不负担必须卖出的义务。

实值期权(In-the-money Option):具有内在价值的期权。当看涨期权的敲定价格低于相关期货合约的当时市场价格时,该看涨期权具有内涵价值;当看跌期权的敲定价格高于相关期货合约的当时市场价格时,该看跌期权具有内涵价值。

虚值期权(Out-of-the-money Option):又称价外期权,是指不具有内涵价值的期权,即敲定价高于当时期货价格的看涨期权或敲定价低于当时期货价格的看跌期权。如果把企业的股权资本看作是一种买方期权,则标的资产即是企业的总资产,而企业的负债值可看作是期权合约上的约定价。期权的有效期即与负债的期限相同。

到期日(Expiry Date):期权合约具有有效的行使时限或者说是期权终止的日期。

标的资产(Underlying Asset):每一个期权合约都对应一项标的资产,标的资产可以是股票、股票指数、期货合约甚至是一些实物资产或开发项目等。对应不同的标的资产就形成不同的期权:对应股票就形成股票期权,对应股票指数就形成指数期权,对应实物资产就形成实物期权。

行权价格(Strike Price or Exercise Price):又称协议价格或执行价格,是指约定的期权行权时标的资产的价格。

期权价格(Option Price):为购买期权合约支付的对价。

结算日(Settlement Date):收到合约对价款的日期。

二、实物期权与金融期权的比较

实物期权与金融期权类似,但二者并不是完全一致的,其主要区别表现在以下几个方面:

1. 实物期权与金融期权标的资产的性质不同

标的资产可以说是金融期权和实物期权最主要的一个区别。金融资产的标的资产是本身具有价值的某种金融资产,如股票、债券、货币等,而实物期权的标的资产是各种实物资产,如机器设备、知识等。这两类资产具有不同的性质。金融资产作为一种非实物资产,代表了某种未来收益的合法要求权,具体表现为金融市场上各种金融工具或金融产品,如股票、债券、各种衍生金融工具等。金融资产最重要的特性就是收益性、流动性和风险性。正是因为金融资产具有收益性、流动性和风险性的特征,所以很容易形成市场化、规模化的连续性交易。实物资产是一种有形资产,具体表现为不同的物质形态,如土地、房屋、机器设备等。与金融资产相比,许多实物资产的交易是不经常发生的,而且实物资产的有些交易不仅是非连续的,甚至是非市场化的,这就给实物期权的定价带来了困难。

2. 实物期权的隐蔽性强

对于金融期权而言,所有参与交易的当事人对期权交易的各个因素如期权的执行价格、有效期等都了解得很清楚。但实物期权通常存在于某个投资项目中,而且对于同一个投资项目由不同的决策者决策可能会产生不同的实物期权。具体来说,实物期权可能来自专利、土地或自然资源的所有权,也可能来自管理者的管理能力、技术知识或者企业自身的信誉、市场地位及规模等。在实际操作中,实物期权更为复杂,更不易实施。在大多数技术开发投资中都会出现实物期权,但其可能表现出不同的形式。要确认这些期权需要透彻的理解和仔细的辨别。有些实物期权不会自然而然地产生,但是管理者可以通过重新调整决策创造出来。例如,在对高新技术进行投资时,实物期权包括可灵活地选择项目投资的时间,扩大项目规模,或者停止项目,以及对项目进行调整等期权。此外还有一类实物期权则更具有战略意义,无论是对已有的产品和新开发的产品,还是对市场,都可反映出未来的成长机会。这样的期权通常称为增长期权(Growth Options)。增长期权通常存在于战略性产业中,特别是高新技术产业、R&D 投资或者具有多代产品和应用的产业。

3. 与金融期权相比,实物期权在执行价格和有效时间方面具有随机性

实物期权所具有的有效期不像金融期权合约规定的那么具体、准确。一般情况下,实物期权的期限长于金融期权的期限,但在有些情况下,如以土地作为标的物的实物期权,它的期限是永久的。由于投资项目在未来的价值受多种因素的影响,如外来竞争者会随时进入同一领域,技术创新的时间也不能准确地规定下来等等,所以,实物期权期限的确定比金融期权困难,它不能像金融期权那样确切地加以规定。另外,实物期权的执行价格也不像金融期权所规定的那么具体。这是导致实物期权比金融期权计算更为复杂的一个重要原因。

4. 实物期权的定价方法更为复杂

实物期权的定价理论完全是从金融期权定价理论中发展而来的,金融期权定价理论是实物期权定价理论的核心。金融期权定价模型主要有二项式定价模型和

Black-Scholes 定价模型。与金融期权相比,由于潜在的真实资产的独特特征和不确定性,对实物期权的评估也存在一定的困难。期权定价理论建立在可以运用标的资产和无风险借贷资产构造等价资产组合的前提之上。Black-Scholes 模型对简单的实物期权比较合适,所谓简单的实物期权是指那些带有单一不确定性来源和单一决策时间的期权。而当投资项目比较复杂并且实物资产具有许多特殊性质时,对实物期权定价存在着很大的困难。

对于实物期权的分析,往往采用二项式期权定价模型以及一些甚至不是很精确的方法如模拟法。二项式方法在应用中比 Black-Scholes 模型法具有明显的优势,具体表现为:(1)在人们无法构造无风险投资组合时,二项式方法仍然可以给期权定价,因此它可以用于大多数实物期权的分析中;(2)二项式方法具体列出了结果的不确定性和或有决策的各种结果,同时保留了折扣现金流的形式,有着更好的视觉效果和实用性。但是,该方法在具体应用中也存在一定的局限性。具体表现为:(1)在项目的不同阶段或者说在树形图的分支上,需根据风险的大小确定不同的折现率;(2)使用二项式方法对复杂或包含多个期权的投资项目进行分析,二叉树的结构将很复杂,给计算带来一定的难度。

5. 与金融期权相比,实物期权具有非独占性和先占性的特点

许多实物期权的所有权不具有独占性,它可能被多个竞争者共同拥有,因此,在很大程度上是可以共享的。对于共享实物期权,其价值不仅取决于影响期权价值的因素,而且还与竞争者可能采取的策略有关。实物期权的先占性是由其非独占性所导致的,如果抢先执行实物期权就可在市场上获得先发制人的效应,从而取得战略主动权和实现实物期权的最大价值。例如,企业通过抢先研发投资,开发出新一代的产品,由于取得了先机,企业就可以凭借其率先确立的竞争优势在占领已有市场份额的同时,与后续进入的企业一起参与剩余市场份额的竞争。对于实物期权非独占性和先占性的研究,事实上就是将实物期权理论和博弈理论相结合,目前国内外许多学者正在进行大量的探索性研究工作,这也是当前实物期权领域研究的最前沿的课题之一。

6. 实物期权具有关联性的特点

在多数情况下,各种实物期权之间存在着一定的关联性。这种关联性不仅表现在同一个项目内部各个子项目之间的前后相关,而且还表现在多个投资项目之间的相互关联,即项目之间的复合性。当多个实物期权同时基于某一种标的资产时,它们之间相互影响,后续期权的存在会增加前期期权的价值,而先期实物期权

的实施又有可能改变标的资产的价值,进而影响后续期权的价值。所以,关联性是实物期权非常重要的一个特点。

实物期权与金融期权之间的具体区别见表7-1。

表 7-1 实物期权与金融期权的区别

	实物期权	金融期权
期权的交易市场	不存在	存在
不确定的来源	多重的不确定性	有限的不确定性
市场特性	不完全市场复制组合难构造	完全市场复制组合容易构造
标的资产	标的资产不在市场上交易,需要类似证券	标的资产在金融市场交易
标的资产价格	不能从市场中直接得到	市场价格
期权的执行时间	不确定	容易确定
波动率	较难估计	可根据市场价格波动估计
期权执行价格	不确定	合约规定
价值漏损	难以估计	较易估计
期权的独占性	常有分享性	独占性强
期权之间的交互性	广泛的交互作用	一般不存在交互作用

三、期权的价值估算分析

为了评估期权的价值,需要事先知道期权的到期日价值。期权的到期日价值,是指到期时执行期权可以取得的净收入,它依赖于标的资产到期日的价格和执行价格。对于金融期权来说,执行价格是人为设计的,是已知的。对于实物期权来说,也可以人为设计或者由计算得到。标的资产到期日的市场价格此前都是未知的,如果标的资产价格满足某种函数关系,则期权的到期日价值也就可以通过某种函数来表达。

期权分为看涨和看跌两种类型。为简便起见,假设各种期权均持有至到期日,不提前执行,并且忽略交易成本。

（一）看涨期权价值

约定期权的行权价格为 X,如果设 S_T 是股票在 T 时刻的价值,则看涨期权的价值应该可以用下列函数表述:

$$f(S_T) = \begin{cases} S_T - X & \text{if} \quad S_T \geq X \\ 0 & \text{if} \quad S_T < X \end{cases}$$

如果 S_T 是一个随机变量,满足 $S_T \geq X$ 的概率为 P,则满足 $S_T < X$ 的概率就是 $1-P$,这样投资者获利的数学期望值就是:$E(S_T) = (S_T - X) \times P + 0 \times (1-P) = (S_T - X) \times P$,这就是看涨期权 C 的价值估算。

(二)看跌期权价值

约定期权的行权价格为 X,如果设 S_T 是股票在 T 时刻的价值,则看跌期权的价值应该可以用下列函数表述:

$$f(S_T) = \begin{cases} 0 & \text{if} \quad S_T \geq X \\ X - S_T & \text{if} \quad S_T < X \end{cases}$$

如果 S_T 是一个随机变量,满足 $S_T < X$ 的概率为 P,则满足 $S_T \geq X$ 的概率就是 $1-P$,这样投资者获利的数学期望值就是:$E(S_T) = (X - S_T) \times P + 0 \times (1-P) = (X - S_T) \times P$,这就是看跌期权 C 的价值估算。

看涨期权与看跌期权的获利区间见图 7-1。

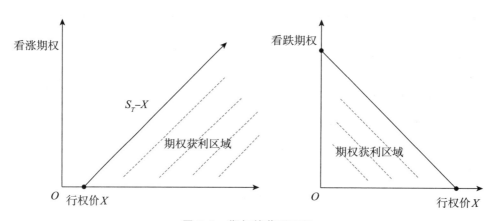

图 7-1 期权的获利区间

四、实物期权的识别

对实物期权可以从不同角度进行分类。评估师在执行评估业务时,可能涉及的实物期权主要包括增长期权和退出期权等。

增长期权是指在现有基础上增加投资和资产,从而扩大业务规模或者扩展经营范围的期权。常见的增长期权包括对实业项目进行追加投资的期权,分阶段投资或者战略进入下一个阶段的期权,利用原有有形和无形资产扩大经营规模或者增加新产品、新业务的期权,文化艺术品以及影视作品开发实物衍生产品或者演绎作品的期权等。

退出期权是指在前景不好的情况下,可以按照合理价格即没有明显损失的部分或者全部变卖资产,或者低成本地改变资产用途,从而收缩业务规模或者范围以至退出经营的期权。常见的退出期权包括房地产类资产按接近或者超过购置成本的价格转让的期权,制造业中的通用设备根据业务前景而改变用途的期权,股权投资约定退出条款形成的期权等。

现实中的企业整体与单项资产可能附带一些实物期权。实物期权的价值评估较为复杂,为平衡评估工作量与评估结论的准确性和稳健性,应当从可能发现的实物期权中选出不可忽视的实物期权加以评估。

不可忽视的实物期权可以根据实物期权的重要性和相互关系进行直觉判断。

实物期权的重要性可以根据以下标准进行评价:

(1) 标的资产范围或者价值越大越重要。如评估企业价值时,以企业价值为标的资产的实物期权比以某个业务部门为标的资产的实物期权更为重要。

(2) 实物期权执行的可能性越大越重要。在其他条件相同的情况下,实值实物期权比虚值实物期权重要;实物期权的实值越深越重要;实物期权的期限越近越重要;标的资产拥有方具备的执行实物期权的资源越充足越重要。

执行实物期权的资源多种多样,增长实物期权最重要的资源是对相应业务的垄断权,包括来自政府或者市场的特许权、来自技术专利的独占权,以及长期的买卖或者合作关系、产品或者业务预定合同等。

实物期权的相互关系可以根据以下标准进行评价:

(1) 多个实物期权之间有互斥关系或者替代关系,即选择执行其中的一个实物期权,其他实物期权就不能或者不必要执行,则应当选择其中最重要的实物期权。

(2) 多个实物期权之间有互补关系,则根据执行的可能性都选或都不选为评估对象。常见的有互补关系的实物期权是各种可能的机会之间有战略协同性的期权。

(3) 多个实物期权之间有因果关系或者前后关系,则根据执行的可能性只选择在前或者唯一的实物期权进行评估。

最后,需要说明的是,不是所有的资产或投资都具有内置的期权,而且不是所有的期权都具有价值。为了评估一项资产或投资是否能够产生需要分析和估值的有价值的期权，有几个关键问题需要回答：

（1）第一项投资或资产是随后投资/拓展的必要前提吗？如果不是，那么，第一项投资或资产是投资或拓展的必要程度如何？

（2）公司对随后的投资或拓展具有排他权吗？如果没有，初始的投资能够为公司随后投资提供很大的竞争优势吗？这种期权的价值最终不是来自第二个和随后投资产生的现金流，而是来自这些现金流创造的超额利润。来自第二个投资的超额回报的潜力越大，第一项投资的期权价值就会越高。超额回报的潜力取决于公司启动随后的投资时，第一项投资能为公司提高多大的竞争优势。

（3）竞争优势的持续能力如何？在一个竞争的市场上，超额回报会吸引竞争对手，而竞争会驱逐超额回报。一家公司拥有的竞争优势越具持续力，内置于初始投资的期权的价值就越大。竞争优势的持续能力是两种力量的函数：第一种是竞争的类型，在其他要素不变的情况下，竞争优势在具有竞争激励的板块里消失得更快；第二种是竞争优势的类型，如果公司控制的资源是有限的和稀缺的，竞争优势一般会持续更长的时间。另外，如果竞争优势来源于作为某个市场或专有技术的先锋地位，它很快就会受到冲击，这种现象产生的最直接方式是期权价值的有效期限。

五、常见的实物期权价值分析

既然不是所有的资产或投资都具有内置的期权，不是所有的期权都具有价值，那么识别实物期权后，对实物期权价值进行分析就变得非常重要。那么该如何对实物期权进行价值分析呢？本书认为，可以从实物期权的定义和价值估算思路方面展开。下面介绍一些常见的实物期权，并对其价值进行简要分析。

（一）或有资产

或有资产，指过去的交易或事项形成的潜在资产，其存在须通过未来不确定事项的发生或不发生予以证实。或有资产是不能确认的，但在某些情况下是需要披露的。通常存在的或有资产包括：正在处于申请阶段的专利、处于研制阶段的新产品、处于建设初期的在建工程、处在法律纠纷状态下的知识产权等。

例如，甲企业向法院起诉乙企业侵犯了其专利权，法院尚未对该案件进行公开审理，甲企业是否胜诉尚难判断。对于甲企业而言，将来可能胜诉而获得的赔偿属于一项或有资产，但这项或有资产是否会转化为真正的资产，要由法院的判决结果确定。如果终审判决结果是甲企业胜诉,那么这项或有资产就转化为甲企业的一项资产;如果终审判决结果是甲企业败诉,那么或有资产就消失了,更不可能形成甲企业的资产。

假设在 t 时刻法院判决,若胜诉,这项专利权市场价值为 X_t,若败诉,则企业收益为 0。则处在法律纠纷状态下的知识产权的实物期权可以表述为:

$$f(S_T) = \begin{cases} X_t & \text{if} \quad 胜诉 \\ 0 & \text{if} \quad 败诉 \end{cases}$$

法律诉讼成功存有一定的概率,设为 P,则处在法律纠纷状态下的知识产权的实物期权价值可以表述为:$E(S_T) = X_t \times P$。

(二)研发项目

研发项目一般有不同的阶段,包括研究开发阶段(包括研究初始阶段、原型开发和测试阶段)和商业化阶段(包括建造生产工厂阶段和市场营销阶段)。

商业化投资是在研究开发阶段结束并成功之后开始的。商业化投资的柔性意味着期权思想可运用于此。如果研究开发不成功,将不进行商业化投资;若成功后,商业化投资为 I_c,带来的未来收益价值为 I_d,且满足 $I_d > I_c$。则处在研究开发阶段的研发项目的实物期权价值可以表述为:

$$f(S_T) = \begin{cases} I_d - I_c & \text{if} \quad 研究开发成功 \\ 0 & \text{if} \quad 研究开发失败 \end{cases}$$

研究开发成功具有一定的概率,设为 P,如带来的未来收益价值 I_d 为不确定的收益函数,则研发项目的实物期权价值可以表述为:$E(S_T) = E[(I_c - I_d) \times P + 0 \times (1 - P)] = I_c \times P + E(I_d) \times P$。

(三)政府担保 PPP 项目

PPP 模式即 Public-Private-Partnership 的字母缩写,是指政府与私人组织之间,为了提供某种公共物品和服务,以特许权协议为基础,彼此之间形成的一种伙伴式合作关系。为了吸引投资方参与项目的建设,特许经营者在保证提供满意的服务水平和合理的收费价格的前提下,政府部门通常会通过税收减免、资本出资、限制竞争担保、最低收益担保等方式予以支持。其中,最低收益担保(Minimum Revenue Guarantee,MRG)是指政府为投资方提出的保证其最低收入的承诺,即只要投资方收入低于收益担保线就可以获得政府承诺额度与投资方实际收益的差额补偿。政府的这种承诺具有较为明显的看跌期权的特性。假设最低收益担保为 X,在 T 时

刻,投资方的收益为 S_T,则最低收益担保下的 PPP 项目的价值可以用下列函数表述:

$$f(S_T) = \begin{cases} X & \text{if} \quad S_T < X \\ S_T & \text{if} \quad S_T \geq X \end{cases}$$

可以变换为:

$$f(S_T) - X = \begin{cases} 0 & \text{if} \quad S_T < X \\ S_T - X & \text{if} \quad S_T \geq X \end{cases}$$

如果 S_T 是一个随机变量,满足 $S_T \geq X$ 的概率为 P,则满足 $S_T < X$ 的概率就是 $1-P$,这样投资者获利的数学期望值就是:$E(S_T) - X = (S_T - X) \times P + 0 \times (1-P) - X = (S_T - X) \times P - X$,这就是最低收益担保下的 PPP 项目的实物期权价值。

(四) 著作权衍生收益

著作权的预期收益通常通过分析计算增量收益、节省许可费和超额收益等途径实现。同时应当关注该作品会演绎出新作品并产生衍生收益的可能性,当具有充分证据证明该作品在可预见的未来可能会演绎出新作品并产生衍生收益时,评估师应当谨慎、恰当地考虑这种衍生收益对著作权资产价值的影响。当原创作品的演绎作品尚未形成时,评估师应当了解其衍生收益的产生在评估基准日具有较大的不确定性,应当按或有资产对衍生收益对应的著作权资产的价值进行评估。

可以将著作权演绎作品的衍生收益看作原创作品的一个看涨期权。如果投资者认为原创作品的演绎权可以获得超额回报,则进行演绎开发,否则放弃演绎开发,也就是说,利益相关方获得了一个选择权。设商业化投资为 I_c,带来的未来收益价值为 I_d,且满足 $I_d > I_c$,则著作权衍生收益的实物期权价值可以表述为:

$$f(S_T) = \begin{cases} I_d - I_c & \text{if} \quad \text{演绎开发} \\ 0 & \text{if} \quad \text{放弃演绎开发} \end{cases}$$

(五) 自然资源

在自然资源的投资中,标的资产是自然资源,该资产的价值基于两个变量:该资源的预估数量及其价格。以一座金矿为例,其标的资产的价值是该矿预估黄金储备的价值(建立在当期的金价之上)。在多数这类投资中,初始成本与开发这项资源相关,获取的资产价值与开发成本之间的差额就是资源所有者的利润。把开发成本定义为 X,并把已开发资源的预估价值定义为 V,自然资源期权的潜在收益可以表述为:

$$\text{自然资源收益} = \begin{cases} V-X & \text{if} \quad V>X \\ 0 & \text{if} \quad V \leq X \end{cases}$$

因此,一份自然资源期权投资的收益函数类似于一份看涨期权的收益函数,而整个自然资源的价值包含来自开发储备的预期现金流的传统价值和未开发储备的期权价值。

第二节 常见的实物期权评估模型

从20世纪50年代开始,现金流折现法成为资产估价的主流方法,任何资产的价值都可以用其预期未来现金流量的现值来估价。人们曾力图使用现金流量折线法解决期权估价问题,但是一直没有成功,重要原因之一就是期权的必要报酬率(折现率)非常不稳定。期权的风险依赖于标的资产的市场价格,而市场价格是随机变动的,期权的必要报酬率(折现率)也处于不断地变动之中。既然找不到一个适当的折现率,现金流量折现法也就无法使用。因此,必须开发新的模型,才能解决期权定价问题。

评估实物期权的价值可以选择和应用多种期权定价方法或者模型。到目前为止,理论上合理、应用上方便的模型主要有布莱克-斯科尔斯模型(Black-Scholes Model,简称 B-S 模型)和二项树模型(Binomial Model)等。

如果没有足够的数学背景知识,要全面了解期权定价模型是存在困难的。本书不打算全面介绍实物期权定价模型,重点主要在于阐述实物期权的识别与价值分析、方法描述和案例应用。

一、B-S 模型

B-S 模型,也称为布莱克-斯科尔斯-默顿模型(Black-Scholes-Merton Model),期权定价的 B-S 模型一般分为两类:不含分红派息的 B-S 模型以及含分红派息的 B-S 模型。所谓不含分红派息的 B-S 模型,就是在估算股票期权价值时,认为标的股票在期权到期日之前这段时间内没有分红派息,或者说不考虑分红派息。所谓含分红派息的 B-S 模型,就是在估算股票期权价值时,需要考虑标的股票在期权到期日之前这段时间内进行分红派息对期权价值的影响。

任何一个模型都基于一定的市场假设,B-S 模型满足以下假设:(1)资产价格是一个随机变量服从对数正态分布;(2)在期权有效期内,无风险利率是恒定的;

(3)市场无摩擦,即不存在税收和交易成本,所有证券完全可分割;(4)该期权是欧式期权,即在期权到期前不可实施;(5)不存在无风险套利机会;(6)证券交易是持续的;(7)投资者能够以无风险利率借贷。

(一)不含分红派息的 B-S 模型

该模型针对无红利流量情况下欧式期权的价值评估,考虑了标的资产评估基准日价值(S)及其波动率(σ)、期权行权价格(X)、行权期限(T)、无风险收益率(r)五大因素以确定期权价值。模型形式为:

$$买方期权价值\ C_0 = SN(d_1) - Xe^{-rT}N(d_2) \tag{7-1}$$

$$卖方期权价值\ P_0 = Xe^{-rT}N(-d_2) - SN(-d_1) \tag{7-2}$$

其中,C_0 和 P_0 分别代表欧式买方期权和卖方期权的价值;e^{-rT} 代表连续复利下的现值系数;$N(d_1)$ 和 $N(d_2)$ 分别表示在标准正态分布下,变量小于 d_1 和 d_2 时的累计概率。d_1 和 d_2 的取值如下:

$$d_1 = \frac{\ln(S/X) + (r + \sigma^2/2)T}{\sigma\sqrt{T}}$$

$$d_2 = \frac{\ln(S/X) + (r - \sigma^2/2)T}{\sigma\sqrt{T}} = d_1 - \sigma\sqrt{T}$$

股票期权与实物期权的参数具有不同的含义,具体见表 7-2。

表 7-2 股票期权与实物期权参数含义对比

参数	股票期权	实物期权
标的资产价值(S)	股票的现值	预期现金流的(净)现值
行权价格(X)	执行价格	投资成本
行权期限(T)	有效期	直到投资机会消失
波动率(σ)	股票价格的不确定性	项目价值的不确定性
无风险收益率(r)	无风险利率	无风险利率

选择布莱克-斯科尔斯模型估算实物期权价值的步骤如下:

第一步,估计有关参数数据;

第二步,计算 d_1 和 d_2;

第三步,求解 $N(d_1)$ 和 $N(d_2)$;

第四步,计算买方期权或者卖方期权的价值。

（二）含分红派息的 B-S 模型

该模型针对有红利流量情况下欧式期权的价值评估，考虑了标的资产评估基准日价值（S）及其波动率（σ）、期权行权价格（X）、行权期限（T）、无风险收益率（r）、连续复利计算的股息率（δ）等因素以确定期权价值。模型形式为：

$$\text{买方期权价值 } C_0 = Se^{-\delta T}N(d_1) - Xe^{-rT}N(d_2) \quad (7\text{-}3)$$

$$\text{卖方期权价值 } P_0 = Xe^{-rT}N(-d_2) - Se^{-\delta T}N(-d_1) \quad (7\text{-}4)$$

其中，C_0 和 P_0 分别代表欧式买方期权和卖方期权的价值；e^{-rT} 代表连续复利下的现值系数；$N(d_1)$ 和 $N(d_2)$ 分别表示在标准正态分布下，变量小于 d_1 和 d_2 时的累计概率。d_1 和 d_2 的取值如下：

$$d_1 = \frac{\ln(S/X) + (r - \delta + \sigma^2/2)T}{\sigma\sqrt{T}}$$

$$d_2 = \frac{\ln(S/X) + (r - \delta - \sigma^2/2)T}{\sigma\sqrt{T}} = d_1 - \sigma\sqrt{T}$$

【例 7-1】 2014 年 12 月 15 日，甲公司股票价格为每股 60 元，以甲公司股票为标的资产的看涨期权的收盘价格为每股 6 元，此项看涨期权的行权价格为每股 58.8 元。截至 2014 年 12 月 15 日，看涨期权还有 188 天到期。甲公司股票年连续复利收益率的波动率预计为 45%，连续复利的年无风险利率为 8%。

要求：(1) 使用布莱克-斯科尔斯模型计算该项期权的价值（一年按 365 天计算）。

(2) 如果你是一位投资经理并相信布莱克-斯科尔斯模型计算出的期权价值具有可靠性，简要说明如何作出投资决策。

解：
(1) $S = 60, X = 58.8, r = 8\%, \sigma = 45\%, T = 188/365$

$$d_1 = \frac{\ln(60/58.8) + (8\% + 0.45^2/2) \times 188/365}{0.45 \times \sqrt{188/365}} = 0.35$$

$$d_2 = 0.35 - 45\%\sqrt{188/365} = 0.03$$

$N(d_1) = 0.6368$；$N(d_2) = 0.5120$

$C_0 = 60 \times 0.6368 - 58.8 \times e^{(-0.08 \times 188/365)} \times 0.5120 = 9.3177$（元）

(2) 由于该看涨期权的收盘价格为每股 6 元，小于计算得出的期权价值 9.3177 元，因此可以买入该项看涨期权。

【例 7-2】 某技术公司正在研发某 APP 应用软件,还未到应用阶段。目前有一个战略投资者希望入股投资该公司,因此,需要将该 APP 应用软件的市场价值进行评估。现有资料如下:如果研发应用软件研发成功并取得较好的市场应用,可以为公司节省 800 万元的软件购置费用;从目前阶段到研发尚需要的全部投入按投资年限计算投资的终值为 500 万元;无风险收益率为 5%;从基准日到 APP 软件开发成功所需要的时间预计为 1.5 年;该类软件类公司过去一年半内股票的波动率为 38%。

要求:试用期权法估算该 APP 的市场价值。

解:

由于目前该 APP 应用软件尚未到应用阶段,因此该 APP 不能按一项确定的资产进行评估,目前只能按或有资产进行评估,可认为是一个实物期权。根据所给材料,可采取无红利流量情况下欧式期权的价值评估模型进行评估,依据 B-S 模型,共有 5 个参数需要确定,包括标的资产评估基准日的价值(S)及其波动率(σ)、期权行权价格(X)、行权期限(T)以及无风险收益率(r),模型形式为:

$$C = SN(d_1) - Xe^{-rT}N(d_2)$$

其中,S 原含义为标的股票现实价格,现为 APP 研发成功后,其在基准日所表现的市场价值,可视为软件购置费用,为 800 万元;

X 原含义为期权执行价,现为 APP 从目前阶段到研制成功尚需要的全部投入的终值,为 500 万元;

r 原含义为连续复利计算的无风险收益率,为 5%;

T 原含义为期权限制时间,现为基准日到 APP 研发成功所需要的时间,为 1.5 年;

σ 原含义为股票波动率,现为该类软件类公司过去 1.5 年内股票的波动率,为 38%。

最后,根据无红利流量情况下欧式期权的价值评估模型,有:

$S = 800; X = 500; T = 1.5; r = 5\%; \sigma = 38\%$。

$$d_1 = \frac{\ln(S/X) + (r + \sigma^2/2)T}{\sigma\sqrt{T}} = 1.40; \quad d_2 = \frac{\ln(S/X) + (r - \sigma^2/2)T}{\sigma\sqrt{T}} = 0.94;$$

查表可得:$N(d_1) = 0.9192; N(d_2) = 0.8264;$

$C = SN(d_1) - Xe^{-rT}N(d_2) = 352.02$(万元)。

【例 7-3】 某公司正在开发一种新生物疫苗,目前还没有完成"三期临床",由于有一个新的战略投资者希望投资,因此需要对该生物医药疫苗截至目前状态的市场价值进行评估。现有资料如下：如果研制成功，可节省该医药疫苗许可费1 500万元；从目前阶段到研制成功尚需要的全部投入按投资年限计算投资的终值为1 200万元；无风险收益率为3%；从基准日到新疫苗投资所需要的时间为2年；采用向专家调查的方式请专家判断，依据疫苗在基准日研制情况，分析判断出研制成功的概率为58.32%。

要求：写出买方B-S模型，并说明要确定的5个参数及其含义；试用实物期权法估算该研发项目的市场价值，要求写出计算过程。

解：

由于目前该疫苗尚没有完成试制程序，因此该疫苗技术不能按一项确定的疫苗生产技术进行评估，也就是该疫苗制造技术目前只能按或有资产进行评估。根据所给材料，可采取无红利流量情况下欧式期权的价值评估模型进行评估，依据B-S模型，共有5个参数需要确定，包括标的资产评估基准日的价值(S)及其波动率(σ)、期权行权价格(X)、行权期限(T)以及无风险收益率(r)，模型形式为：

$$C = SN(d_1) - Xe^{-rT}N(d_2)$$

其中，S原含义为标的股票现实价格，现为新疫苗研制成功后，其在基准日所表现的市场价值，可视为许可费节省额，为1 500万元；

X原含义为期权执行价，现为疫苗从目前阶段到研制成功尚需要的全部投入的终值，为1 200万元；

r原含义为连续复利计算的无风险收益率，为3%；

T原含义为期权限制时间，现为从基准日到新疫苗投资所需要的时间，为2年；

σ原含义为股票波动率，现为投资者投资生物疫苗所能获得回报率的波动率，由于知道研制成功的概率为58.32%，则可用隐含方式估算波动率，$N(d_2)$是风险中性下的执行概率，有$N(d_2) = 0.5832$，反推出$\sigma = 40.39\%$。

最后，根据无红利流量情况下欧式期权的价值评估模型，有：

$S = 1\ 500; X = 1\ 200; T = 2; r = 3\%; \sigma = 40.39\%$。

$$d_1 = \frac{\ln(S/X) + (r + \sigma^2/2)T}{\sigma\sqrt{T}} = 0.78; d_2 = \frac{\ln(S/X) + (r - \sigma^2/2)T}{\sigma\sqrt{T}} = 0.21;$$

计算或查表可得：$N(d_1) = 0.7823; N(d_2) = 0.5832$；

$$C = SN(d_1) - Xe^{-rT}N(d_2) = 514.37(万元)。$$

二、二项树模型

根据计算复利的方式不同,本书把二项树模型分为了两种:一种为连续计算复利方式下的二项树模型,另一种为普通计算利息方式下的二项树模型。

复利就是复合利息,它是指每年的收益还可以产生收益,具体是将整个借贷期限分割为若干段,前一段按本金计算出的利息要加入本金中,形成增大了的本金,作为下一段计算利息的本金基数,直到每一段的利息都计算出来,加总之后,就得出整个借贷期内的利息,简单来说就是俗称的"利滚利"。而连续复利则是指在期数趋于无限大的极限情况下得到的利率,此时不同期限之间的间隔很短,可以被看作无穷小量。

连续复利,是一种理论上的付息方式,在学术上,它有许多数学上的好处,方便我们在分析复杂金融问题的时候,剥离离散的付息对连续的价格函数所造成的影响。连续复利和普通计算利息方式会导致终值和现值的差异,假定一年期的无风险利率为 r,时间为 t,以 1 元为单位,两种方式下的终值和现值分别为见表 7-3。

表 7-3 连续复利和普通计算利息方式下的差异

计息方式	现值	终值
连续计算复利方式	e^{-rt}(附表 3)	e^{rt}(附表 2)
普通计算利息方式	$\dfrac{1}{(1+r)^t}$	$(1+r)^t$

二项树模型可以用于计算欧式期权价值,也可以在一定程度上计算美式期权价值。二项树期权定价模型建立在以下假设基础之上:(1)市场投资没有交易成本;(2)投资者都是价格的接受者;(3)允许完全使用卖空所得款项;(4)允许以无风险利率借入或贷出款项;(5)未来资产的价格是两种可能值中的一个。

(一)连续计算复利方式下二项树模型

1. 模型与计算步骤

连续计算复利方式下,一期二项树和两期二项树的期权价值模型分别为:

$$f = e^{-rT}[pf_u + (1-p)f_d] \tag{7-5}$$

$$f = e^{-2rt}[p^2 f_{uu} + 2p(1-p)f_{ud} + (1-p)^2 f_{dd}] \tag{7-6}$$

其中,f 代表买方期权或者卖方期权的价值,T 代表期权行权期限,t 代表每期的时间长度。p 被称为假概率,在模型中的数学地位相当于标的资产价格在一期中上升的概率;相应地,(1-p)相当于标的资产价格在一期中下降的概率。p 一般不需要经过专门估计,而是可以依据其他参数计算出来,这也是它被称为假概率的原因。u、d 分别代表标的资产价值一次上升后为原来的倍数和一次下降后为原来的倍数;f_u、f_{uu} 分别代表标的资产价值一次和两次上升后期权的价值;f_d、f_{dd} 分别代表标的资产价值一次和两次下降后期权的价值;f_{ud} 代表标的资产价值一次上升和一次下降后期权的价值。

在多期二项树下可以通过判断在各期末实物期权提前执行的必要性倒推计算各期末实物期权的价值,从而可以计算美式实物期权的评估基准日价值。

在应用二项树模型时,可以根据需要将期权的行权期限划分为任意多个变化期,从而可以增加在期权到期时标的资产价值及对应的期权价值的可能值。一般而言,划分的期数越多,评估结果越精确。在实物期权的评估中,由于基础数据的估计可能不太准确,通过增加期数来提高评估结果的准确性的意义不大。从实际评估效果考虑,建议采用一期或者两期二项树模型。

选择二项树模型估算实物期权价值的步骤如下:

第一步,计算 u、d 和 p;

第二步,计算到期实物期权的各种可能值,如一期二项树下为 f_u 和 f_d;两期二项树下为 f_{uu}、f_{ud} 和 f_{dd};

第三步,计算实物期权到期时的期望价值,如一期二项树下为 $pf_u+(1-p)f_d$;两期二项树下为 $p^2f_{uu}+2p(1-p)f_{ud}+(1-p)^2f_{dd}$;

第四步,按无风险收益率折现上述期望价值,得出实物期权的评估基准日价值

2. 参数估算

在应用二项树模型时,参数 u、d、p 的计算是评估的关键,其取值有多种方法,下面介绍常见的三种计算方法:

(1) 如果比较明确地知道标的资产未来的可能值,可根据实际情况进行专门估计,直接计算 u,d,然后计算 $p=\dfrac{e^{rT}-d}{u-d}$。

(2) 如果不能明确地知道标的资产在未来的可能值,但知道标的资产的波动率 σ,则可以根据公式计算确定。计算 u、d、p 的最简单公式如下:$u=e^{\sigma\sqrt{t}}$;$d=e^{-\sigma\sqrt{t}}$;然后计算 $p=\dfrac{e^{rT}-d}{u-d}$。

(3) 风险中性原理计算方法。所谓风险中性原理,是指假设投资者对待风险

的态度是中性的,所有资产的预期收益率都应当是无风险利率。风险中性的投资者不需要额外的收益补偿其承担的风险。在这种情况下,无风险利率应该符合下列公式:

$$\text{无风险利率} = \text{上行概率} \times \text{上行时收益率} + \text{下行概率} \times \text{下行时收益率} \quad (7-7)$$

设期初 t_0 时刻资产价值为 S_0;上行时,t_0+t 时刻资产价值为 S_u,期间收益为 B_u;下行时,t_0+t 时刻资产价值为 S_d,期间收益为 B_d;则上行时分收益率 $=(S_u+B_u-S_0)/S_0$,下行时分收益率 $=(S_d+B_d-S_0)/S_0$;在连续复利方式下,期望报酬率为 e^{rT}。为此,公式(7-7)可以以下列符号表示:

$$e^{rT}-1 = p \times \frac{S_u+B_u-S_0}{S_0} + (1-p) \times \frac{S_d+B_d-S_0}{S_0} \quad (7-8)$$

计算可得上行概率为:

$$p = \frac{e^{rT}S_0-S_d-B_d}{S_u+B_u-S_d-B_d} \quad (7-9)$$

上述公式适应于期间有现金流的情形(包括分红派息或期间有收入等),在不考虑分红派息时,资产价格上升百分比就是资产投资的收益率,因此:无风险利率 = 上行概率×资产上升百分比+下行概率×资产下降百分比,可以推导出:$p = \frac{e^{rT}-d}{u-d}$。

连续复利下,以上三种参数估算方式的比较如表7-4所示。

表7-4 三种参数估算方式比较(连续复利)

估算方式	(1)	(2)	(3)
适应情形	知道标的资产在未来的可能值,期间没有现金流	不知道标的资产在未来的可能值,但知道标的资产的波动率	知道标的资产在未来的可能值,且期间有现金流
u,d	$u=S_u/S_0$;$d=S_d/S_0$	$u=e^{\sigma\sqrt{t}}$;$d=e^{-\sigma\sqrt{t}}$	不估算
p	$p=\dfrac{e^{rT}-d}{u-d}$	$p=\dfrac{e^{rT}-d}{u-d}$	$p=\dfrac{e^{rT}S_0-S_d-B_d}{S_u+B_u-S_d-B_d}$
f_u, f_d	一期二项树:$f_u=S_u-X$;$f_d=max\{0,S_d-X\}$		
f_{uu}, f_{ud}, f_{dd}	两期二项树:$f_{uu}=S_{uu}-X$;$f_{ud}=max\{0,S_{ud}-X\}$;$f_{dd}=max\{0,S_{dd}-X\}$		

注:表中,X 为行权价格,S_{uu},S_{ud},S_{dd} 分别代表标的资产两次上升、一次上升和一次下降、两次下降后资产的价格。

（二）普通计算利息方式下二项树模型

1. 计算模型

普通计算利息方式下，一期二项树和两期二项树的期权价值模型分别为：

$$f=\frac{1}{1+r}[pf_u+(1-p)f_d] \tag{7-10}$$

$$f=\frac{1}{(1+r)^2}[p^2f_{uu}+2p(1-p)f_{ud}+(1-p)^2f_{dd}] \tag{7-11}$$

其中，f 代表买方期权或者卖方期权的价值；r 为一期的无风险利率（这里需要特别注意，r 不是一年的无风险利率，若一年期的无风险利率为 r_f，每期的时间长度为 t，则满足 $r=t\times r_f$）；p 相当于标的资产价格在一期中上升的概率；$(1-p)$ 相当于标的资产价格在一期中下降的概率；u、d 分别代表标的资产价值一次上升后为原来的倍数和一次下降后为原来的倍数；f_u、f_{uu} 分别代表标的资产价值一次和两次上升后期权的价值；f_d、f_{dd} 分别代表标的资产价值一次和两次下降后期权的价值；f_{ud} 代表标的资产价值一次上升和一次下降后期权的价值。

2. 参数估算

普通计算利息方式下，大部分参数与连续复利计算方式下是一样的，但上行概率 p 的计算发生了一些变化：

（1）若期间没有现金流，则 $p=\dfrac{1+r-d}{u-d}$；

（2）若期间发生了现金流，则公式（7-8）变化为：

$$r=p\times\frac{S_u+B_u-S_0}{S_0}+(1-p)\times\frac{S_d+B_d-S_0}{S_0} \tag{7-12}$$

计算可得上行概率为：

$$p=\frac{(1+r)S_0-S_d-B_d}{S_u+B_u-S_d-B_d} \tag{7-13}$$

式中，r 为一期的无风险利率。需要特别注意，r 不是一年的无风险利率，若一年期的无风险利率为 r_f，每期的时间长度为 t，则满足 $r=t\times r_f$。

普通计算利息方式下的参数估计存在三种不同情形，其估算方式比较如表 7-5 所示：

表 7-5　不同情形的参数估算方式比较（普通计算利息）

估算方式	情形一	情形二	情形三
情形描述	知道标的资产在未来的可能值，期间没有现金流	不知道标的资产在未来的可能值，但知道标的资产的波动率	知道标的资产在未来的可能值，且期间有现金流
u,d	$u=S_u/S_0;d=S_d/S_0$	$u=e^{\sigma\sqrt{t}};d=e^{-\sigma\sqrt{t}}$	不估算
p	$p=\dfrac{1+r-d}{u-d}$	$p=\dfrac{1+r-d}{u-d}$	$p=\dfrac{(1+r)S_0-S_d-B_d}{S_u+B_u-S_d-B_d}$
f_u,f_d	一期二项树：$f_u=S_u-X;f_d=max\{0,S_d-X\}$		
f_{uu},f_{ud},f_{dd}	两期二项树：$f_{uu}=S_{uu}-X;f_{ud}=max\{0,S_{ud}-X\};f_d=max\{0,S_{dd}-X\}$		

【例 7-4】 一项欧式股票买权，约定价格为 30 元，到期时间为 6 个月。标的股票当前价格为 28 美元，假设到期时，股价将有两种可能：上升到 40 元，或下降到 20 元。

要求：假定无风险利率为 5%，分别计算连续复利方式下和普通计算利息方式下期权的价格。

解：

1. 连续复利方式下的期权价格计算

第一步，计算 u,d 和 p。其中 $u=40/28;d=20/28;p=(e^{rt}-d)/(u-d)=0.4354$。

第二步，计算到期实物期权的各种可能值。这是一期二项树，$f_d=0;f_u=40-30=10$。

第三步，计算实物期权到期的期望价值。$f=e^{-rt}(pf_u+(1-p)f_d)=4.25(元)$。

2. 普通计算利息方式下的期权价格计算

一期的无风险利率 $r=t\times r_f=0.5\times 5\%=2.5\%$；

标的资产价格在一期中上升的概率 $p=(1+r-d)/(u-d)=0.4350$；

实物期权到期的期望价值 $f=[pf_u+(1-p)f_d]/(1+r)=4.24(元)$。

【例 7-5】 A 公司拟开发一种新的绿色食品，相关资料如下：(1) 项目投资成本为 1 000 万元。(2) 该产品的市场有较大不确定性，与政府的环保政策、社会的环保意识以及其他环保产品的竞争有关。预期该项目可以产生年均 100 万元的永续现金流，但并不确定。假设一年后则可以判断市场对该产品的需求。如果消费需求量较大，营业现金流量为 120 万元；如果消费需求量较小，营业现金流量为 80 万元。(3) 项目的资本成本为 10%，无风险利率为 5%。

要求:(1) 计算不考虑期权的项目净现值;

(2) 试采用二叉树方法计算延迟决策的期权价值(普通计算利息方式),并判断应否延迟执行该项目。

分析:

这是一个时机选择期权,从时间选择来看,任何投资项目都具有期权的性质。如果一个项目在时间上不能延迟,只能立即投资或者永远放弃,那么,它就是马上到期的看涨期权。项目的投资成本是期权的执行价格,项目未来现金流量的现值是期权标的资产的现行价格。如果该现值大于投资成本,看涨期权的收益就是项目的净现值;如果该现值小于投资成本,看涨期权不被执行,公司放弃该项投资。如果一个项目在时间上可以延迟,那么它就是未到期的看涨期权。项目具有正的净现值,并不意味着立即开始(执行)总是最佳的,也许等一等更好。对于前景不明朗的项目,大多值得观望,看一看未来是更好,还是更差。

解:

1. 不考虑期权的项目净现值

$$NPV = \sum_{t=1}^{\infty} \frac{NCF_t}{(1+r)^t} - I = \frac{NCF}{r} - I = 100/10\% - 1\ 000 = 0(万元)$$

2. 时机选择期权价值的计算

第一步,计算 S_0, S_u 和 S_d 等参数。

在 t_0 时刻,项目的价值 $S_0 = \sum_{t=1}^{\infty} \frac{NCF_t}{(1+r)^t} = \frac{100}{10\%} = 1\ 000(万元)$;

如果消费需求量较大,t_1 时刻项目的价值 $S_u = \sum_{t=1}^{\infty} \frac{NCF_t}{(1+r)^t} = \frac{120}{10\%} = 1\ 200(万元)$,

t_0 至 t_1 期间产生 120 万元收益,即 $B_u = 120$;

如果消费需求量较小,t_1 时刻项目的价值 $S_d = \sum_{t=1}^{\infty} \frac{NCF_t}{(1+r)^t} = \frac{80}{10\%} = 800(万元)$,

t_0 至 t_1 期间产生 80 万元收益,即 $B_d = 80$。

第二步,由于知道标的资产在未来的可能值,且期间有现金流,故通过风险中性原理计算方法计算上行概率 p。根据公式(7-13)有:

$$p = \frac{(1+r)S_0 - S_d - B_d}{S_u + B_u - S_d - B_d} = \frac{(1+5\%) \times 1\ 000 - 800 - 80}{1\ 200 + 120 - 800 - 80} = 0.3864$$

第三步,计算期权价值,容易得到标的资产价值一次上升后期权价值 $f_u = 200$,

容易得到标的资产价值一次下降后期权价值 $f_d=0$。根据公式(7-10)，该时机选择价值为：

$$f=\frac{1}{1+r}[pf_u+(1-p)f_d]$$

$$=[0.3864\times200+(1-0.3864)\times0]/(1+5\%)=73.59(万元)$$

如果立即执行该项目，其净现值为 0，不是一个有吸引力的项目；如果延迟执行，考虑期权后的项目价值为 73.59 万元，大于立即执行的净现值(0)。因此应当延迟执行该项目。

【例 7-6】 ABC 公司有一个锆石矿，目前还有 2 年的开采量。但要正常运行，预计需要再追加投资 3 000 万元；若立刻变现，可售 1 800 万元。其他相关资料如下：

(1) 矿山的产量每年约 300 吨，锆石目前价格为每吨 10 万元，预计每年上涨 8%，但是很不稳定，其价格服从年标准差为 14% 的随机波动；

(2) 营业付现固定成本每年稳定在 900 万元；

(3) 1 年、2 年后矿山的残值分别为 2 400 万元、600 万元；

(4) 有风险的必要报酬率为 10%，无风险报酬率为 5%，允许以无风险利率借入或贷出款项；

(5) 为简便起见，忽略其他成本和税收问题。

要求：(1) 假设从项目执行到项目周期期末，计算未考虑放弃期权的项目净现值，并判断应否放弃执行该项目。

(2) 要求采用二叉树方法计算放弃决策的期权价值（普通计算利息方式），并判断应否放弃执行该项目。

解：

(1) 未考虑放弃期权的项目净现值＝项目收入现值－项目支出现值。

$$项目收入现值\ S_{0I}=\frac{300\times10\times(1+8\%)}{1+10\%}+\frac{300\times10\times(1+8\%)^2}{(1+10\%)^2}+\frac{600}{(1+10\%)^2}$$

$$=6\ 333.22(万元)$$

$$项目支出现值\ S_{0P}=3\ 000+\frac{900}{1+5\%}+\frac{900}{(1+5\%)^2}=4\ 673.47(万元)$$

未考虑放弃期权的项目净现值 $NPV_1=6\ 333.22-4\ 673.47=1\ 659.75(万元)$

若立刻变现可售 1 800 万元，大于 1 659.75 万元，为此应放弃执行该项目。

（2）第一步，计算 p，不知道标的资产在未来的可能值，但知道标的资产的波动率，故上行概率选用 $p = \dfrac{1+r-d}{u-d}$；由于锆石价格的标准差为 14%，有 $u = e^{14\% \times \sqrt{1}} = 1.1503$，$d = 1/1.1503 = 0.8693$。为此 $p = (1 + 5\% - 0.8693)/(1.1503 - 0.8693) = 0.6431$，$1-p = 0.3569$。

第二步，计算项目在第 2 年时各状态下的价值。

$S_{uu} = 300 \times 10 \times 1.1503^2 - 900 + 600 = 3\,669.57$

$S_{ud} = 300 \times 10 \times 1.1503 \times 0.8693 - 900 + 600 = 2\,699.87$

$S_{dd} = 300 \times 10 \times 0.8693^2 - 900 + 600 = 1\,967.05$

第三步，计算项目在第 1 年时的价值。由于在第 2 年没有追加投资，执行成本为 0，故有：

$S_u = \max\left\{\dfrac{1}{1+5\%}[0.6431 \times 3\,669.57 + 0.3569 \times 2\,699.87], 2\,400\right\} = 3\,165.22（万元）$

$S_d = \max\left\{\dfrac{1}{1+5\%}[0.6431 \times 2\,699.87 + 0.3569 \times 1\,967.05], 2\,400\right\} = \max\{2\,322.21, 2\,400\} = 2\,400（万元）$

第四步，计算项目在期初时的价值。

$S_0 = \dfrac{1}{1+5\%} \times [0.6431 \times (300 \times 10 \times 1.1503 - 900 + 3\,165.22) + 0.3569 \times (300 \times 10 \times 0.8693 - 900 + 2\,400)] = 4\,897.28（万元）$

第五步，计算项目追加投资后的净现值。

$NPV_2 = 4\,897.28 - 3\,000 = 1\,897.28（万元）$

若立刻变现可售 1 800 万元，小于 1 897.28 万元，为此不应放弃该项目。

第六步，计算放弃决策的期权价值。

放弃决策的期权价值 = 1 897.28 - 1 659.75 = 237.53（万元）

三、模型的选择

B-S 模型和二项树模型都可以用于计算买方期权和卖方期权的价值。B-S 模型针对欧式期权的定价，是连续时间下的期权定价模型；二项树模型是离散时间下的期权定价模型，理论上对于欧式期权和美式期权都适用，但多数情况下应用不很方便。美式期权和欧式期权都只有一次执行机会。在其他条件相同的情况下，美式期权价值不会超过对应的欧式期权很多。当标的资产在期权行权期限内没有红利流量的情况下,美式买方期权和欧式买方期权价值完全相同;在期权行权期限内有红利流量的情况下,应用 B-S 模型评估可能会在一定程度上低估期权的价值,可以考虑采用针对红利的 B-S 模型的变型来评估。

在极限意义上(即每期时间为无限短的情况下),B-S 模型和二项树模型的评估结果相同。在估算实物期权价值时,可以根据参数估计和计算方便的原则,选择采用 B-S 模型或者二项树模型。

最后,还需要提及一个注意事项:期权定价模型,无论是 B-S 模型还是二项树模型,都是基于两个最基本的概念——复制和套利(关于这两个模型的推导和原理可以参阅期权的更多资料)。要使其中的任何一项有效,标的资产及其期权都必须能够进行交易。对于金融期权来说,这很容易做到,投资者既可以做股票的买卖,也可以做挂牌期权的交易,但在估值专利或投资拓展机会时,很难区分开来,不仅其标的资产较难交易,其期权也无法买卖。为此,有些分析师对于实物期权评估提出了异议,认为实物期权不容易评估,所需要估值的要素成分较杂且难以获取,而且期权定价模型的估值要素容易受到操控。虽然这种异议存有一定的道理,但有误差的评估总要好过没有评估,尝试着定量地评估实物期权是理解其价值变动原因的第一步。

第三节 模型参数的估计

评估实物期权所需的参数通常包括标的资产评估基准日价值(S)及其波动率(σ)、行权价格(X)、行权期限(T)以及无风险收益率(r)等。

一、资产评估基准日价值

在金融期权中,资产评估基准日价值是标的股票现实价格(S),可以从资本市场中直接获得,但在实物期权中,需要评估师去判断标的资产及其评估基准日价值。标的资产即实物期权所对应的基础资产。增长期权的标的资产是当前资产带来的潜在业务或者项目;退出期权的标的资产是实物期权所依附的当前资产。

在估算实物期权价值时,标的资产的评估基准日价值可以根据成本法、收益法等适当的方法进行评估,但应当明确标的资产的评估价值中没有包含资产中的实物期权价值。如果标的资产尚未形成,在实务操作中一般会采用市场投资的观点来确定资产评估基准日的价值,即采用经济项目可行性研究报告中关于"标的资产"的经济可行性评价。

二、行权价格

行权价格(X)是指执行实物期权时,买进或者卖出相应资产所支付或者获得的金额。增长期权的行权价格是形成标的资产投资所需要的金额;退出期权的行权价格是标的资产在未来行权时间可以卖出的价格,或者在可以转换用途的情况下,标的资产在行权时间的价值。比如,评估在建工程的实物期权价值,标的资产是"工程",行权价格可以根据成本法来计量,为建好这项工程所花费的全部成本在行权日的价值。再如评估某正在制造的影视作品的实物期权价值,标的资产是"影视作品",行权价格可以根据成本法来计量,为制造好这部影视作品所花费的全部成本在行权日的价值。

三、波动率

波动率(σ)表征的是标的资产对拥有或者控制相应企业或者资产的个人或者组织收益产生的不确定性。一般而言,对于金融期权评估模型来说,波动率可以直接根据股票的历史价格数据,计算其历史收益率的标准差求得,计算方法相对成熟;对实物期权评估模型来说,由于其标的物大多为不确定的非商业化无形资产或其他投资项目等,既不存在期权的市场价格,也不存在历史价格,因此计算较为困难、复杂。此外,金融期权的波动率主要受市场变化的影响,而实物资产价值的变动不但受到市场变化和资产自身特性的影响,还受到相关主体(拥有者或控制者、竞争对手与供应链成员等)行为变化的影响,相关主体对于实物资产的态度、策略和判断都会影响到标的资产价值的变化。这些特点使得波动率的估算成为实物期权评估模型的难点,也在某种程度上影响了实物期权理论在资产评估中的应用。

波动率的内涵与特性使得实物期权评估模型中波动率的确定更多地采用假设、随机模拟或经验估值的方式。依据《实物期权评估指导意见(试行)》,波动率可以通过类比风险相近资产的波动率确定,也可以根据标的资产以往价格相对变动情况先估计出历史波动率,再根据未来风险变化情况进行调整确定。目前采用得比较多的方法主要有以下三种:

(一)近似资产收益率法

近似资产收益率法,主要是采用金融期权求波动率的方法,通过相关股票价格数据估算,即利用具有相同或类似项目的上市公司的历史数据来近似得到评估标的物价值的标准差。由于证券市场数据的容易获得性,该方法在现实中有较为广泛的应用。但这种计算方法存在一个重要问题,便是相关股票的价格运动规律能否代表标的物价格的运动规律,即相关股票价格波动与其标的资产本身的价值波动的相关性问题。更重要的是,期权模型的波动率是指期权价格变化的波动率,而非对应资产价格的波动率。除了利用证券市场数据之外,还有学者提出采用相关产品的价格变化来估算波动率。需要指出的是,由于股票波动是随机的,因此对于某个特定股票的预期波动率不能用其单一股票的历史数据来估算,一般应该至少采用该股票所在行业全部股票波动率的方差平均值来估算。

资产的收益率一般分为普通收益率和对数收益率(又称资产连续复利收益率①),假设资产在第 t 期的价格为 P_t,在第 $t+1$ 期的价格为 P_{t+1}。

(1)如果期间没有分红,则普通收益率公式为:

$$k_1 = \frac{P_{t+1} - P_t}{P_t}$$

对数收益率(又称资产连续复利收益率)公式为:

$$k_2 = \ln\left(\frac{P_{t+1}}{P_t}\right)$$

(2)如期间有分红 D,则普通收益率公式为:

$$k_3 = \frac{P_{t+1} + D - P_t}{P_t}$$

对数收益率(又称资产连续复利收益率)公式为:

$$k_4 = \ln\left(\frac{P_{t+1} + D}{P_t}\right)$$

假设资产有 n 个价格状态,资产的收益率分别为 $x_1, x_2, x_3, \cdots, x_{n-1}$,其平均值为 μ,则其标准差为:

$$\sigma = \sqrt{\frac{1}{n-1} \sum_{i=1}^{n-1} (x_i - \mu)^2}$$

【例题 7-7】 某上市公司股票在 2013 年 8 月至 2014 年 8 月期间,每月的平

---

① 连续复利收益率在投资研究的领域中运用十分广泛。其原因之一在于,它的概率分布较接近于正态分布,对金融经济学的理论发展与实际验证的简化具有相当大的帮助。

均股价如表7-6所示(期间未除权和发放股利)。

表7-6　2013.8—2014.8某上市公司股票月均价　　　　　(单位:元)

月份	2013.09	2013.10	2013.11	2013.12	2014.01	2014.02
均价	34	26	22	30	31	24
月份	2014.03	2014.04	2014.05	2014.06	2014.07	2014.08
均价	36	40	34	37	39	42

要求:计算该上市公司股票价格在普通收益率情况和对数收益率情况下的年波动率。

解:

首先分别计算该上司公司股票价格的普通收益率和对数收益率(见表7-7)。

表7-7　2013.8—2014.8某上市公司股票价格的普通收益率和对数收益率

月份	2013.09	2013.10	2013.11	2013.12	2014.01	2014.02	2014.03	2014.04	2014.05	2014.06	2014.07	2014.08
均价(元)	34	26	22	30	31	24	36	40	34	37	39	42
普通收益率		−23.53%	−15.38%	36.36%	3.33%	−22.58%	50.00%	11.11%	−15.00%	8.82%	5.41%	7.69%
对数收益率		−26.83%	−16.71%	31.02%	3.28%	−25.59%	40.55%	10.54%	−16.25%	8.46%	5.26%	7.41%

然后分别计算普通收益率和对数收益率的均值:

$\mu_1 = 4.20\%$(普通收益率均值);$\mu_2 = 1.92\%$(对数收益率均值)

进而计算其标准差:

$$\sigma_1 = \sqrt{\frac{1}{n-1}\sum_{i=1}^{n-1}(x_i-\mu_1)^2} = 23.35\%\ ;\ \sigma_2 = \sqrt{\frac{1}{n-1}\sum_{i=1}^{n-1}(x_i-\mu_2)^2} = 21.82\%$$

由于计算出来的是月标准差,需要转换为年标准差,故该上市公司股票价格在普通收益率情况和对数收益率情况下的年波动率分别为:

$$\sigma_1 = \sqrt{12} \times 23.35\% = 80.90\%\ ;\ \sigma_2 = \sqrt{12} \times 21.82\% = 75.57\%$$

(二) 专家估算法

专家估算法,又称Delphi法。Delphi法是对不确定性问题求解的一种重要方法,也是估算波动率的重要方法,主要思路是依据专家对标的物的认识给出波动率的大小,然后取中间值或者加权平均值作为波动率。该方法也较为方便,但主观性较大,受专家专业能力和判断态度的影响较大。

如果模型采用的是 B-S 模型,还可以根据专家对实物期权在风险中性情况下执行的概率来反推标的资产的波动率,由于在风险中性情况下执行的概率为 $N(d_2)$,若专家判断出实物期权在风险中性情况下执行的概率为 ρ,则有:

$$\rho = N(d_2) = N\left(\frac{\ln(S/X) + (r - \sigma^2/2)T}{\sigma\sqrt{T}}\right)$$

若其他参数均能确定,则能计算出标的资产的波动率 σ。

【例题 7-8】 把某正在研发的专利技术视为实物期权,标的资产现在的价格为 50 元,行权价格为 30 元,无风险收益率为 3%,行权期限为 2 年;利用向专家调查的方式请专家判断出专利技术研发成功的概率为 65%。

要求:试确定标的资产的波动率。

解:

$$65\% = N(d_2) = N\left(\frac{\ln(50/30) + (0.03 - \sigma^2/2) \times 2}{\sigma\sqrt{2}}\right)$$

求解得 $\sigma = 53.06\%$。

(三) Monte Carlo 模拟法

Monte Carlo 模拟法一般被称为概率统计技术,是一种通过设定随机过程,反复生成时间序列,计算参数估计量和统计量,进而研究其分布特征的方法。该方法首先根据标的资产预期的现金流量表,分析影响标的资产价值的各不确定性因素,再根据各不确定性因素的概率分布,用 Monte Carlo 模拟得到标的资产在不同情景下的净现值,最后计算其波动率。随着计算机技术的普遍应用,Monte Carlo 模拟法在一些无形资产评估方面的使用频率越来越高。

Monte Carlo 模拟法确定波动率的基本步骤为:(1)确定现金流的影响因素及其概率分布;(2)根据概率分布进行随机抽样,模拟各年现金流;(3)根据模拟的现金流计算若干净现值;(4)计算平均净现值 NPV 及标准差 S;(5)计算波动率 $\sigma = S/\text{NPV}$。

四、行权期限和无风险收益率

行权期限(T)是指评估基准日至实物期权行权时间之间的时间长度。实物期权通常没有准确的行权期限,可以按照预计的最佳行权时间估计行权期限。通常可以根据稳健性原则通过适当低估行权期限而减少其估计难度。

无风险收益率(r)是指不存在违约风险的收益率,可以参照剩余期限与实物期权行权期限相同或者相近的国债到期收益率确定。

五、合理性检验

实物期权价值评估较为复杂,为确保评估结果的合理性,建议根据表7-8中的基本变量关系对评估结果进行合理性检验,防止出现方向性错误。

表7-8 评估结果合理性检验表

变量名称	变量符号	与买方期权价值的关系	与卖方期权价值的关系
标的资产价值	S	同向	反向
行权价格	X	反向	同向
行权期限	T	同向	同向
波动率	σ	同向	同向
无风险收益率	r	同向	反向

实物期权价值评估较为复杂,为确保评估结果的合理性,有必要根据基本变量关系对评估结果进行合理性检验。敏感性分析可以判断参数取值与期权价值之间的关系,是合理性判断的重要工具。以买方期权的波动率为例,对公式进行关于波动率σ的偏导数的运算,得:

$$\frac{\partial C}{\partial \sigma} = S \times \frac{\partial N(d_1)}{\partial d_1} \times \frac{\partial d_1}{\partial \sigma} - Xe^{-rT} \times \frac{\partial N(d_2)}{\partial d_2} \times \frac{\partial d_2}{\partial \sigma} = \frac{Se^{-d_1^2/2}}{\sqrt{2\pi}} \times (\sqrt{T} - \frac{d_1}{\sigma}) - \frac{Xe^{-rT-d_2^2/2}}{\sqrt{2\pi}} \times (-\sqrt{T} - \frac{d_2}{\sigma})$$

$$= \frac{Se^{-d_1^2/2}}{\sqrt{2\pi}} \times (\sqrt{T} - \frac{d_1}{\sigma}) + \frac{Xd_1 e^{-rT-d_2^2/2}}{\sigma\sqrt{2\pi}} = \frac{S\sqrt{T}e^{-d_1^2/2}}{\sqrt{2\pi}} - \frac{Sd_1 e^{-d_1^2/2}}{\sigma\sqrt{2\pi}} + \frac{Xd_1 e^{-rT-d_1^2/2+d_1\sigma\sqrt{T}-\sigma^2 T/2}}{\sigma\sqrt{2\pi}}$$

$$= \frac{e^{-d_1^2/2}}{\sqrt{2\pi}} \times (S\sqrt{T} - \frac{Sd_1}{\sigma} + \frac{Xd_1 e^{\ln S/X}}{\sigma}) = \frac{S\sqrt{T}}{\sqrt{2\pi}} e^{-d_1^2/2} > 0$$

同理可得$\partial P/\partial \sigma > 0$,这说明波动率$\sigma$与买方期权价值$C$以及卖方期权价值$P$都是正相关的,波动率$\sigma$与买方期权和卖方期权都是同向的,即在其他因素不变的情况下,波动率σ越大,期权价值越高,反之亦然。这也反映了因为不确定性而存在的期权的价值所在。进一步分析,波动率对期权价值的影响是非线性的,具有复杂性。$\partial C/\partial \sigma$值越大,则期权价值对于波动率的变化越敏感,反之,$\partial C/\partial \sigma$值越小,则波动率的变化对期权价值的影响越小。

下面以买方期权为例,运用数值模拟说明这一点。各参数取值分别为 $S=1\,000$,$X=800$,$T=5$,$r=0.02$,σ 的取值空间为 $[0.1,3]$,步长取 0.01,计算得到如图 7-2 和图 7-3 所示的结果。其中,图 7-2 反映了波动率 σ 与参数 d_1 及 $\partial C/\partial \sigma$ 的非线性关系。图 7-3 的左边反映了波动率 σ 与期权价值 C 的变化是同向的,波动率 σ 越大,期权价值 C 越大;然而图的右边则刻画了其波动率变化与期权价值 C 变化的关系,反映了波动率处在 0.36($\sigma=0.36$)期权价值 C 的变化幅度最大(Diff(C)= 6.4569),而当波动率值很小或者较大时,其在取值附近波动则对期权价值影响较小。因此,在对期权价值进行评估时,需要把握好这些规律,在敏感区域需要做适当的敏感性分析,力求评估结果更加合理可靠。

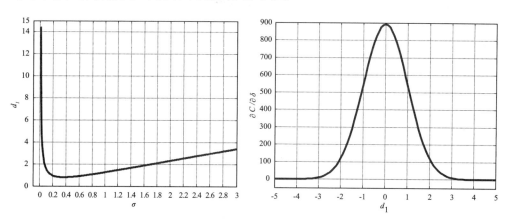

图 7-2　波动率 σ 与参数 d_1 及 $\partial C/\partial \sigma$ 的关系

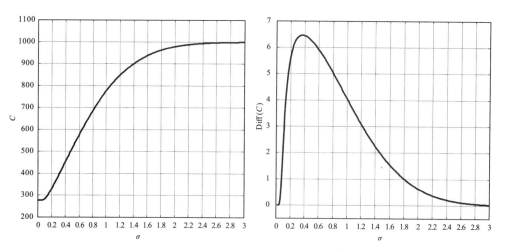

图 7-3　波动率 σ 与期权价值 C 之间的关系

习 题

1. 实物期权与金融期权存在哪些相同点？
2. 如何理解实物期权中标的资产在评估时点的价值？
3. 如何理解实物期权中的行权价格？
4. 如何识别资产或投资中内置的期权？如果具有实物期权，如何确定期权的价值？
5. 如何对实物期权价值进行合理性测试？
6. 普通收益率与对数收益率有哪些优缺点？
7. 近似资产收益率法、专家估算法、Monte Carlo 模拟法确定波动率的原理或依据分别是什么？
8. 某上市公司股票 2014 年 8 月至 2015 年 8 月期间，每月的平均股价如表 7-9 所示（期间未除权和发放股利）。

表 7-9 2014.8—2015.8 某上市公司股票月均价　　　　（单位：元）

月份	2014.09	2014.10	2014.11	2014.12	2015.01	2015.02
均价	38.25	40.36	44.60	50.23	46.75	40.69
月份	2015.03	2015.04	2015.05	2015.06	2015.07	2015.08
均价	45.52	48.63	42.38	52.36	53.98	56.64

要求：计算该上市公司股票价格在普通收益率情况和对数收益率情况下的年波动率。

9. 某公司正在开发一种液晶显示技术，正处于研究阶段，尚未形成成熟的研究成果，由于有一个新的战略投资者希望投资，因此需要对该液晶显示技术截至目前状态的市场价值进行评估。现有资料如下：如果研制成功，可节省同类水平技术购置费 1 800 万元；从目前阶段到研制成功尚需要的全部投入按投资年限计算投资的终值为 1 200 万元；无风险收益率为 3.8%；从基准日到液晶显示技术实现投资所需要的时间预估为 4 年；采用向专家调查的方式请专家判断，依据该液晶显示技术在基准日的研制情况分析判断研制成功的概率，然后通过隐含方式估算波动率为 38%。

要求：(1) 写出买方 B-S 模型，并说明要确定的 5 个参数及其含义；

(2) 试用期权法估算出该液晶显示技术的市场价值。

第八章 具有大量无形资产的企业价值评估

> 你可以拿走我全部的资产,但是你只要把我的组织人员留下来给我,五年内我就能够把所有失去的资产赚回来。
>
> ——通用汽车公司前总裁史龙·亚佛德

一百多年前,可以代表美国经济水平的企业是以有形资产为主的卡耐基钢铁、福特汽车、洛克菲勒石油,但如今可以代表美国经济水平的变成了具有大量无形资产的 GAF(Google、Amazon、Facebook)。在中国,现在能够代表中国经济高度的也是具有大量无形资产的 BAT(百度、阿里巴巴、腾讯)。那么,对于具有大量无形资产的企业来说,其价值基础是什么呢?该如何进行估值呢?常用的成本法、市场法和收益法是否依然适合?本章就具有大量无形资产的企业价值评估问题进行探讨,主要包括:

- 哪些企业具有大量无形资产?
- 具有大量无形资产的企业具有什么特征?
- 企业具有大量无形资产的特点对估值会产生怎样的影响?
- 运用收益法评估具有大量无形资产的企业价值时参数该怎么确定?
- 运用成本法评估具有大量无形资产的企业价值时该作何调整?
- 运用市场法评估具有大量无形资产的企业价值时该作何调整?

第一节 具有大量无形资产的企业概述

全球企业有一个重要的特点就是制造类企业逐渐向服务类和技术类企业转变。我们估值的制药类、技术类和服务类公司越来越多,促使我们必须直面两个现实问题:首先,这些公司的资产常常是摸不着和看不见的专利、专有技术和人力资本;其次,投资这些资产的会计处理方法,与投资于制造类公司可触摸资产的方式不一致。

具有大量无形资产的企业是指公司的价值很大一部分来自无形资产,而且不一定是账面上的无形资产,其主要代表是消费品公司(依赖品牌)、制药公司(依赖专利保护的畅销药或专有技术)和技术公司(依赖熟练的技术)。纵览当今的各种企业排行榜,不难发现,榜单上含大量无形资产的企业数量在增加,排名也在提高。零售、金融、银行、电子科技、网络、保险、药品等含大量无形资产的企业"轻装上阵",故在一些场合又被称为"轻资产公司"。尽管这类公司在市场竞争中表现出很强的竞争力,但其估值及这部分资产未来收益的确定对于评估师来说是个难题。

一、具有大量无形资产的企业分类

无形资产种类繁多,且随着经济、科技、人文的发展,其种类数目也是与时俱进。因此,具有大量无形资产的企业也有多种分类,典型的主要有以下两种分法:

1. 企业产品/服务分类法

以企业的产品或者提供的服务为依据,可分为制药类企业、信息类企业、技术类企业、服务类企业、消费品类企业、文化创意类企业等。比如制药类公司就是做药品的研发、生产、销售,药品专利、品牌和销售渠道等就是它的无形资产;信息类企业主要是以收集和提供信息为主要业务内容,信息收集来源、发布渠道平台就是它的主要无形资产;服务类企业就是以提供服务为主,人力资源、思想创意等就是它的主要无形资产。

2. 无形资产归属分类法

以企业大部分无形资产所属的种类为依据,可分为类金融企业、知识产权型企业、品牌型公司和互联网企业等。类金融企业有以下代表企业:京东、苏宁和沃尔玛。类金融企业指的是一种"类金融"的企业运转形式,这种企业不像一般企业需要资金时要到银行办理短期贷款,它们用"赊购"进行短期融资,即先从上游供货商处以赊购方式取得商品,数日、数周乃至数月后再与供应商清算商品价款。当然,这类企业也需要良好的口碑和信誉以及乐观的发展前景,它们的无形资产主要是品牌、信誉、销售渠道等。知识产权型企业有华为、格力电器、IBM等,这些企业都拥有大量的专利或者独特的专有技术,并且每年都会投入大量研发资金不断地进行创新、研发,对它们来说,专利、专有技术、研发人员是它们最重要的无形资产。品牌型企业有阿迪达斯、苹果、五粮液等,对这些企业来说,品牌即是最重要的资产,甚至可以说,它们与其他企业产品最大的差异就是品牌名称,这也是让它们具有巨大竞争力的最重要原因。前期培育品牌所耗费的大量时间和花费的巨额资金所带来的现时收益,就是当它们的产品与其他企业的产品无差异时,依然会有大量的消费者选择该品牌产品。互联网企业的代表有百度、新浪、Twitter等,这类企业的产品都是通过互联网实现的,完全依赖于互联网,没有互联网,这些企业就没有业务可言,所以说互联网是它们的根基,是它们的战场,它们的无形资产也大多形成于互联网。

从以上两种分类方式也可以看出,具有大量无形资产的企业的分类方法是有交叉重叠的,同一企业在不同的分类方法中可能会分属不同的类型,所以分类标准不是唯一的,但对不同企业进行分类时要遵循同一标准。

二、具有大量无形资产的企业的特征

虽然具有大量无形资产的企业种类繁多,覆盖面广泛,分布于社会生产的各个领域、行业,但是由于具有含大量无形资产的共同点,它们也有着相似的特征。具体表现为:

1. 公司对于无形资产的会计处理混乱

具有大量无形资产的企业主要发展于最近的20年间,而会计体系发展历史悠久且长期以来都是以生产制造类企业为主,加上无形资产形成的复杂会计处理过程和对无形资产投资类别没有清晰的理论界定,使具有大量无形资产的企业自身的财务体系并不完善,会计科目分类不清晰。现阶段具有大量无形资产的企业无形资产投资的会计记账方法非常混乱。这也导致对具有大量无形资产的企业进行价值评估要远复杂于一般企业。

企业对无形资产投资会计处理的混乱表现在:在会计记账时,支出分为两种性质:资本性支出和经营性支出。资本性支出是指所费资金在未来一定的经营周期内都能给企业带来持续的经济效益,比如企业用于建设固定资产计入在建工程的投资,用于研发无形资产投入的资金。这些资金在当期支出后形成资产,并于以后的会计期间分别转销,形成各期费用,比如计入固定资产折旧和无形资产摊销科目的各期费用。经营性支出又称为费用性支出,是企业正常运转阶段为了维持生产经营的正常进行而产生的支出。这种支出直接从当期收益中扣除,使资产和利润同时减少,并且不会在以后经营周期为企业带来收益。对于技术类和制药类公司来说,产品的研发支出是公司最大的投资支出;对于咨询类公司来说,用于人才招募和培训的费用则是企业最大的投资支出。且这些投资都可以持续地增加企业日后的收益,因此会计在账务处理时都应当把这些支出归为投资性支出,计入无形资产。然而,目前具有大量无形资产的企业的会计处理方法与一般生产类企业相同,即没有对无形资产投资进行划分,而是全部归为经营性支出。这样的处理方法,忽视了这部分投资在未来的成长潜力,低估了公司的价值。

2. 企业负债比例低

从财务报表可发现,大部分具有大量无形资产的企业的资产负债率低于生产制造类企业。总结来说,原因有三个:(1)许多具有大量无形资产的企业在融资时,对于负债的选择非常谨慎,融资时更愿意寻找投资人投资入股。(2)有些具有大量无形资产的企业之所以负债率低,是因为银行对具有大量无形资产的企业借贷的不平等。银行贷款一般都要有实物抵押,比如厂房、房地产、机器设备等。对于具有大量无形资产的企业来说,它的固定资产较少,且银行不信任无形资产的价值,导致企业难以从银行贷到大笔款项。(3)企业发展周期的阶段性变化。具有大量无形资产的企业通常都有自己的寿命周期,一个寿命周期分为四个阶段:初期、增长期、稳定期和衰退期。四个时期中,处于增长期和刚走出增长期的企业的资金需求都比较稳定,不会进行大额借贷。

3. 股票期权的影响

用股权激励的形式鼓励员工多为企业创造价值并不是具有大量无形资产的企业独有的激励手段,但相对于其他类型的企业来说,具有大量无形资产的企业运用期权和股权的形式对员工进行激励的力度更大。但在对期权价值进行评估时,不当的处理方法也会影响到股权价值的评估,进而影响到企业价值的评估。

三、具有大量无形资产的企业的财务报表特征

具有大量无形资产的企业与一般企业的区别在财务报表上也有明显的反映。下面以贵州茅台集团(以下简称贵州茅台)和浙江核新同花顺网络公司(以下简称同花顺公司)2006—2014年的财务报表为例,进行分析说明。

贵州茅台是酒类生产销售企业,在具有大量无形资产的企业的分类中属于品牌型企业,比起同花顺这个互联网公司来说,固定资产含量相对要高。其资产结构在具有大量无形资产的企业中也是"重量级"的,但依然能有以下数据表现:

1. 现金类资产占总体资产的比重高

从2006年至2014年的财务报表表现来看,贵州茅台的现金类资产比重一直

处于45%—55%的水平,除了个别年份外,其中的货币资金占比指标全都在98%以上;同花顺公司除了2006年的现金比重低至38%外,最近8年都在80%的水平浮动,甚至个别年份能达到90%。这样的现金类资产比例对于资产结构"重"的制造类企业来说是不可能的。

2. 应收账款占总资产的比重低

贵州茅台应收账款的比重基本不高过6%,说明公司基本不存在赊销的情况,这要得益于茅台品牌的高知名度,让公司可以在买卖双方中处于主动地位,掌握话语权;而同花顺公司作为一个互联网公司,近年来应收账款的比重更是从未超过4%,甚至常年在1%以下。

3. 存货占总资产的比重低

贵州茅台的存货占总资产的比重9年来维持在21%左右,这是因为贵州茅台不仅是品牌型企业,还是酒类生产企业,而且酒的酿造工艺特殊;而同花顺公司在这9年中存货科目的数值一直是0,这就是典型的具有大量无形资产的互联网企业,产品从开发到上市完全没有实物形态。

4. 流动资产占总资产的比重高

计算全部报表时期的流动资产,贵州茅台的流动资产占总资产的比重一直稳定在80%左右;同花顺公司的流动资产占比也都在都在85%上下,甚至2009年和2010年两年达到了96%的高比重。流动资产的占比高,使企业营运周期短、资金周转率高,一直处于轻资产运行状态。

5. 固定资产占总资产的比重低

贵州茅台的固定资产占总资产的比重一直在15%左右浮动;同花顺公司的固定资产占比除了2006年和2008年偏高,大约在20%左右外,其余年份也都控制在7%左右。这也是具有大量无形资产的企业区别于重资产企业非常直观的一个特征,其资产都是"轻量的",像机器设备、房屋建筑等固定资产的含量很低。这也是具有大量无形资产的企业最大的资产结构特征。

6. 债务水平低

具有大量无形资产的企业的债务水平通常较低,且所有负债中,无息负债总是占据负债总额的大多数,除此以外的有息负债,比如短期借款,比例很低。贵州茅台和同花顺的负债状况是:贵州茅台2006—2013年的流动负债比率为25%左右,同时,这些年份的无息负债率也都在80%左右,到了2014年,贵州茅台的流动负债比率降到了16%,同年的无息负债率也降低到了50%,总体来说,它的流动负债比率和无息负债比率都属于具有大量无形资产的企业的典型情况;同花顺公司这几年流动负债比率波动较大,在 7%—30%之间变化,且除了 2008 年和 2009 年包含 10%左右的短期借款外,该公司的负债全为无息负债。

7. 广告支出比重很大

由于具有大量无形资产的企业的无形资产的无质性,以及品牌培育对企业的重要性,所以该类企业每年在广告费上的支出巨大。这对品牌的建立和维护是必要的。且这部分支出在以后若干年都会为企业带来收益,所以这些广告支出应按照一定的比例进行资本化,只有这样才能确切反映出公司的品牌价值,得到更加准确的企业估值。比如贵州茅台在 2006—2014 年期间,正常情况下销售费用占营业总成本的比例在 15%—20%之间,其中广告和市场推广费用占较大比重。以 2011 年为例,贵州茅台当年销售费用为 7.2 亿元,其中有 4.43 亿元用于竞拍央视 2012 年黄金时段的广告位。在 2013 年,由于"八项规定"政策的影响,白酒市场开始进入低迷期,贵州茅台为了应对市场冷却,在广告费上的支出比 2012 年突增 52%,这也挽救了茅台的收益,使其成为当年白酒市场凤毛麟角的销售额增加的企业。通过对贵州茅台历年年报进行查阅,会发现 2012 年及前期的销售费用中广告及市场推广费用的比例为 80%左右,从 2013 年起,广告及市场推广费用就增长到了 90%;从同花顺的年报来看,自 2010 年起,公司销售费用中广告和市场推广费用的比例越来越低,由前期 45%的水平逐渐降低到 2014 年 7%的水平。这和同花顺技术服务类企业的性质有关,当前期投入的广告支出获得了良好的效果,拥有了足够的市场占有率后,重点就应转移到服务提升上来。

8. 存货周转率高

贵州茅台的存货周转率在 2006 年的时候可以到达 5 的高值,后来几年就在 3 左右徘徊;同花顺没有实体存货,这一指标无从作比。存货周转率表示的是销货速度与销货过程占用资金量的关系,存货周转率越高,说明企业的获利能力越强,存货占用水平越低,存货的流动性也越强,资金回笼越快。具有大量无形资产的企业的产品往往都有生产周期短、产品销售渠道完善、企业品牌价值高、品牌号召力强的特点,高存货周转率也为企业带来了更高的收益和更高的企业价值。

9. 研发支出金额高

对于研发类企业来说,研发支出占总支出的比重较大,产品、技术创新也是公司想要生存发展所必须进行的。因此确定企业的研发支出并对其资本化对于确定企业价值来说具有非常重要的作用。贵州茅台是一个酒类生产销售企业,虽然酿酒属于传统工艺,已有上千年的历史,但公司依然每年都会花费大量资金在创新研发上。最近三年的报表显示,每年的研发支出都会占到营业收入的2%以上;同花顺投入研发的资金更多,从有数据的2007年起,8年来研发支出占营业收入的比例从2007年的10%一直增加到2014年的45%,费用金额平均每年较上年增加53%,占营业收入的比重平均每年较上年增长31%。员工的岗位结构中研究开发人员占总体员工的比重一直在50%左右。若是对如此大额的研发资金都做费用化处理,以研发为主的技术类和制药类公司的价值就会被严重低估。

表8-1中总结了贵州茅台和同花顺公司在以上各个项目上的对比情况。

表8-1 贵州茅台和同花顺公司对比(2006—2014)

比较项目	贵州茅台	同花顺公司
现金类资产占总体资产的比重	总体比重在45%—55%范围内波动,其中货币资金含量基本都能维持在98%以上	除2006年比重为38%,之后的8年都是在80%以上,个别年份高至90%
应收账款占总资产的比重	应收账款比重不超过6%	常年维持在1%以下,个别年份偏高但也不会超过4%
存货占总资产的比重	由于酿酒工艺的原因,历年都是在21%上下	公司无实物存货,该项资产占比几乎为0
流动资产占总资产的比重	流动资产比重一直在80%左右浮动	除了2009年和2010年有96%的高比重外,历年也都是在85%的水平变化
固定资产占总资产的比重	固定资产占比非常稳定,在15%左右没有大的波动	除2006年和2008年两年比值偏高,达到了20%以外,其他年份都控制在7%左右
债务水平	2006—2013年,流动负债比率在25%左右,其中无息负债率也在80%左右;2014年的流动负债比率降低到了16%,同时无息负债率也降到了50%	流动负债比率这几年波动较大,整体范围为7%—30%之间,但是无息负债率比率很稳定,除了2008年和2009年有10%的短期借款外,其余年份都是100%的无息负债
广告支出比重	2012年之前每年销售费用的80%都会用在广告支出中,从2013年党风廉政建设开始,广告及市场推广费用增加到销售费用的90%	公司前期投入广告的费用占销售费用整体的45%,后逐年下降,至2014年占比仅有7%

(续表)

比较项目	贵州茅台	同花顺公司
存货周转率	3左右	无存货
研发支出	每年研发支出和营业收入的比例都在2%以上	研发支出与营业收入的比值从2007年的10%上升到2014年的45%,研究开发人员数量也一直保持在所有员工数量的50%左右

第二节　具有大量无形资产的企业价值评估

一、公司特点对估值的影响

因为以上所描述的具有大量无形资产的企业存在资本支出的分类错位、债务的审慎使用以及基于股权的激励形式等问题,使得评估师在对其进行价值评估时面临一些挑战。

（一）收益法（现金流折现法,绝对估值法）

由于存在资本支出的分类错位、债务的审慎使用以及基于股权的激励形式等问题,在用收益法对具有大量无形资产的企业进行估值时,需要在公司的财务报告中重新表述其用于收益法估值的基本因素,比如增长率、利润、再投资、回报率等。

（1）预期增长率。公司在对企业支出进行会计处理时,把本该资本化的支出当作经营性支出处理,会导致衡量公司未来经营增长状况的指标严重失真,无法发挥它们原本的功能,我们也不能通过这些数值进行准确的公司估值计算。面对这种情形,增长率的获得往往需要评估师根据自己的经验进行判断。当然评估师不能根据自己的臆想凭空猜测,仔细分析公司历年来的发展情况、与公司高层进行交流、了解公司未来的发展方向和发展战略以及科学判断公司未来的发展情况,有助于得出合理的增长率。

（2）利润。无形资产的会计处理过程复杂以及对无形资产投资类别没有清晰的理论界定,使得利润数据变得不可靠。诸如研发、广告、培训等支出的会计处理,某种程度上夸大了未来的利润和成长性,使得公司的营业利润和净利润都受其影响。

（3）回报率。由于利润和当期资本都受资本化影响,显然资本化也对当期股权回报率与资产回报率产生影响,而且不同时期,对其回报率的影响存有差异。

(二) 市场法(相对估值法)

无形资产的会计处理过程复杂以及对无形资产投资类别没有清晰的理论界定,使得具有大量无形资产的企业财务报表上的资产无法反映现实情况。从财务报表上看,以市净率(P/B)为例,多数这类企业的市净率往往会高得离谱,市盈率(P/E)也会出现较大差异,跟传统企业完全不具有可比性。如果我们拓宽"资产"的概念,对这类公司来说,真正重要的资产根据现有的会计准则可能无法计量,因此市场法较难直接应用。为此,有些评估师喜欢将标的企业与同板块中的其他企业进行对比,以相对估值的方法获得企业价值。基于可比性的估值方法,如 P/E 和 P/B 等,其本质是"如果你我差不多,那么你好我也好",他们认为相同板块的企业在会计处理时的错误相同,产生的影响也相同,因此不同企业的数据可以直接引用。

这种简便处理的想法没错,但不能为此忽略同一板块的企业之间的各种差异,这种"模糊的正确"较难把握。企业不同的发展时期、企业规模、业务侧重种类等等都会给企业的估值带来较大的影响。例如,小米在 2014 年年底完成了第五轮融资,其估值已经达到了 450 亿美元(约合人民币 2 700 亿元)。根据 Bloomberg 数据,当时小米的 P/E 为 45,而同期中兴通讯、苹果和联想的 P/E 分别为 22、17 和 17;小米的市销率(P/S)为 3.7,而同期苹果、中兴通讯、HTC 和联想的 P/S 分别为 3.8、0.6、0.6 和 0.3。

(三) 成本法

用成本法来估算这类企业的价值,更是极大的挑战。现实中的诸多相关并购体现了"账面价值"的脆弱,即便是以公允价值调整后的价值,差异仍然较大。比如,2013 年掌趣科技在收购动网先锋时,后者的资产增值高达 15 倍;而此前博瑞传播收购漫游谷时,后者的资产增值不过 6.49 倍,而两者同属于一个行业。同年,美盛文化出资 1 980 万元收购缔顺科技 51% 的股权,而截至 2012 年年底缔顺科技总资产为 4 392 万元,净资产为 -2 493 万元,2012 年营业收入为 751 万元,净利润为 -839 万元,这属于典型的"资不抵债"情形,其企业价值评估用资产基础法较难估算清楚。

在用成本法对具有大量无形资产的企业进行整体价值评估或者部分资产评估时,有些分析师在意识到对资本性支出的不当处理会对企业估值产生严重影响后,会简单地把错配的资本性支出加回到利润中去。虽然这样做的出发点是好的,但太过片面,不能消除这部分支出对其他变量的影响。如果对已发行的雇员期权只进行简单的价格调整,完全忽视约束时间、行权概率和时间溢价这些约束条件,那么得来的股权价值的可靠性和准确性就会大打折扣。

以上这些都是评估一般企业的基本方法,但直接套用到具有大量无形资产的企业就会出现很大的问题,严重影响评估工作的进程和结果的准确性。在我们认识到问题后,应当针对各问题找出相应的解决方法,为具有大量无形资产的企业的价值评估找到合理的方法。

二、估值应对

针对实际评估中发现的特征和遇到的困难,达莫达兰在其代表作《估值:难点、解决方案及相关案例》中提出了三种对应的估值处理方案。包括:(1)结合公司实际调整报表,对资本性支出和经营性支出重新划分;(2)更有效地处理股票期权;(3)同板块企业比较,创新价值乘数,获得相对估值。

(一)调整报表数据,恢复会计的一致性

从具有大量无形资产的企业的分类中我们会发现,对于知识产权类企业、互联网类企业,因错误的费用化而影响到企业整体价值评估值的是研发支出,而影响品牌类企业、类金融企业的是营业支出。所以恢复企业会计一致性的工作应从两个方面着手:一方面是将计入经营性支出的研发费用提取出来,重新计入资本性支出中;另一方面是把费用化的营业支出进行计价调整,进而将其计入资本性支出中。为了使这种调整方法表现得更加清楚、明了,后面将以华北制药公司为例,讲述在企业价值评估过程中如何调整会计记账方面的差错。

1. 研发支出资本化

具有大量无形资产的企业如果有较多的研发活动,在对企业价值进行评估时,常常会低估企业价值。对于这一情况,常用的措施是将企业费用化的研发支出进行资本化。

首先,要做的是估计出从研发开始到其能形成产品的整个时间长度,也就是研发支出形成资产的摊销期的长度。这与行业相关,如制药类企业的研发过程漫长、审批严格且手续繁杂,这就使制药类企业的摊销期较长,一般都在十年以上;而对于网络公司、软件开发公司所处的知识技术更新换代快的行业,其摊销期较短,一两年即可。

其次，要做的是获得被评估企业评估时点前每年的研发支出，假设确定的摊销期为 n 年，这 n 年的研发支出分别为 $I_t(t=1,2,\cdots\cdots,n)$，则第 1 年的研发支出 I_1 到评估基准日，摊销完毕，剩余价值为 0；第 2 年的研发支出 I_2 到评估基准日，剩余价值为 I_2/n，……，第 n 年研发支出 I_n 到评估基准日，尚未摊销，剩余价值为 I_n。通过以上分析可得评估基准日的研发资产剩余价值，其公式为：

$$研发资产价值 = \sum_{t=1}^{n} \frac{I_t \times t}{n} \tag{8-1}$$

通过以上步骤获得的研发资产价值即是由于会计记账方法的不完善在企业价值评估时少计的企业价值，可以这个数为基础调整股权面值，得到一个更加完善的股权价值，其公式为：

$$调整后的股权价值 = 股权面值 + 研发资产价值 \tag{8-2}$$

股权价值单方面的变动会影响会计恒等式的平衡，因此调整需在等式两边同时进行。资产价值的变动情况如下：

$$调整后的资产价值 = 资产面值 + 研发资产价值 \tag{8-3}$$

最后，要做的是用重新计算的研发资产价值调整企业实际利润。因为费用化研发支出的会计处理导致营业利润少计，自然需要将已经资本化了的研发支出加回营业利润中，同时扣减当年的摊销额，才能得到合理的利润值。则调整后的营业利润为：

$$调整后的营业利润 = 营业利润 + 当前年份研发支 - 研发支出摊销额 \tag{8-4}$$

同理，净利润的调整方法和营业利润相同。而且由于研发支出有减免税政策，可以不考虑税收调整。则调整后的净利润为：

$$调整后的净利润 = 净利润 + 当前年份研发支 - 研发支出摊销额 \tag{8-5}$$

2. 其他营业支出的处理

沃尔玛、宜家这类公司能从诸多同类型公司中脱颖而出并不是依靠生产研发，而是依靠品牌、服务、销售渠道等因素；对于四大会计师事务所、资产评估事务所来说，最重要的是客户资源和公司人才培训，它们在这方面的花费是公司壮大发展的重要原因；像娃哈哈、统一这样的企业则是因为大量的宣传使品牌知名度极高，所以它们最重要的支出是品牌广告支出。这类食品行业中近年有一个极为突出的例子——恒大冰泉，该例子可以让我们认识到品牌广告支出对品牌建立产生的极大作用。恒大冰泉从 2013 年 11 月开始上市，短短一年半的时间就成为全国人民耳熟能详的知名饮用水品牌，这全都得益于恒大大手笔的广告投入。恒大曾在 20 天内就花费了13亿元人民币作为广告支出,用于提高知名度,这些广告费用并不应作为企业正常运转的经营消耗,而应作为品牌培育、品牌扩展支出计入企业资产之中。但从恒大冰泉2014年的年报数据来看,盈利状况并不理想,这部分是因为广告支出全部被费用化了。

以上类型企业在会计记账时也出现了和研发企业类似的问题,即没有把本该资本化的支出计为资产,而是计入了经营性支出,影响了企业估值。从更加准确合理的角度来看,我们应当把具有大量无形资产的企业花费在支持其自身发展的支柱性无形资产建立、维护上的支出按照经验比例予以资本化。主要步骤和研发型企业支出资本化的步骤类似:判断资本性支出的摊销期限;根据企业的往年数据及发展经验计算这些支出的价值,通过该价值调整企业的股权价值和资本价值,进而计算二者回报率;以获得的资本性支出的价值和摊销额调整利润。

(二) 调整股票期权的价值

近几十年间,越来越多的企业股东喜欢用股权激励的方式对高层管理者进行奖励,促使他们像公司股东一样思考,为公司创造更多的价值。同时,这种激励方式也可以让处于发展期并极具发展前景的公司笼络更多的高端人才,在与已发展壮大进入稳定期的公司的竞争中增加竞争筹码。中国会计准则与国际会计准则都明确规定,期权需要进行费用化处理。有相应的费用产生,自然会影响到利润。为此,需要探讨不同处理方法对公司财务的影响,并找到一个合理的处理方式,使其能够客观地呈现公司承担的财务成本,反映公司的盈利和发展状况。

对前期发行在外的股权处理,有两种较为广泛的处理方式,包括全额摊薄方式和期权估值方式。

1. 全额摊薄法

全额摊薄是用股权的全部价值除以在外股份数量和期权数量的和(这个和值又称为全额摊薄的股份数量)。这是最简单的估值股票期权价值的方法。但也正是因为方法简单,没有考虑行权约束期限、行权收入、时间溢价等问题,会导致每股价值变低。

【例 8-1】 2015年10月,A公司发行在外的股票有152 965万股,发行在外的期权有41 286万份,公司市值为308亿元。

要求:用全额摊薄法评估每股价值。

解：

每股摊薄的股权价值＝股权总价值/全额摊薄的股份数量

$$= 3\ 080\ 000/(152\ 965+41\ 286)$$

$$= 15.86(元)$$

这种计算方法较为简单，但这个价值忽略了来自期权的行权收入，也忽略了这些期权内含的时间价值。例如，A 公司在过去发行的相当数量的期权已经成为价外期权①，可能永远也不会被执行。这种时候，需要对全额摊薄法进行调整。假设发行在外的 41 286 万份期权中，只有 36 865 万份是价内期权（行权价格低于股票价格），则只计入这部分的在外期权份额，有：

每股部分摊薄的股权价值＝股权总价值/部分摊薄的股份数量

$$= 3\ 080\ 000/(152\ 965+36\ 865)$$

$$= 16.23(元)$$

2. 期权定价模型

全额摊薄法虽然操作简单，但是也都有着严重的缺陷，无法得出准确的每股评估值。围绕评估公司治理中的期权如何定价和评估问题，也有较多的研究和争论。为了克服种种缺陷，得出准确可信的结果，国内外许多学者都做了大量实验，设计、调整了多种数学模型，以完善股票期权定量评估要求。

（三）通过市场法获得相对估值

市场法是指将评估对象与参考企业或交易案例的现金流、利润、账面价值等财务指标进行比较，进而确定评估对象价值的方法。由于具有大量无形资产的企业价值评估面临着巨大的挑战，因此理论与实务界对传统市场法进行了修正改造，以适应这类企业的估值。具体包括：

1. 调整价值乘数

将同板块中的企业均视为相同企业进行估值，这种想法非常好，工作简单、计算方便。但现实是，处于同板块中的企业由于公司规模、经营方针、战略部署等情况的不同，其在外的雇员期权数量、行权情况也是千差万别。简单的同板块相对估值法基本没有考虑各约束条件，偏差过大，不能使用。要想使用相对估值法，就要按照各公司的情况进行调整。

---

① 价外期权，又称虚值期权，是指不具有内涵价值的期权。

同板块公司可使用市盈率指标进行比较。一般的市盈率是每股市值和每股利润的比值。但很多具有大量无形资产的企业都有在外期权,在外期权的数量会大大影响到股权价值进而影响到公司的整体价值。在对市盈率进行调整时要对每股市值和每股利润都进行调整。股票价值的调整方法是用股票市值加上期权的估值;净利润的调整方法是由营业支出和雇员期权的价值补偿得到重新评估的利润。所以,对市盈率的调整结果如下:

$$调整过的市盈率 = \frac{市值 + 在外期权估值}{净利润估值} \qquad (8-7)$$

2. 采纳体现行业特色的价值乘数

单以市盈率等指标评价具有大量无形资产的企业的价值,往往会陷入形而上学的误区中。为此,一些评估师研发出了一些体现行业特色的价值乘数,以更加恰当地刻画这类公司的价值。例如,20世纪90年代末,众多上市公司仅有较低的销售额,而没有利润,对于许多金融分析师来说,对新公司估值十分困难,因为潜在的市场规模、赢利性和投资需求存在很大的不确定性。因为盈利是负数,通常作为估值标杆的财务倍数显得无能为力,为了克服这个缺点,实务界和理论学界都依靠"非财务倍数",即用一个或者多个非财务数据对这类公司进行估值。比如,2000年《财富》杂志确定Yahoo以每位客户2 038美元的价格进行交易,Amazon以每位客户1 400美元的价格进行交易。对互联网企业的估值,采用反映当前(或者过去)时点的用户数、流量和单用户收入(ARPU)以及相关指标的变化趋势等数据。对于电信运营商而言,用户数量可以是计算价值比率的一个关键指标;对于基金管理公司而言,其所管理的基金的总金额通常作为计算价值比率的主要参数;对于航空公司而言,飞机数和航线是衡量其价值的重要参数。

但是,需要特别注意的是,随着行业发展日益成熟,财务指标也愈发重要。当毛利润和研发支出等参数的可预知性越来越强时,非财务数据会逐渐失去威力。在评估实务中,非财务乘数可以为财务乘数提供有效的补充解释,但如果一个公司不能把访问者、页面访问量或者飞机数等非财务指标转化为利润或现金流,非财务乘数是没有足够说服力的。

3. 多元线性回归

用市场法来分析、评估含大量无形资产的企业价值时,价值乘数与价值之间的关系一般比制造型企业更为复杂,很难应用主观调整法和修正倍数法来对这类企业进行估值,这时候可以用统计回归的方法来解决这一难题。

行业内各企业虽然有其共性,但资源禀赋、模仿障碍等初始差异会导致企业某种特征的独特性。市场法的实质是尽量消除企业差异,找到与目标企业最相似的可比公司,寻求的是企业的同质性。把多元线性回归模型应用于企业价值的市场法评估中的基本原理是:利用多重回归模型中相关性的概念,选取不同行业中与该类企业价值最相关的几个比率乘数作为被评估企业的比率乘数。对属于不同行业的企业选取不同的比率乘数,使选取的比率乘数与企业价值更加相关。同时,对于根据选取的几个比率乘数所评估出来的企业价值,再根据求得的相关系数,赋予不同的权重,使评估结果更加精确。

【例 8-2】 某创业板公司为生产网络与通信设备的高技术公司,现在采用 P/B 法进行估值,2015 年各项数据如下:权益账面价值为 1.56 亿元;2015 年公司净利润为 2 000 万元;利用可比公司得到 $\beta = 1.25$;今后五年的盈利增长率为 30%;红利支付率为 1.8%。假设,根据市场资料统计得到 2015 年的回归方程为:

$$P/B = 2.4645 + 5.1586x_1 - 0.3681x_2 + 0.6846x_3 + 16.7256x_4$$

其中,x_1 为红利支付率;x_2 为 β 系数;x_3 为盈利增长率;x_4 为股权回报率 ROE;回归方程的拟合度 $R^2 = 0.8364$。

要求:试根据上述资料,估算该公司的权益价值。

解:

根据上述资料,可以得到 $x_1 = 1.8\%$,$x_2 = 1.25$,$x_3 = 30\%$,$x_4 = 0.2/1.56 = 12.82\%$,直接代入回归方程,得到标的企业的 $P/B = 2.4645 + 5.3586 \times 1.8\% - 0.3681 \times 1.25 + 0.6846 \times 30\% + 16.7256 \times 12.82\% = 4.45$。

则公司权益价值 $= 1.56 \times 4.45 = 6.94$(亿元)。

第三节　案例分析

一、调整报表数据案例

SH 医药是一家药品研发生产公司,现位列我国制药企业前十名,更一度成为全国营业额最大的医药企业。作为国内久负盛名的制药企业之一,SH 医药拥有完善的研发体系、先进的研发技术。2007 年新会计准则颁布实施,许多上市公司都遵循准则要求,开始披露企业的研发费用情况,比如华北制药从 2007 年开始,中国医药从 2010 年开始,广州医药集团公司从 2008 年开始,在开发支出科目列示研发支出资本化情况,而SH医药却迟迟没有公开企业的研发支出资本化情况,仅在极少年度提及研发与创新情况。为此,本案例拟针对SH医药公司的具体情况,调整其财务报表数据,恢复会计的一致性,以更为科学合理地对其估值。由于国内其他制药企业经营状况和研发支出状况的披露没有统一的标准可考,本案例选择对研发支出早有详细统计的欧盟成员国的大型制药公司为比较对象,对SH医药的财务报表进行调整。

欧盟委员会自2004年起就开始统计欧盟乃至世界范围内各研发型企业的研发支出,在次年年初都会发布一份研发支出排行榜,且这些公司都会在当年的利润表中以研发费用科目统计公布当年的研发支出。我们选取了具有代表性的6家公司,对他们的研发费用和营业收入、运营支出、资产总额的比值进行了计算比较,得到了一个可类比的比值范围,以此值对SH医药的研发费用进行评估。此文中选取的参考公司是六家研发型制药公司:罗氏制药、强生公司、赛诺菲-安万特、辉瑞公司、诺华集团和葛兰素史克。我们收集了这些公司近4年的报表,重点关注它们的研发费用、营业收入、营运支出和营业利润金额,分别计算当年研发费用和上年度收入、支出、利润的比值,整理后得到如表8-2所示的结果。

表8-2 可比公司研发费用占比指标

	项目	2011	2012	2013	2014	平均值
罗氏制药	研发费用(百万美元)	8 762	9 198	9 442	9 815	
	营业收入(百万美元)	46 159	49 380	50 770	51 511	
	研发支出与营业收入比值		19.93%	19.12%	19.33%	19.46%
	营运支出(百万美元)	31 616	34 077	33 007	36 694	
	研发支出与营运支出比值		29.09%	27.71%	29.74%	28.85%
	营业利润(百万美元)	14 543	15 303	17 763	14 817	
	研发支出与营业利润比值		63.25%	61.70%	55.26%	60.07%
强生公司	研发费用(百万美元)	7 548	7 666	8 187	8 494	
	营业收入(百万美元)	65 030	67 224	71 312	74 331	
	研发支出与营业收入比值		11.79%	12.18%	11.91%	11.96%
	营运支出(百万美元)	52 669	53 449	55 841	53 768	
	研发支出与营运支出比值		14.56%	15.32%	15.21%	15.03%
	营业利润(百万美元)	12 361	13 775	15 471	20 563	
	研发支出与营业利润比值		62.02%	59.43%	54.90%	58.78%

(续表)

	项目	2011	2012	2013	2014	平均值
赛诺菲-安万特	研发费用（百万美元）	5 473	5 600	5 412	5 475	
	营业收入（百万美元）	39 885	40 908	37 892	38 806	
	研发支出与营业收入比值		14.04%	13.23%	14.45%	13.91%
	营运支出（百万美元）	33 431	33 733	32 084	31 817	
	研发支出与营运支出比值		16.75%	16.04%	17.06%	16.62%
	营业利润（百万美元）	6 454	7 175	5 808	6 989	
	研发支出与营业利润比值		86.76%	75.42%	94.26%	85.48%
辉瑞公司	研发费用（百万美元）	8 026	6 961	6 551	8 393	
	营业收入（百万美元）	61 035	54 657	51 584	49 605	
	研发支出与营业收入比值		11.40%	11.99%	16.27%	13.22%
	营运支出（百万美元）	48 369	42 519	35 428	36 877	
	研发支出与营运支出比值		14.39%	15.41%	23.69%	17.83%
	营业利润（百万美元）	12 666	12 138	16 156	12 728	
	研发支出与营业利润比值		54.96%	53.97%	51.95%	53.63%
诺华集团	研发费用（百万美元）	9 583	8 588	9 071	9 086	
	营业收入（百万美元）	59 375	51 971	52 716	53 634	
	研发支出与营业收入比值		14.46%	17.45%	17.24%	16.38%
	营运支出（百万美元）	48 380	40 464	41 747	42 545	
	研发支出与营运支出比值		17.75%	22.42%	21.76%	20.64%
	营业利润（百万美元）	10 995	11 507	10 969	11 089	
	研发支出与营业利润比值		78.11%	78.83%	82.83%	79.92%
葛兰素史克	研发费用（百万美元）	5 780	5 461	5 327	4 878	
	营业收入（百万美元）	42 913	41 415	41 531	36 048	
	研发支出与营业收入比值		12.73%	12.86%	11.74%	12.44%
	营运支出（百万美元）	29 878	29 976	30 077	30 412	
	研发支出与营运支出比值		18.28%	17.77%	16.22%	17.42%
	营业利润（百万美元）	13 035	11 438	11 454	5 636	
	研发支出与营业利润比值		41.89%	46.58%	42.59%	43.68%

再计算三项比值的平均值，结果见表8-3。

表 8-3　可比公司重要指标均值　　　　　　　　　　　　　　（单位:%）

	强生	赛诺菲	诺华	辉瑞	罗氏	GSK	平均值
研发支出与营业收入比值	11.96	13.91	16.38	13.22	19.46	12.44	14.56
研发支出与营运支出比值	15.03	16.62	20.64	17.83	28.85	17.42	19.40
研发支出与营业利润比值	58.78	85.48	79.92	53.63	60.07	43.68	63.60

由于国内制药公司从规模、历史、政策、研发体系、研发人才、重点研发领域、销售渠道等各方面和世界顶级制药公司之间存在差别,以及对国内有信息披露的公司进行比较,上列数据并不能直接应用于 SH 医药。我们在计算得到的指标值的基础上对其进行调整,经过咨询专家和业界人士,认为我国研发支出与营业收入比值仅为欧盟的 30%,研发支出与营运支出比值仅为欧盟的 40%,研发支出与营业利润比值仅为欧盟的 60%。同时,研发型制药企业的研发支出与营业收入、营运支出、营业利润存在一定的关系,根据历史数据和专家判断,本案例可采取以下公式估算标的企业的研发支出:

研发支出 = 营业收入 × 4.37% × 40% + 营运支出 × 7.76% × 40% + 营业利润 × 38.16% × 20%

调整后的结果见表 8-4。

表 8-4　调整后的结果

指标	欧盟指标值(%)	调整系数	调整后指标值(%)	权重(%)
研发支出与营业收入比值	14.56	0.3	4.37	40
研发支出与营运支出比值	19.40	0.4	7.76	40
研发支出与营业利润比值	63.60	0.6	38.16	20

按照上述指标计算出了 SH 医药公司最近 9 年的研发支出额,如表 8-5 所示。考虑到制药类企业的研发周期长、产品审批过程复杂,我们将 SH 医药研发支出的资产摊销期定为 10 年。

表 8-5　2006—2014 年 SH 医药公司研发支出及每年摊销　　（单位:万元）

年份	研发支出(估算)	本年摊销额	未摊销额
2014	342 289.61		342 289.61
2013	291 876.10	29 187.61	262 688.49
2012	254 622.74	25 462.27	203 698.19

(续表)

年份	研发支出(估算)	本年摊销额	未摊销额
2011	210 686.84	21 068.68	147 480.79
2010	143 917.65	14 391.76	86 350.59
2009	70 209.62	7 020.96	35 104.81
2008	58 525.94	5 852.59	23 410.37
2007	48 972.87	4 897.29	14 691.86
2006	43 769.40	4 376.94	8 753.88
合计		112 258.12	1 124 468.86

上表是 SH 医药最近 9 年每年的研发支出金额和每年的摊销数额,本年摊销额合计数是当年需扣减的研发支出摊销额,未摊销额合计数加总历年研发支出得到研发的剩余价值,这部分价值属于研发资产的价值。

下面以 2014 年为例,对 SH 医药研发支出费用化和资本化财务指标的变化进行分析,其他年份(2006—2013 年)的处理可类似进行。

(一) 账面价值调整

从 SH 医药 2014 年度的资产负债表可得,2014 年的资产面值为 6 344 060 万元。由于研发支出的费用化处理,导致当期资产价值受到影响,若将研发支出资本化后,恢复会计的一致性,可得到调整后的资产价值:

调整后的资产价值=当年资产面值+当年剩余研发支出合计
            = 6 344 060+1 124 469 = 7 468 529(万元)

通过对研发支出的估值,调整后的资产价值比账面价值增加了 12.33%。

(二) 利润调整

查看 SH 医药 2014 年的资产负债表可得,开发支出科目金额为 0,而利润表中研发费用科目也为 0,但年报中的研发支出为 51 232 万元,因此 SH 医药应该是将研发支出分摊到各个科目扣减了。从利润表中得到当年营业利润为 326 954 万元,净利润为 299 201 万元,这样的处理方法低估了企业利润。

调整后的营业利润=营业利润+当期年份研发支出-研发资产摊销
            = 326 954+342 290-112 258 = 556 986(万元)

调整后的净利润=净利润+当期年份研发支出-研发资产摊销
            = 299 201+342 290-112 258 = 529 633(万元)

(三) 回报率影响分析

通过对利润、资产价值进行调整,进而影响公司当年的资本回报率。资本回报率的计算需要用到评估时点当年的平均实收资本价值,因此还需要计算出2013年年末的研发资产价值。按照上面的步骤可以得到上年(2013年年末)摊销额合计数为83 071万元,未摊销额合计数即研发资产价值为1 207 539万元。

未调整的资本回报率 = 当年净利润/平均资本价值
$$= 299\ 201/[(6\ 344\ 060+5\ 631\ 150)/2] = 4.99\%$$

调整后的资本回报率 = 调整净利润/调整后平均资本价值
$$= 299\ 201/[(7\ 468\ 529+7\ 641\ 599)/2] = 3.96\%$$

从上述计算可以得到,在将研发支出资本化后,公司的收益率指标比调整前有所下降,说明研发支出是否资本化会影响到企业的盈利表现。

表8-6 2014年SH医药研发支出费用化和资本化财务指标变化

SH医药	账面价值(万元)		营业利润(万元)		净利润(万元)		资本回报率(%)	
	调整前	调整后	调整前	调整后	调整前	调整后	调整前	调整后
2014年	6 344 060	7 468 529	326 954	556 986	299 201	529 633	4.99	3.96

通过上述分析可以得到,SH医药的账面价值、利润、回报率等传统财务指标在研发支出费用化处理和资本化处理下的差异。至于其他相关指标的变化,也可以通过相应调整得到。当调整到位后,则可以按照经典的现金流折现模型对相关参数进行处理,然后估算这类企业的价值。

二、市场法估值案例

BQ公司拥有TH基金管理有限公司26%的股东部分权益,拟在市场中转让,需要估算其股权价值。主要资料有:截至评估基准日(2015年3月)TH基金管理有限公司共有4支基金,为TH精选、TH债券、TH成长、TH周期,公司基金资产份额共计64.15亿份,基金资产净值共计35.86亿元。

表8-7 TH基金管理有限公司4支基金的基本信息

	TH精选	TH债券	TH成长	TH周期
投资范围	股票、债券和短期金融工具	固定收益类证券	股票等权益类	周期性股票
收益风险	混合型基金	债券型基金	股票型基金	股票型基金

(续表)

	TH 精选	TH 债券	TH 成长	TH 周期
管理费率	1.5%	0.7%	1.5%	1.5%
托管费率	0.25%	0.2%	0.25%	0.25%
基准日基金净资值	28.67 亿元	0.98 亿元	0.79 亿元	5.42 亿元

（一）可比案例选取

通过市场调查，在能获取公开信息资料的基础上，选取了离评估基准日时间较近的四个交易案例作为可比案例，分别为 A 基金管理有限公司、B 基金管理有限公司、C 基金管理有限公司、D 基金管理有限公司，具体情况见表 8-8。

表 8-8 可比案例基本信息

项目	A 基金管理公司	B 基金管理公司	C 基金管理公司	D 基金管理公司
交易股权比例	24%	20%	19%	23%
交易时间	2015.02	2014.12	2015.01	2015.03
交易形式	挂牌	挂牌	挂牌	挂牌
是否关联方	否	是	是	否
成交价格（万元）	262 800	25 820	5 225	7 650
每股交易价格（元）	109.5	6.46	2.75	2.55
注册资本（亿元）	1	2	1	1.3
成交时管理基金数	19	13	4	6
成立时间	1998.07	2005.06	2005.12	2003.05
2015 年 3 月行业排名	4	12	52	57
2015 年 3 月市场份额（%）	5.2	2.17	0.28	0.17

（二）市场法模型选择

基金管理公司的业务性质属于"受人之托、代客理财"的范畴，其主要的业务收入来源为基金管理费收入。基金公司最核心的资产是基金管理团队，也就是说，这类企业最核心的资产是人力资本。基金公司虽然是一个具有大量无形资产的企业，但人力资源价值并不会反映在该基金公司的资产结构中，其股权估值需要考虑这一重要特点。基金管理费一般是根据基金的投资类型，按照基金管理资产规模的一定百分比计提。因此，基金管理资产规模在一定程度上反映了基金公司的收入规模和股权价值。基金管理公司管理资产的规模一般和基金投资收益、基金销售渠道、研投能力、公司品牌等关系密切，而和基金管理公司资本金的关系较弱。因此，在采用市场法评估基金公司的股权价值时，传统的市净率（P/B）乘数模型不太适宜。在实务中，基于基金公司的特点，评估师常用价格与管理资产规模比率（P/AUM）作为重要的价值乘数。P/AUM乘数模型可以简明地反映基金管理公司的股权价值和资产管理规模之间的关系。

P/AUM乘数模型是将被评估的基金管理公司股权与市场近期已交易的基金管理公司股权进行比较，找出评估对象与每个可比实例之间在股权价值影响因素方面的差异，并据此对可比实例的交易价格进行比较调整，从而得到多个参考值，然后通过综合分析，调整确定评估对象的评估值。对于搜集到的具有可比性的交易案例，主要掌握交易标的、交易时间、交易形式、交易价格以及交易标的企业状况（资产管理业务范围、行业排名、人员资质、管理费率等），然后对相关因素进行修正，得到评估基准日评估对象的评估值。

根据评估对象和可比案例的分析，本案例拟采用以下计算公式

$$\frac{P}{\text{AUM}} = \frac{P_{\text{参}}}{\text{AUM}_{\text{参}}} \times \frac{\text{交易时间}_{\text{评}}}{\text{交易时间}_{\text{参}}} \times \frac{\text{交易情况}_{\text{评}}}{\text{交易情况}_{\text{参}}} \times \frac{\text{人员资质}_{\text{评}}}{\text{人员资质}_{\text{参}}} \times \frac{\text{行业排名}_{\text{评}}}{\text{行业排名}_{\text{参}}} \times \frac{\text{管理费率}_{\text{评}}}{\text{管理费率}_{\text{参}}}$$

（三）比较基准的确定

本次评估以基金管理公司价格/管理规模（P/AUM）为比较基础，基于公开资料，可计算得到可比实例的P/AUM（见表8-9）。

表8-9 可比案例的比较基准（P/AUM）

项目	A基金公司	B基金公司	C基金公司	D基金公司
每股交易价格（P）（元）	109.5	6.46	2.75	2.55
注册资本（亿元）	1	2	1	1.3
成交时管理基金规模（AUM）（亿元）	1 388	456	74	44
P/AUM（%）	7.89	2.83	3.72	7.53

（四）比较因素的修正

除了P/AUM指标是衡量基金管理公司股权价值的主要指标外，交易时间、交易形式、基金管理公司的业务资质种类、行业排名、人员资质和管理费率等都是影响股权价格的因素，需要在P/AUM的基础上对上述因素进行比较修正。可比实例

及待估对象的比较情况见表8-10。

表8-10 可比案例与待估对象的比较情况

比较因素	TH基金公司	A基金公司	B基金公司	C基金公司	D基金公司
交易情况	拟挂牌，排除关联方	挂牌，非关联方	挂牌，关联方	挂牌，关联方	挂牌，非关联方
交易时间	2015.03	2015.02	2014.12	2015.01	2015.03
人员资质（持证数）	34	148	86	21	26
行业排名	58	4	12	52	57
平均管理费率（%）	1.48	1.32	1.09	1.48	1.19

根据评估人员的综合判断，以待估对象的因素分值为基准，分别对可比实例的相应因素给予分值并计算，具体情况见表8-11。

表8-11 可比案例的因素评分

比较因素	TH基金公司	A基金公司	B基金公司	C基金公司	D基金公司
交易情况	100	100	90	90	100
交易时间	100	95	90	92	100
人员资质（持证数）	100	112	108	102	98
行业排名	100	115	105	102	100
平均管理费率	100	95	90	100	90

进一步，可以得到可比实例及待估对象比较因素的修正系数表（见表8-12）。

表8-12 比较因素修正系数表

比较因素	A基金公司	B基金公司	C基金公司	D基金公司
P/AUM（%）	7.89	2.83	3.72	7.53
交易情况	1.00	1.11	1.11	1.00
交易时间	1.05	1.11	1.09	1.00
人员资质（持证数）	0.89	0.93	0.98	1.02
行业排名	0.87	0.95	0.98	1.00
平均管理费率	1.05	1.11	1.00	1.11
修正后 P/AUM（%）	6.79	3.42	4.32	8.54

（五）市场法评估结果

根据上述计算资料,可以得到待估对象的 $P/AUM=(6.79\%+3.42\%+4.32\%+8.54\%)/4=5.77\%$,TH 基金管理有限公司的股权价值:

$$V=资产管理规模 \times P/AUM=35.86 \times 5.77\% \times 10\,000=20\,691.22（万元）$$

TH 基金管理有限公司的股东全部权益价值评估结果为 20 691.22 万元,BQ 公司持有的 TH 基金管理有限公司 26% 的股东部分权益价值为:

$$V_0=20\,691.22 \times 26\%=5\,379.72（万元）$$

习 题

1. 具有大量无形资产的企业上市前,估值机构对不少标的公司的估值差异较大。比如阿里巴巴上市前,金融机构对其的估值从 800 亿美元到 2 500 亿美元不等,出现较大悬殊。论述出现估值分歧较大的原因,并阐述该如何看待评估值。

2. 研发支出的费用化会计处理方式会影响哪些财务指标的值?

3. 具有大量无形资产的企业的财务报表一般具有哪些特点?

4. 当采取市场法对具有大量无形资产的企业进行估值时,需要注意哪些问题?

5. 调整报表数据,恢复会计的一致性后,哪些数据的可信度会增加?哪些数据的可信度会降低?

6. 除了可以采用多元线性回归方法估算具有大量无形资产的企业价值,还有哪些回归模型可以帮助评估师实现这类企业的价值评估?

7. 试分析前程无忧(JOBS)和智联招聘(ZPIN)的市场估值差异,并分析影响在线招聘企业价值的因素。

8. 试分析唯品会(VIPS)和聚美优品(JMEI)的市场估值差异,并分析影响专业电子商务企业价值的因素。

第九章 无形资产侵权的损失赔偿评估

专利制度是为天才之火浇上利益之油（The patent system added the fuel of interest to the fire of genius）。

——亚伯拉罕·林肯

2012 年 7 月，广东省高级人民法院公布，苹果公司已与深圳唯冠公司就 iPad 商标案达成和解，苹果公司向深圳唯冠公司支付 6 000 万美元，至此轰轰烈烈的唯冠诉苹果侵权 iPad 商标一案以和解告终。2014 年，台湾作家琼瑶控诉大陆编剧于正抄袭，琼瑶委托律师诉讼称，于正的《宫锁连城》电视剧和剧本几乎完整套用了其《梅花烙》小说和剧本，严重侵犯了她的改编权、摄制权，因此向于正等提出 2 000 万元的索赔。在知识经济时代，无形资产常常引发各种侵权与纠纷，如何评估被侵权方可获得的损失赔偿是解决纠纷的主要关键。本章就无形资产侵权的损失赔偿评估问题进行探讨，主要包括：

- 有哪些常见的无形资产侵权情形？
- 侵权损失赔偿评估应该坚持什么原则？
- 无形资产侵权损失赔偿额应以什么作为计量基础？
- 诉讼损失评估与非诉讼损失评估存在哪些差异？
- 常用的资产评估方法是否适合于无形资产侵权损失评估？
- 损失赔偿评估主要参数该如何确定？

第一节 无形资产侵权的损失赔偿概述

由于无形资产侵权问题必然会涉及法律问题，一般需要具有法律概念明晰的无形资产，所以无形资产侵权问题主要在知识产权领域，本章主要探讨知识产权侵权的损失赔偿问题。

关于知识产权的界定,一般的观点认为,它包括著作权和工业产权。著作权是指创作文学、艺术和科学作品的作者及其他著作权人依法对其作品所享有的人身权利和财产权利的总称,主要包括文字作品、口述作品、音乐、戏剧、曲艺、舞蹈、杂技艺术作品、美术、建筑作品、摄影作品、电影作品和以类似摄制电影的方法创作的作品、工程设计图、产品设计图、地图、示意图等图形作品和模型作品以及计算机软件。工业产权则是指包括发明专利、实用新型专利、外观设计专利、商标、服务标记、厂商名称、货源名称或原产地名称等在内的权利人所享有的独占性权利。另外一个较为普遍认可的版本是世界贸易组织(WTO)的《与贸易有关的知识产权协议》(Agreement on Trade-related Aspects of Intellectual Property Rights,简称 TRIPS)中关于知识产权的界定。TRIPS 协议涉及的知识产权共有以下八个方面:著作权及其相关权利、商标、地理标记、工业品外观设计、专利、集成电路布图设计、对未公开信息的保权和对许可合同中限制竞争行为的控制。

知识产权侵权行为,是指行为人客观上侵害他人知识产权的财产权或人身权,应承担相应民事责任的行为。侵权行为是对智慧财产创造者劳动的践踏和剥夺,是危害科技进步和文化繁荣的腐蚀剂。知识产权侵权行为一般包括专利侵权、商标侵权、著作权(即版权)侵权。

一、专利侵权

专利权是专利人利用其发明创造的独占权利。专利侵权是指未经专利权人许可,以生产经营为目的,实施了依法受保护的有效专利的违法行为。

专利侵权的形式主要有:(1)未经许可制造专利产品的行为;(2)故意使用发明或实用新型专利产品的行为;(3)销售、许诺销售未经许可的专利产品的行为;(4)使用专利方法以及使用、销售、许诺销售依照专利方法直接获得的产品的行为;(5)进口专利产品或进口依照专利方法直接得到的产品的行为;(6)假冒他人专利的行为;(7)冒充专利的行为。

二、商标侵权

商标侵权(Trademark Infringement)是指行为人未经商标权人许可,在相同或类似商品上使用与其注册商标相同或近似的商标,或者其他干涉、妨碍商标权人使用其注册商标,损害商标权人合法权益的其他行为。侵权人通常需承担停止侵权的责任,明知或应知是侵权的行为人还要承担赔偿的责任。情节严重的,还要承担刑事责任。

我国商标法和商标法实施细则以及司法解释所规定的商标侵权,大多都是按照商标侵权行为的内容或者类型来确定案件管辖和案件主体的。商标法第52条规定,有下列行为之一的,均属于侵犯注册商标专用权:(1)未经商标注册人的许可,在同一种商品或者类似商品上使用与其注册商标相同或者相近似的商标的;(2)销售侵犯注册商标专用权的商品的;(3)伪造、擅自制造他人注册商标标识或者销售伪造、擅自制造的注册商标标识的;(4)未经商标注册人同意,更换其注册商标并将该更换商标的商品又投入市场的。

三、著作权侵权

著作权侵权是指一切违反著作权法,侵害著作权人享有的著作人身权、著作财产权的行为。具体说来,凡行为人实施了《著作权法》第四十七条和第四十八条所规定的行为,侵犯了他人的著作权造成财产或非财产损失,都属于对著作权的侵权。侵害著作权财产权的行为有:(1)擅自使用;(2)擅自复制;(3)制作出售假冒他人作品;(4)擅自制作、转播;(5)未按规定付酬。

著作权侵权行为的主要法律特征是:

1. 侵权对象的多重性

著作权具有权利的多重性及可分性特点,包含著作财产权和著作人身权,其中著作财产权又包含复制、表演等十多项权利。上述权利既可独立行使,也可结合行使。相应地,著作权侵权行为的侵害对象,也会表现出这些特点:一是财产权与人身权同时被侵害;二是多项财产权与人身权同时被侵害。此外,著作权侵权行为的侵害对象还包括合同债权,如出版他人享有专有著作权的图书。

2. 被侵害主体的特定性

侵权行为所侵害的主体,一是对作品依法享有著作权的著作权人,包括作者和其他著作权人。其他著作权人包括通过继承、接受遗赠、根据委托关系而获得权的权利人,即作品使用权利的受让人,如享有专有著作权的人。这些都是与著作权有着直接或间接联系的特定主体。

3. 侵权行为表现为使用他人作品的非法性

一是使用他人作品未经权利人允许;二是使用他人作品无法律依据,包括不按著作权法规的使用条件使用他人作品。

4. 侵权形式的多样性

一般的民事侵权行为有一人单独实施的侵权行为和两人或两人以上因共同过错实施的共同侵权行为两种形式。在著作权侵权行为中，除这两种形式外，还存在第三种状态，即由数个行为人分别对同一权利人进行的侵害。

四、国外知识产权侵权惩罚性赔偿

惩罚性赔偿（Punitive Damage）是指法庭判定的赔偿数额超出实际损害数额的赔偿，即损害赔偿金不仅是对权利人的补偿，同时也是对故意加害人的惩罚。惩罚性赔偿制度有着悠久的历史，现代意义上的惩罚性赔偿制度产生于中世纪的英国，在1275—1753年间，英国立法中至少有65条以上是关于双倍、三倍或者四倍赔偿的条款。英国法律史上最早在司法上承认的惩罚性赔偿案件发生于1763年，在确立了惩罚性赔偿制度的同时也建立了严格的适用要求。随后，美国引入了英国的惩罚性赔偿制度并根据经济、社会、文化等现实情况不断丰富发展，不仅由判例确立起具有赔偿功能的惩罚性制度，同时还进行了具体规定。在1793年颁布的专利法中就规定要加重故意侵权者的赔偿责任，这是惩罚性赔偿原则在知识产权保护领域的较早应用。

相对于主要使用判例法的英美法系采取的是惩罚性赔偿制度，信奉平等自愿理念的大陆法系[①]对惩罚性赔偿制度长期不予认可，认为其违背了民法核心的等价有偿原则[②]。但进入20世纪以来，在双方法系越来越多的学习、交流与互动之下，大陆法系也逐渐认识到惩罚性赔偿的重要性，尤其是在知识产权保护领域，民事责任除了具有补偿功能外，还应拥有惩罚、预防和遏制等功能。在这种思想的影响之下，很多大陆法系国家开始突破同质补偿的传统观念，引入知识产权的惩罚性

---

① 大陆法系（Civil Law System）一词中的"大陆"两字指欧洲大陆，故又有"欧陆法系"之称，与英美法系同为当今世界两大重要法系之一。法国、德国、意大利、日本等均采用大陆法系。我国（除香港地区外）的法律体系也属于大陆法系。英美法系，又称普通法法系或者海洋法系，是指以英国普通法为基础发展起来的法律的总称。它首先产生于英国，后扩大到曾经是英国殖民地、附属国的许多国家和地区，包括美国、加拿大、印度、巴基斯坦、孟加拉、马来西亚、新加坡、韩国以及非洲的个别国家和地区，到18世纪至19世纪时，随着英国殖民地的扩张，英国法传入这些国家和地区，英美法系终于发展成为世界主要法系之一。它们在法律分类、宪法形式、法院权力等方面存在一定的差别。

② 等价有偿原则是公平原则在财产性质的民事活动中的体现，是指民事主体在实施转移财产等的民事活动中要实行等价交换，取得一项权利应当向对方履行相应的义务，不得无偿占有、剥夺他方的财产，不得非法侵害他方的利益；在造成他方损害的时候，应当等价有偿。

赔偿制度。

(一) 美国实践

美国作为一个科技大国,非常重视对创新与知识产权的激励与保护,很早就把惩罚机制纳入知识产权的损害赔偿体系,逐渐成为知识产权惩罚性赔偿制度发展较为完善的国家。与此同时,作为判例法国家,美国在司法实践上也积累了大量具有重要示范意义的案例。在美国知识产权的部门法规中,专利法、商标法与商业秘密法均明确规定了侵权者应承担的惩罚性赔偿责任,即在补偿性赔偿金基础上增加了额外的赔偿,前两者为"三倍赔偿"责任,后者为"两倍赔偿"责任。美国专利法规定,以陪审团或是法院确定的初始赔偿金额为基础,侵权者最终支付的损害赔偿可以提升至初始数额的三倍。其中,计算损害赔偿金的方式有两种:一是按照合理使用费用估算;二是基于经侵权法判定所遭受的实际损失进行衡量。但美国专利法并没有明文规定惩罚性赔偿的适用条件,而是留待法院判例予以明确,由实践得出主客观相统一、综合考虑客观事实因素的解决方式。与专利法、商标法相比,美国著作权法并没有对惩罚性赔偿倍数做出明确规定,其赔偿责任主要是通过法定赔偿金体现。即在法院最终判决之前,著作权所有者可以对与诉讼相关的所有侵权行为要求法定赔偿。而在计算赔偿金方面,侵权过错是否基于主观意图会显著影响赔偿金的数额。换句话说,侵权赔偿金主要不是根据被侵权者遭受的具体损失或侵权者的损害事实来确定,而要看侵权者的动机是属于故意侵权还是无意的过失侵权。这种法定赔偿金的确定方式与逻辑具有遏制故意或恶意侵权行为的作用,是一种特殊的惩罚性赔偿制度。总的来说,在美国的知识产权保护领域,惩罚性赔偿具有如下特征:首先,知识产权侵权赔偿兼顾侵权者与被侵权者双方,不仅强调对受害者损失的弥补,同时重视对侵权者的惩罚以及对潜在侵权行为的遏制。其次,规定惩罚性赔偿额度的上限。为防止在实施中无节制地使用惩罚性赔偿,美国相当多的州在立法中都对惩罚性赔偿的最高数额进行了限制。再次,在不同的知识产权部门法规中,补偿性赔偿与惩罚性赔偿的比例关系具有一致性。除著作权法外,其他部门法律不仅对侵权的惩罚性赔偿责任进行了明确规定,而且均设定惩罚性赔偿的金额不得超过补偿性赔偿的两倍。最后,知识产权惩罚性赔偿金额度的确定有其自身的特殊性,与其他民事侵权的惩罚性赔偿金计算方式存在差异。

(二) 英国实践

英国虽然是惩罚性赔偿制度的起源地,但其与美国的情况并不相同。英国对惩罚性赔偿的适用条件与范围进行了严格的限制，主要应用于恶意或严重侵害他人权利的案件。具体到知识产权保护，英国 1623 年制定的垄断法开辟了专利保护的先河，对此后各个国家与地区的专利法的制定影响深远。在其初始条款中，专利所有人可获得因专利被侵权而遭受损失的三倍赔偿，同时还可获得两倍的诉讼费用补偿。虽然英国政府无意在民事程序中进一步扩展有关惩罚性赔偿的立法，但 1988 年制定、2010 年修改的《英国版权、外观设计与专利法》规定，附加性损害赔偿制度仍然具有惩罚性赔偿责任的性质。该法案第九十七条第二款规定，在案件公正需要的情况下，法院可以判决附加性的损害赔偿金，但必须根据侵权者的主观恶意程度和因侵权获得的实际收益等因素进行确定。这种附加赔偿金是在补偿性赔偿金的基础上增加的额外赔偿，超出了补偿性赔偿的初始数额，具有警示与威慑功能。特别是这种额外赔偿金的判定要基于侵权者的主观意图和获利情况，与惩罚性赔偿的条件非常类似。在具体司法实践中，英国法院首先考虑被告实施侵权行为是否是故意的，其次，考虑是否存在一次以上的侵权行为，最后考虑侵权活动所持续的时间范围。此外，英国在确定附加的赔偿金额时并没有规定一个明确的倍数，而是基于侵权者从实施侵权到被侵权者提起诉讼这个时间区间内的许可费用进行计算，即着重考虑侵权行为的持续时间。

（三）德国实践

德国作为典型的大陆法系国家，强调公法与私法要分立的原则。而知识产权属于私法领域，因此在侵权损害赔偿责任方面遵循的是填平原则①，即损害赔偿不需要对侵害者进行惩罚，只要能够填平被侵权者的损失即可，这与民事损害赔偿法中的完全赔偿原则②相一致。但到了 19 世纪，德国在具体的司法实践中对待惩罚性赔偿的态度却和美国非常相似，不仅很多州都承认惩罚性赔偿的存在，德国法院也从来没有严格执行过对侵害的填平式补偿，而是经常将各种惩罚性因素加入到判决中。但上述情况在进入 20 世纪后发生了很大转变，德国对待损害赔偿的态度又回到了完全补偿和弥补损失的传统理念。2009 年，德国制定和修改了一系列与

---

① 我国民事侵权理论往往将损害分为财产损害（分积极损害和消极损害）和非财产损害或精神损害。依据我国的民事侵权赔偿理论，权利人损失多少，侵权人就赔偿多少。这种赔偿是以弥补权利人的损失为目的，故这种赔偿也称为补偿性赔偿，其适用的赔偿原则是全部赔偿原则，即填平原则，全部赔偿之后果即为填平。填平就是将受害的损失全面填补，权利人损失多少，侵权人赔偿多少，使权利人在经济上不受损失。

② 完全赔偿原则是指因违约方的违约使受害人遭受的全部损失都应当由违约方负赔偿责任。

知识产权保护相关的法律法规,包括专利法、实用新型法、外观设计保护法和雇员发明法等,完成了知识产权法律制度的现代化工作。在知识产权侵权的损害赔偿金计算上,德国主要采用三种方法:一是根据被侵权者遭受的具体损失予以赔偿;二是基于侵权者获得授权许可发生的费用来决定赔偿金;三是根据侵权者实施侵权后获得的收益来决定赔偿金。近年来,德国在专利侵权的司法实践上,鼓励被侵权人可以要求更高的损害赔偿,这事实上达到了与惩罚性赔偿相同的效果。而在著作权领域,德国法院在一些判例中也突破了知识产权侵权损害的完全补偿原则,判决侵权者承担双倍的著作权许可费用。此外,德国在专利法、实用新型法和外观设计法的有关条款中规定了侵犯专利权的刑事责任,以加强对专利侵权的惩罚力度,达到遏制和威慑潜在专利侵权的目的。

第二节 无形资产侵权的损失赔偿评估

一、无形资产侵权损失赔偿评估的原则

由于无形资产侵权与司法评估有其业务的特殊性,在进行无形资产侵权评估时需要注意以下几个问题:

(1) 由于侵权认定的复杂性、专业性,非评估师能够把握,因此评估师的工作是在已经认定侵权的情况下,考虑赔偿金额的确定问题。

(2) 明确无形资产侵权损失赔偿评估的需求。侵权与司法下的无形资产评估可能存在以下几种情形:①在贸易中的转让或许可;②企业合并,建立合资企业时,一方或双方以无形资产作为出资方式;③企业破产清偿;④以无形资产设定质权;⑤在侵权诉讼中涉及侵犯经济权利的损失赔偿。

(3) 掌握侵权与司法评估的技术特殊性。与传统的资产评估不同,侵权与司法情形下的无形资产评估具有以下几个方面的技术差异性:①评估的前提不同。无形资产损失赔偿评估在评估时隐含了一个基本前提,即被告的行为是一种侵权行为且侵权行为已经发生,同时侵权行为已造成了原告的损失。②评估的范围不同。无形资产损失赔偿评估的范围一般是受到侵害的无形资产在被侵权前和被侵权后所产生的利润差额,而非侵权与司法目的下的资产评估的范围不受此约束。③评估的期间范围不同。无形资产损失赔偿评估的期间是从权利实际受损日到审判日,同时具有前瞻性和回顾性,而非侵权与司法目的下的资产评估是自评估日起

的价值评估,具有前瞻性。④评估的价值是否考虑永续性不同。对于无形资产损失赔偿的评估,由于其用于侵权诉讼中损失赔偿额的确定,所以无须考虑其永续性价值,而非侵权与司法目的下的资产评估的评估则需考虑永续性。⑤评估的价值类型不同。无形资产损失赔偿评估的评估价值一般是该无形资产的公平市场价值,而非侵权与司法目的下的资产评估还包括企业的投资价值和清算价值等。⑥是否具有明确的评估报告不同。无形资产损失赔偿评估目前还没有明确的评估报告模式,而传统资产评估具有明确的准则规定和行业标准。表9-1总结了两者的主要区别。

表9-1 无形资产损失评估与传统资产评估的主要区别

差异	无形资产损失评估	传统资产评估
评估前提	侵权已成事实	根据评估目的而定
评估范围	在没有外界侵害情况下和实际利润之间的差额	商业性资产
期间范围	从实际受损日到判决日(兼有回顾性和前瞻性)	前瞻性
永续性	不考虑	考虑
价值类型	公平市场价值	公平市场价值、投资价值、清算价值等
评估报告	目前准则无规定	应遵循评估准则、行业标准和相关监管要求

二、无形资产侵权损失赔偿评估思路

无形资产侵权损失赔偿数额的确定,历来是民事侵权诉讼中的一个难点。在国际上,评估师对损失赔偿进行评估已成为无形资产诉讼中重要的一环。因此,无形资产损失赔偿评估既是资产评估领域中的新课题,也是评估师的新机遇与挑战。目前,无形资产侵权损失赔偿评估思路主要有定额赔偿法、以正常许可费为参照计算、侵权人的非法获利和以权利人的损失计算。

(一)定额赔偿法

定额赔偿是指依法律、法规及相关司法解释,在法定的赔偿范围内由法官自由裁量具体赔偿额的一种方式,它也是目前知识产权诉讼中采用较多的一种方式。

其优点是判定有据、简明快捷。但其缺陷也是明显的,如法官自由裁判权限过于宽松;定额赔偿规定的幅度不大,有违侵权法全额赔偿的基本法理。定额赔偿主要适用于下列情形:(1)无法查明侵权获利或权利人损失无法计算或其提供的损失计算证据不足以采信;(2)知识产权尚未投入生产或实际运用;(3)防御商标、联合商标及防御型专利等。

(二)以正常许可费为参照计算

依国际惯例,这种计算方式仍为实际损失或侵权获利的替代方式,且在专利及专有技术侵权中运用较多,仍属于相对保守的方式。而且这种方式目前在美国司法界争议很大,也是美国知识产权诉讼愈演愈烈的根源。在企业知识产权战略中,这种强制性许可费也已成为大企业自己拥有的一项业务,诚如 Aclam Jaffe 在《创新及其不满:专利体系对创新与进步的危害及对策》中所言:"这些公司通常能够成功地与较小的竞争对手达成专利许可证协议或约定专利使用费。"如何确定一个公平、有效的长期许可使用费,在我国尚未建立许可使用费信息库的情况下依然是一个难题。

(三)侵权人的非法获利

严格来讲,以侵权人的非法获利作为权利人的损失,理论上体现了民法的公平原则,但在实际操作上却遇到了困难。主要是一些侵权人无账目或账目不清或拒不配合,同时,侵权人可以采用标准的会计科目操纵利润,如果是部分侵权、部分不侵权,所谓侵权所获得的利润该如何区分也是司法实践中较难解决的问题。

(四)以权利人的损失计算

从原理上讲,以权利人的损失计算赔偿数额最能体现民法的公平原则,具体操作思路为权利人在没有外界侵害下和被侵权后实际利润的差额。在实际操作中它也是优于侵权人非法获利的计算方式。在知识产权侵权诉讼中,权利人有责任证明其损失的存在及大小,以便于鉴定人或专家证人开展工作。但在评估无形资产侵权损失赔偿时,以权利人的损失计算常遭遇较难举证的情形,比如商标侵权,侵权方可能对商标价值有促进作用,著作权也存在类似的情形。

三、侵权损失赔偿评估与资产评估基本方法的交叉

从资产评估相关原理上看,资产评估基本的三种方法在无形资产侵权损失赔偿评估中均可得到运用,其主要交叉点见表9-2。

表 9-2 无形资产侵权损失赔偿评估与资产评估基本方法的交叉

方法	优势	劣势	使用时状态
市场法	最符合经济学家对价值的定义,如果数据齐全,被认为是最好的方法	难以找到可以进行对比的无形资产	诉讼、许可交易
收益法	绝对估值法,如果市场法行不通,收益法是最佳方法	对专业技能要求高	诉讼、并购转让
成本法	比较容易找到相关成本信息	不测量效用或者市场价值,现代会计计量无法反映无形资产的真实成本	诉讼

（一）成本法

成本法即通过资产的重置成本扣减各种贬值反映资产的价值。对有形资产而言,成本途径确实能反映资产的价值,但在运用到损失赔偿评估时,该方法则必须得到某种程度的修正。这是因为知识产权的客体是无形的智力创造性成果,侵权人对他人实施的侵害行为不会导致智力成果自身的损毁或者灭失。这个特点决定了运用成本法确定知识产权损失赔偿额是一项复杂而困难的工作。但据调查,公安部门和检察部门却对这种方法有所偏爱,因为他们需要用看似令人信服的证据来说服法官和对方律师。

（二）收益法

收益法指通过预测被评估资产未来预期收益的现值来判断资产价值的各种评估方法的总称。应该说,价值评估中的收益法适用于除法定赔偿外的权利人实际损失、侵权人的非法获利及特许使用费率的计算。从侵权发生日的角度来看,正常经营和实际损失都应该是"预期"的。

（三）市场法

市场法指利用市场上同样或类似资产的近期交易价格,经过直接比较或类比分析以估测资产价值的各种评估的技术方法的总称。由于目前我国知识产权贸易尚不发达,相关数据较难选取,给运用市场比较法评估损失赔偿造成了一定的困难。

最后需要指出的是,尽管无形资产侵权损失评估与资产评估基本方法存在较多的交叉与融合,但评估师仍然不能在损失赔偿评估中照搬传统的资产评估方法。一般而言,损失赔偿评估在方法、程序及取值上较以产权交易为目的的价值评估更为严格,对评估师的执业能力和水平要求也更高。尤其是以推理性证据来说服法官,其难度是显而易见的。

三、主要参数的确定探讨

无形资产侵权损失评估在原则、范围和期间等方面的差异性,也使得在具体参数选取时需要特别考虑侵权和司法的特殊性,本小节就主要的几个参数做一个简要的探讨。

（一）损失的计算期间

损失的计算时间即侵权持续时间,一般而言,损失的计算期间应为侵权发生之日至庭审辩论终结之前。但涉及无形资产诉讼的时间一般比较漫长,且在审判过程中侵权方可以使用多种抗辩手段(如反诉专利无效,证明 Know-how 为公知技术等)从而延缓审判进程。在美国,专利从起诉到开庭的平均时间为 2 年。如宝利莱诉柯达一次成像技术侵权诉讼,经历了 5 年半的审前调查和长达 75 天的庭审过程。在法官 Rya Zobe 作出裁决前,时间又过去了 3 年半。最终柯达被裁决侵犯宝利莱 7 项专利。再如广东省高级人民法院在广州蓝月亮公司诉宝洁公司等不正当竞争一案中,有三个时间涉及损失计算期间:被告的侵权广告时间为 1999 年 9 月至 2000 年 4 月;评估机构的结论将侵权延续的时间确定为 2003 年 12 月;最后法庭认为二审公开审判后侵权行为的影响应足以消除,因此,法院判决将侵权行为的影响延续的时间确定为终审判决公开审判的时间,即 2002 年 6 月,并根据评估结论计算赔偿数额。可见,明确侵权的起始、终止日是计算损失的第一步。

（二）损失口径

我国司法部门在确定损失口径时采用了净利润、营业利润或销售利润等作为收益口径。而目前资产评估界在进行企业价值评估时,主流趋势是采用自由现金流量(FCF)作为收益口径,其含义为可以用来支付给债权人和股东的现金数量。它表明企业为了获得这些收入,不仅要承担费用,还必须在业务活动所需的房产、设备和营运资本上进行投资。在评估实践中,净利润并不是衡量企业价值的一项好的指标,而在美国的一些案例中损失口径采用了净现金流指标,即充分考虑到企业持续经营中正常投入后的现金流,我们认为该指标应替代净利润指标。

（三）利润损失

"如果—没有"测试,为了确定利润损失是否为适当的经济损失形式,一般需要以下因素:(1)对无形资产产品的需求;(2)存在哪些非侵权的产品;(3)生产能力;(4)经济损失能够被量化。比如重庆市高级人民法院印发的《关于确定知识产权侵权损害赔偿数额若干问题的指导意见》第三条规定:"权利人的实际损失除指权利人现有财产的减少或丧失之外,还应包括权利人可得利益的减少或丧失,即如果不发生侵权行为时权利人可以得到的实际利益。"第四条规定:"可得利益损失通常可以依据以下方法计算:(1)权利人的知识产权在侵权行为发生前后价值的差额。但权利人应当证明价值的减少与侵权行为之间的因果关系。(2)根据权利人因被侵权所造成的合法产品销售减少量或侵权产品销售量与合法产品的单位利润的乘积计算;合法产品的单位利润无法确定的,可以采用侵权产品的单位利润。(3)著作权侵权案件中,侵权人以报刊、图书出版或类似方式侵权的,可参照国家有关稿酬或版税的规定,在正常稿酬或税率的2—5倍以内确定赔偿数额。(4)侵权人侵权导致权利人许可使用合同或转让合同不能履行或难以正常履行产生的利润损失。"该条款充分运用了价值评估中收益法的思路,同时也表明,权利人可以自己或聘请专业评估机构证明实际可得利益的损失或预期利益的损失。事实上,在美国的一些损失赔偿评估案例中评估师通常会出具两个评估结果,即"有"和"没有",并对侵权的结果进行比较。

(四) 关于折现率和资本化率

折现率和资本化率都代表着一项投资风险调整后的预期回报率,在运用收益法评估权利人的实际损失时,将未来的价值折成现值必须使用折现率和资本化率。需要注意的是,企业价值评估中收益口径和折现率不匹配的现象在损失赔偿评估分析中也常常出现。这必然会导致评估的价值偏高或偏低,特别是当收益口径为净利润时。以往评估师常常选用行业净资产收益率作为折现率已经被证明是错误的。而在法庭上,这些错误要么误导法官,要么被对方所驳倒。

习 题

一、简答题

1. 诉讼损失评估与传统资产评估的主要区别有哪些?
2. 无形资产侵权损失赔偿的四种评估方法的适用范围分别是什么?
3. 无形资产侵权的损失赔偿评估应选择什么评估假设?
4. 无形资产侵权的损失赔偿评估应选择什么样的价值类型?
5. 知识产权侵权诉讼中的损害赔偿数额确定问题,一直是困扰司法机关的重点和难点。资产评估为司法审判所用应有法有据。2006年4月19日,财政部和国家知识产权局联合发布了《关于加强知识产权资产评估管理工作若干问题的通知》,其中第一条第八项明确了"涉及知识产权诉讼价值"的资产评估问题。资产评估机构可依据法院、仲裁机关或当事人的要求而对知识产权的侵权损失或被控侵权人因侵权获得的收益进行评估。评估结果可作为法院确定知识产权侵权损失赔偿数额的依据。作为行业内专业从事无形资产评估的权威机构,应当充分发挥无形资产评估的作用,解决知识产权侵权诉讼难题。但是,我国在实践中却较少有法院在审理知识产权侵权案件时,借助资产评估的力量确定损失赔偿金额。请探讨其原因,并就完善我国知识产权损失赔偿评估提出建议。

二、案例讨论题

2012年7月2日,广东省高级人民法院公布,苹果公司已与深圳唯冠就iPad商标案达成和解,苹果公司向深圳唯冠公司支付6 000万美元。根据调解书协议,苹果公司需要向广东高级人民法院制定的账户汇入6 000万美元,苹果公司已于6月28日向该案的一审法院深圳市中级人民法院申请强制执行上述民事调解书。主要过程有:①2000年,唯冠台北公司注册了iPad电脑等多种电子产品的欧洲与世界其他各地的商标。2001年6月和12月,唯冠科技(深圳)公司先后申请注册了两项iPad中国商标。②2006年,苹果在英国以撤销闲置不用商标等理由将台湾唯冠告上法庭,这场官司以台湾唯冠胜诉而告终。2009年12月,苹果用3.5万英镑获得了iPad的海外商标权。不过唯冠科技称,iPad的中国大陆商标权归属于其唯冠科技公司所有。③2010年2月,苹果与英国IP公司签订了一份《权利转让协议》,英国IP公司以10英镑为对价,向苹果公司转让有关商标的所有权利。④2010年4月,深圳市中级人民法院受理苹果诉唯冠商标权权属纠纷案。⑤2011年2月,唯冠和苹果iPad商标权之争首次在深圳对簿公堂。2011年12月,经过三次开庭审理,苹果一审败诉,赔偿和商标要求被驳回。⑥2012年1月,苹果向广东省高级人民法院提起上诉。⑦2012年2月,唯冠科技在上海向法院提出申请,要求对苹果iPad执行禁售令。2012年3月,上海浦东法院驳回唯冠要求苹果停售iPad的申请。⑧2012年3月,苹果iPad3发布前夕,深圳唯冠对苹果发起实质性的"阻击"行动,唯冠向海关提交相关资料,申请海关备案扣压苹果iPad系列产品。2012年4月,国家工商行政管理总局副局长付双建回应:"根据中国商标法的有关规定,目前深圳唯冠仍然是iPad商标的合法注册人。"2012年5月,传深圳唯冠索赔30亿元人民币,唯冠阵营一位核心人士透露,双方和解"底线"相差 10 倍。⑨2012 年 5 月,美国加州高级法院驳回了唯冠对苹果 iPad 商标权的诉讼。⑩2012 年 7 月,苹果公司同意向深圳唯冠公司支付 6 000 万美元就 iPad 商标权一案达成和解。

试根据上述材料,评述苹果与唯冠的 iPad 商标之争,并探讨如何进行商标侵权后的损失赔偿评估。

第十章 关于无形资产的若干问题探讨

> 你我是朋友,各拿一个苹果彼此交换,交换后仍然是各有一个苹果;倘若你有一个思想,我也有一种思想,而朋友间交流思想,那我们每个人就有两种思想了。
>
> ——萧伯纳(George Bernard Shaw)

承载了无数人美好回忆的《西游记》,播出已有30余年,成为十几亿国人心中不可磨灭的经典。随着《西游记》的片头曲响起,美猴王便从石头缝里蹦出,纵身一跃至云端,音乐具有大气磅礴的画面感,简直能使天地炸裂。音乐中汇集了民乐、电子乐、打击乐与管弦乐,运用了多种乐器,再配合动听的女声,简直就是那个时代的"神曲"。而创作这样一首举世神作以及《西游记》配乐的,是一位叫许镜清的老人。许老在那个年代,开创了电声音乐做电视剧的先河,其所创作的关于西游记的"神曲",已被无数人使用过、被翻唱、被下载、被用做手机铃声、被在娱乐节目中做背景音乐播放……然而创作这些音乐的许老,几乎没有收到多少版权费。那么,无形资产的市场化、资产化、证券化存在哪些问题呢?该如何更好地表现无形资产的价值?本章就无形资产的若干问题进行探讨,主要包括:

- 无形资产市场化的价值和存在的问题有哪些?
- 无形资产可以作为金融融资的基础吗?
- 税务摊销收益对无形资产价值会产生怎样的影响?
- 无形资产转让定价有何规范和约束?
- 该如何管理无形资产?

第一节　无形资产的市场化

所谓无形资产市场化是指这样一种制度安排:需求方通过市场的手段取得无形资产的许可使用权甚至产权以满足企业对无形资产的需求,而供应方则通过出售或许可无形资产获得相应经济利益。在市场的作用下,各参与主体都在想方设法地对自身现有的无形资产进行挖掘、开发、整合,通过市场活动将各种附加值体现出来。然而,在我国传统资源配置的理论与实务中,一直忽视了无形资产的市场配置,而发达国家市场上的无形资产配置竞争却十分激烈。为此,我们必须完善资源优化配置理论,把无形资产配置充实进去,学会运用无形资产优化配置资源,发挥市场功能,提高企业核心竞争力。对于无形资产评估来说,无形资产的市场化有助于市场法在无形资产评估中的运用,使评估师在方法和途径方面有更好的选择。

一、无形资产市场化的价值

一项资产之所以可以市场化,重要原因在于其可以通过市场流动实现资产价值,即市场的多方主体都可以从中获取相应的价值。对于无形资产的供需双方来说,其市场化可以让无形资产的供应方追求更高的研发投资回报,拥有更多的专利组合以及通过市场发掘出无形资产可能存在的用途;同时,可以让无形资产的需求方在利用市场资源的情况下发挥自己的长处,了解市场信息,了解自己以后的需要,同时把握关键的市场时机(如图10-1所示)。

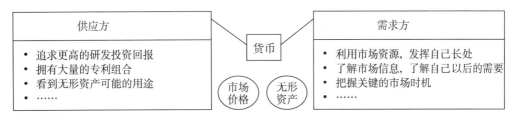

图 10-1　无形资产市场化对于供需双方的价值

市场具有许多的经济和社会功能:它们为产品或劳务的生产商提供关于流动场所以及消费者偏好的信号,同时还有助于分散风险和专业化分工(例如,发明家可以专注于发明工作,然后再将发明成果销售给开发者)。最重要的是,市场价格提供了关于产品和劳务的信息,这对资源的最优配置至关重要。

此外,无形资产的市场化会促进我国产业结构调整。中国制造向中国服务转型的标志之一就是无形资产的重要性突显,无形资产在微观企业中的比重加大。如此,涉及无形资产的转让、许可使用、出资、拍卖、质押、诉讼、损失赔偿、财务报告、纳税等方面的管理就变得频繁与重要,而这些经济活动依赖于无形资产的市场化。只有无形资产的市场化达到一定程度,这类经济活动才得以在市场中积极地配置资源,发挥力量。同时,无形资产的市场化可以促进评估、法律等中介行业的迅速发展,为相关行业创造机会。

二、无形资产市场化存在的问题

尽管无形资产的市场化具有积极的价值,然而在现实中由于信息不对称、评估与计量的高难度以及无形资产的争议性,无形资产的市场化受到了很大的限制,主要表现在以下几个方面:

(1) 经济活动的不活跃性。相比有形资产,涉及无形资产的经济活动中,信息不对称程度较为严重。在有形资产交易中,交易双方在交易时因为商品的有形性可以在较大程度上消除信息不对称。然而,涉及无形资产的经济活动中,信息具有天然的不对称性,其不对称性不太会因为交易活动的进行而大幅减少。正因为信息的不对称性,无形资产的交易与竞争对政府和第三方(包括法律、评估等机构)的要求更高,对涉及经济活动的各参与主体的要求相对都比有形资产要高,这就导致了无形资产的经济活动并不活跃,从而导致了无形资产的市场化程度不高。

(2) 无形资产的货币化程度较低。无形资产大多涉及人类的脑力劳动,在此类活动中,我国知识分子对于其成果的货币化或多或少存在疑虑甚至抵触心理。同时,由于无形资产成本上的弱对称和虚拟性,传统的历史成本计价模式已力不从心。对于无形资产价值的计量与评估历来是存有难度的事情,无形资产在拥有或控制主体中具有分离模糊和权重模糊的特性,使得无论是在会计上还是在资产评估上,都面临巨大的挑战。此外,许多无形资产投资成果的边际成本微不足道,导致这类资产没有稳定的市场和价格体系。无形资产的货币化程度直接影响到其市场化的程度。

(3) 不能达成有关无形资产投资成果完备的契约。能够明确地规定交易各方的行为方式和成果分享方式是活跃市场存在的基本前提条件。但对于无形资产来说,很难事先规定契约方(如一项未完工的研究开发计划的买方和卖方)的行为和这些投资(研究开发)成果的分配方式。例如,把一项药品研究计划与一个研究开发系列一同出售给投资者,投资者将这项研究计划分包给X公司开发,结果在临床实验中失败并导致开发计划最终终止,然而在药物开发过程中获得的知识和经验将很有可能促使 X 在未来的开发工作中获益。那么谁是这些利益的所有者?是研究开发系列的投资者,还是 A 公司?很明显,如果要制定一份明确规定了所有不确定事件和各方相关权利义务的完整契约,是非常困难的。

(4)经济活动引发纠纷的难处理性。无形资产具有无形性、附着性和公益性等特征,在产权归属和经济贡献等方面天然具有争议性,而且这种争议性很难处理。在由无形资产经济活动引发的各种纠纷中,甚至有不少存在法律空白,对于此类没有明文规定的情况处理起来非常具有挑战性。而且因为信息的不对称性,市场的有效性又极其有限,通过市场自身的规则与力量来解决相关纠纷也变得困难。

三、无形资产市场化的对策

要加强无形资产的市场化,必须改善无形资产经济活动的市场环境,需要从市场环境、定价与评估、消除信息不对称以及纠纷处理等方面寻求对策。

(1)可靠的市场环境。市场环境是指影响无形资产市场经济活动的一系列外部因素,核心包括市场参与人员的价值观、道德水平、契约精神、市场结构与政策等,这些因素与人们进行无形资产的市场经济活动有密切关系。市场环境决定了无形资产市场化的程度,影响参与人员的参与意识与参与水平,是其他要素的基础,提供了基本的规则与构架。可见,可靠的市场环境是无形资产市场化的根基。

(2)无形资产价值计量与评估的发展。资产的计量与评估的产生在于资产市场经济活动的需要,是服务于市场活动的服务活动。无形资产计量与评估的价值主要在于:①保全资本,实现生产要素的价值补偿;②以无形资产投资、转让等活动为目的,以便为其价格的确定提供可靠依据;③为企业产权变动和各种技术贸易活动等提供中介服务,报告对供需双方特定的公允价值,促进企业资产经营活动目的的实现。可见,无形资产的市场化依赖于无形资产的计量与评估的发展。

(3)无形资产市场信息化的推动。无形资产具有天然的信息不对称,这一特点也是阻碍无形资产市场化的重要因素。推动无形资产市场信息化有助于改变这一特点,通过信息化让无形资产"现身",使得市场经济活动变得更为容易。

(4)知识产权等相关法律的完善。权属的模糊性和贡献的难以确定性是影响无形资产市场化的另一重要因素,知识产权等相关法律的完善有助于减缓这一因素的影响。无形资产的法律保护可以为无形资产创新提供保障,为无形资产市场化提供平台,甚至激励人们从事与无形资产相关的活动。无形资产相关法律应该在无形资产的登记、产权认定、纠纷处理、价值评估等方面进行系统性的完善。

第二节　无形资产与金融融资

20世纪90年代,随着对专利、商标等知识产权价值认识的深化,我国也开始探索无形资产质押融资的可能性,并在1995年颁布的《担保法》中明确规定依法可以转让的专利、商标专用权中的财产权可以质押。近年来,虽然国家和各省为了支持中小企业发展,出台了不少政策,鼓励银行为企业提供无形资产质押贷款,但由于无形资产质押的特殊性,银行行动并不积极,各地仍是零星、小范围的试点,在更大范围内推广实施困难重重,不少企业的质押要求甚至遭到拒绝。国家知识产权局于2015年选择了北京市海淀区、长春市、南昌市、湖南省湘潭市、广东省佛山市以及宁夏的知识产权局作为全国知识产权质押融资试点单位,希望通过试点,在全国更大范围内推广这一业务。事实上,利用无形资产质押贷款,在一些发达国家已成为一种较成熟的融资方式,有效地促进了科技型企业的创新发展。

一、无形资产金融融资的可能性

无形资产质押融资较难的主要原因是国内对无形资产质押还存在一些疑虑,例如:无形资产的可质押性,即其充当担保标的的依据、出质双方权益的保全等;在实际操作中,无形资产质押专业性强、风险大、涉及问题复杂,现有监管方式还不完善。只有克服这些困难,制定科学合理的操作规范和程序,才能有效推动这项业务顺利开展。

（一）无形资产质押的理论依据

无形资产质押的理论依据主要有:

第一,超额收益性和财产属性是无形资产可质押的价值基础。无形资产要充当担保标的用于质押,必须具备一定的条件。从法理学的角度讲,任何可成为担保标的的物或权利都应具备一定价值并具有财产权的性质。因为债权本身就体现了一定的价值性,担保标的必须具有足够的价值,才能在债务人不履行债务时,债权人得以从担保物中以优先受偿来实现自己的债权,达到保证债权的目的。财产权是民事权利主体所享有的具有经济利益的权利,它具有物质财富的内容,可以用货币进行计量。财产权包括以所有权为主的物权、债权及知识产权等。无形资产具有价值和使用价值,能为投资者创造收益,并且能带来比一般企业盈利水平高的超额收益。无形资产的价值主要体现在其超额收益性上。虽然无形资产没有实物形态,但它能够借助有形资产载体,对企业的生产经营长期持续地发挥作用,并能带来超额预期收益,其价值量的大小即是它为企业创造超额收益的多少。无形资产的超额收益性使其具有财产的属性,其专用权属财产权,拥有无形资产即享有其收益权。如专利权、商标专用权等即属于财产权,其价值可以用货币计量,所有人享有对它们行使占有、使用、收益和处分的权利。

第二,无形资产财产权的可转让性确保了其质押的可行性。为确保债权的实现,充当担保标的的物或权利必须具有可转让性,以保证债务人不履行债务时,债权人可以将担保标的拍卖或变卖,以变现的价金优先受偿。我国《担保法》明确规定只有依法可以转让的权利才能设定担保。专利、商标等多数无形资产,除了法律或协议有规定的特殊情况外,均可转让或交易。

可见,用于质押的无形资产必须具备两个要件:一是该标的为所有权之外的财产权,具有财产属性是无形资产用于质押的首要条件;二是该无形资产具有可转让性。无形资产只有符合这两个条件,才具备充当担保标的的能力。当然这两个条件只是无形资产可用于质押的必要条件,并不是充分条件,对于具体的无形资产还要进行具体分析。

(二) 无形资产质押的特殊性

基于无形资产的特殊性,我国在立法时借鉴了知识产权的概念,认为商标、专利等无形资产专用权中依法可转让的财产权能充当担保标的,并将其归为权利质押。质押权具有优先受偿性。动产质押必须转移动产的占有,但权利质押是否转移占有不能一概而论。出质人将专利、商标等有关权利质押后,其生产经营仍必须依赖有关质押专利和商标专用权,只有继续使用这些资产才能获得收益。如果交付占有,无形资产不具有实物形态,质权人很难实施占有。而且无形资产专用权交给质权人,不允许出质人继续使用,无形资产将发挥不了任何作用,甚至会失去其价值。实际上,作为无形资产的出质人,他仅以无形资产的财产权来出质,在法律上仍是该权利的主体,因而仍有利用该权利的资格。而质权人仅取得以该权利的交换价值来担保的权利,并非该权利的主体,因而不具有利用该权利的资格。因此,无形资产出质后,出质人仍有继续使用权,未因设质而丧失其使用权。

(三) 各类无形资产可质押性分析

随着科技进步和知识经济的发展,新型无形资产不断涌现,特性更趋多样化。

目前经济学确认的无形资产总数已超过30项,美国会计制度确认的无形资产有24项之多。众多的无形资产只有符合一定条件才能用于质押。

无形资产作为质押标的除应具备财产属性和可转让性外,还必须是依法取得、合法有效且在法定保护期内的,否则该权益不受法律保护,就谈不上质权人利益的保护。比如,专利权、商标权质押就要考虑其地域性和时间限制,无形资产的法定有效期限应该比质押的期限长。企业的非专利技术或商业秘密,通常不受国家法律保护,质押后一旦泄露秘密,质权人要承担很大的风险,因此不适合质押。我国《担保法》中明确说明可出质的无形资产仅有专利和商标专用权,显然种类太少,范围太窄。实际上,企业的品牌、依法可转让的特许权、植物新品种、计算机软件及集成电路设计权等,同样符合无形资产质押的条件。随着经济发展和我国无形资产质押制度的不断完善,会有更多的无形资产用于质押。

(四)无形资产质权的保全方式

动产质权的保全方式主要是占有和管领。无形资产质押则很难转移占有或交付标的,质权人实际上很不好控制质押标的。因此,建立制度保全质权就显得特别重要。

无形资产质权的保全方式主要有以下两种:

第一,无形资产质押合同。无形资产出质后,出质人仍有继续使用权,但此时无形资产专用权上已有质权的负担。因此,应采取措施对出质人的权利进行一定的限制。我国担保法规定,以依法可以转让的商标专用权、专利权中的财产权出质的,出质人与质权人应当订立书面合同,并向其管理部门办理出质登记。通过订立书面合同,限制出质人对权利的处分,实现权利质权的保全。因此,无形资产作为一种权利出质后,并不在于是否将该资产交给债权人,关键是对双方权利的限制。通过限制出质人的某些权利,赋予质权人一定的权利来维护双方的利益。出质人未经质权人同意,不得转让或许可他人使用质押权利。质权人取得质权后,拥有优先受偿的权利,但也不能对该项权利任意转让或许可他人使用。

第二,质押合同登记管理制度。无形资产专用权大多是通过专门管理部门来审查、登记,并由这些部门确立其法律保护状态。因此,由这些部门采取强制登记管理制度,就成为保全无形资产质权有效性的关键。无形资产质押不是以财产权的转移占有为生效条件,而是以管理部门准予登记为生效条件。只有质押合同登记生效,当事人才享有相应的权利与义务。专利、商标质押合同一经受理登记,专利局和商标局即起动审核程序,并通过登记、管理数据库对质押全过程进行管理。

该登记文档将向公众开放。通过查阅登记簿,公众就可以了解有关专利和商标的出质情况,以免在签订质押合同时出现重复质押。公众在接受转让或许可时,也可以查阅登记簿,了解所要受让的权利是否有质权存在。如果专利权或商标权正处在质押期间,对其专用权的任何变更均须得到质押合同当事双方的认可,否则,都将是无效行为。无形资产质押合同登记管理制度,解决了无形资产难以转移占有的问题,有力保障了质押合同当事双方甚至是第三方的权益,成为无形资产质押得以实现的关键环节。

二、无形资产金融融资的形式

根据市场需求,可能催生出无形资产金融融资模式的多样性,本书就以下两种常见的无形资产金融融资模式进行介绍。

(一) 知识产权质押融资

知识产权质押融资是以企业拥有的专利、商标、著作权等知识产权为质押物,律师事务所、资产评估机构等提供中介服务,担保公司等提供信用担保,由银行提供贷款的一种融资模式。为鼓励知识产权的转化运用,解决中小企业融资难的问题,采用知识产权质押融资成为破解中小企业融资困境的一个突破口。

依据我国《担保法》中对动产质押和权利质押的相关规定,质押是指债务人或第三人将其财产移交给债权人占有,将该财产作为债权的担保。当债务人不履行债务时,债权人有权依法将该财产折价的价款优先受偿,或是以拍卖、变卖该动产或权利的价款优先受偿。债务人或者第三人为出质人,债权人为质权人。移交的财产为质押标的物,即质物。质押按照标的物的实物形态划分为不动产质押、动产质押和权利质押。而知识产权质押是权利质押的一种,是保证债务人履行债务、债权人实现权利的一种担保制度。

知识产权质押具有如下特点:(1)质押标的物的利用程度受限。在知识产权设质以前,知识产权人对其获得的知识产权享有完全的权能。而在知识产权设质以后,尽管该设质知识产权仍归属于原权利人,但该知识产权已成为有负担的权利,权利的行使受到限制。出质人可继续利用其出质的知识产权,但出质人未经质权人同意不得转让或者许可他人使用已经出质的知识产权;质权人未经出质人同意不得利用出质的知识产权。(2)"观念"转移占有方式。作为知识产权客体的智力成果,是一种没有形体的精神财富,人们对它的占有不是一种实在而具体的占据,而是表现为对某种知识、经验的认识与感受。这种占有是一种虚拟占有而非实际控制。知识产权质押标的物具有非物质性、形式而非实质上的转移占有等特点，节约了质权人保管质物的成本，有利于减轻质权人为保管质押物所需承担的责任；还应注意到，知识产权进行质押以后，既能保证债权的受偿，使债务人获得信用，又能保护质押标的物的使用及收益，发挥质押标的物的效用；同时，可有效避免动产质押的缺点，充分发挥质押的优越性。（3）督促企业积极主动地还贷。依赖于知识产权人创造性劳动或长期经营积累所拥有的知识产权，不论是专利权、商标权，还是著作权，对企业的生存和发展来说，都是至关重要的。一方面，由于知识产权具有创新性、唯一性、长期积累等特点，一旦失去它，企业便可能会面临生存和进一步发展的危机；另一方面，企业采用知识产权质押贷款为融资方式时，需要负担评估费、律师费等相关费用，融资成本较高，违约代价较大。因此知识产权质押担保会在一定程度上促使企业积极主动地还贷，以消除或降低知识产权上的担保物权之负担。（4）有效地保护质押权人的利益。我国《担保法》第79条规定："以依法可以转让的商标专用权，专利权、著作权中的财产权出质的，出质人与质权人应当订立书面合同，并向其管理部门办理出质登记。质押合同自登记之日起生效。"通过设定质押登记手续，可以起到公示的作用，既避免了质押人私自向第三人转移知识产权的风险，亦使第三人能够预先知道权利是否有瑕疵，从而有效地保护质押权人的利益。

（二）大数据金融

大数据金融是指集合海量非结构化数据，通过对其进行实时分析，为互联网金融机构提供客户的全方位信息，通过分析和挖掘客户的交易和消费信息掌握客户的消费习惯，并准确预测客户行为，使金融机构和金融服务平台在营销和风险控制方面有的放矢。基于大数据的金融服务平台主要指拥有海量数据的电子商务企业开展的金融服务。大数据的关键是拥有从大量数据中快速获取有用信息的能力，或者是从大数据资产中快速变现利用的能力。因此，大数据的信息处理往往以云计算为基础。

大数据金融的典型代表是阿里金融，又称阿里小贷，阿里小贷所开发的新型微贷技术是其解决小微企业融资的关键所在，数据和网络是这套微贷技术的核心。阿里小贷利用其天然优势，即阿里巴巴B2B、淘宝、支付宝等电子商务平台上客户积累的信用数据及行为数据，引入网络数据模型和在线资信调查模式，通过交叉检验技术辅以第三方验证确认客户信息的真实性，将客户在电子商务网络平台上的行为数据映射为企业和个人的信用评价，向这些通常无法在传统金融渠道获得贷款的弱势群体批量发放"金额小、期限短、随借随还"的小额贷款。同时,阿里小贷微贷技术也极为重视互联网技术的运用。其中,小微企业大量数据的运算即依赖互联网的云计算技术。阿里小贷的微贷技术包含了大量数据模型,需要使用大规模集成计算,微贷技术过程中通过大量的数据运算,判断买家和卖家之间是否有关联、是否炒作信用、风险的概率的大小、交易集中度等。正是应用了大规模的云计算技术,阿里小贷才有能力调用如此庞大的数据,以此来判断小微企业的信用。这不仅能够保证其安全、效率,也降低了阿里小贷的运营成本。另外,对网络的利用,也简化了小微企业融资的手续、环节,更能向小微企业提供"365×24"的全天候金融服务,并使得同时向大批量的小微企业提供金融服务成为现实。这也符合国内小微企业数量庞大,且融资需求旺盛的特点。借助互联网,阿里小贷在产品设置中支持以日计息,随借随还,便利小微企业有效掌控融资成本,更提升了自身的资金运作效率,得以在有限资源内为更多小微企业提供融资服务。

第三节 无形资产评估中的税务摊销收益问题

摊销税务收益(Tax Amortization Benefit,TAB)是指对因为无形资产摊销所产生的税收减免产生的收益现值。我们认为资产评估师运用收益法评估无形资产时,可以选择税前或者税后的收益进行折现。如果选择税前收益进行折现,不会产生税务摊销收益问题。如果选择税后收益进行折现,则涉及税务摊销收益价值的确定问题。但无形资产评估过程中是否需要考虑税务摊销收益,目前业内尚有争论,国内评估界也没有统一规定。

一、税务摊销收益对企业的影响

依据《资产评估准则——无形资产》,当出现无形资产转让和投资、企业整体或部分资产收购和处置等经济活动时,注册资产评估师可以接受委托,执行无形资产评估业务。本节分别分析以下两种情形:(1)当企业从事整体或部分资产的收购和处置等经济活动时,比较常见的情形是公司合并对价分摊的无形资产公允价值评估,这是以财务报告为目的的资产评估。如果不考虑摊销税务收益,根据对价分摊计算方法,摊销税务收益值进入商誉部分。根据我国《企业所得税法》,非同一控制下的企业合并,无形资产按照直线法计算的摊销费用,准予扣除;而外购商誉的支出,只能在企业整体转让或者清算时才准予扣除。可见,不同的处理方法会影响到企业的所得税支出。(2)无形资产转让和投资时,不同的处理方法仅仅是影响评估值,并不影响所得税支出。但评估值的不同,可能会影响到交易双方的谈判,同时影响到财务报告中资产的价值,影响各种财务指标的计算,进而影响企业决策。如果涉及国有资产,还会影响到国有资产管理。

此外,税务摊销收益的处理还会对转让定价产生影响。随着跨国企业的普遍化,跨国(境)交易日益频繁。跨国交易涉及两个国家(地区)税务政策的差异,影响商品或服务价格的主要因素是向卖方使用的资产支付使用费用,大部分此类资产是无形的。将无形资产转让给投资控股公司,可以对资产的所有者提供极大的国家收入税收优惠(主要是所得税)。目前,通用标准是将正常交易的价格与给定的转让定价进行对比,其使用费用表示为适当的价值投资收益(即收益法估值),各方需要对无形资产不断地进行评估,而无形资产价值是否包含税务摊销收益也是争议的话题之一。

既然税务摊销收益处理对企业、政府税务部门和监管方都会产生一定的影响,那么就有必要分析无形资产价值是否包含摊销税务收益产生的价值。或者说,评估师在采用收益法对无形资产进行评估时,如果选用税后收益而不考虑税务摊销收益,是否会产生收益或价值漏损?回到收益法的参数理解上,在考虑无形资产带来的超额收益时,我们认为可以是收入的增加,也可以是成本和费用的降低。无论是利润指标,还是现金流指标,都需要考虑税收因素,如果该资产的出现可以带来税收的减免,那么可以认为这部分收益是这项资产带来的。从这个角度分析,需要考虑摊销税务收益,否则会出现收益漏损,进而导致价值漏损。另一方面,在资产评估方法中,考虑因税收带来的收益也是普遍做法,比如在成本法中,无论是功能性贬值还是经济性贬值,资产价值均把因为资产损耗产生的税收减免加回资产价值中。

基于以上分析,本书认为资产评估师在运用收益法评估无形资产时,如果选择税后收益,则需要恰当地分析税务摊销收益。

二、税务摊销收益计算方法

假设折现率为 r,摊销年限为 n,直线法摊销,残值为 0,税率为 T,未考虑税务摊销价值时评估出来的无形资产价值为 V_0。

定义税务摊销价值为 TB,无形资产最终价值为 V,则有 $V=V_0+\text{TB}$,每年摊销额为 $\dfrac{V}{n}$,摊销额可以列入成本、费用抵减所得税应纳税额。则每年可以抵减的所得税

应纳税额为 $\dfrac{V \times T}{n}$；折现得到现值 $\text{TB} = \dfrac{V \times T}{n} \times (P/A, r, n)$。

则有 $\dfrac{V \times T}{n} \times (P/A, r, n) = V - V_0$，得到 $V = \dfrac{V_0}{1 - \dfrac{T}{n} \times (P/A, r, n)}$

$$\text{TB} = \dfrac{V_0 \times T \times (P/A, r, n)}{n - T \times (P/A, r, n)} = V_0 \times \left[\dfrac{n}{n - T \times (P/A, r, n)} - 1\right]$$

在税务摊销收益暂未考虑税务摊销价值时评估出来的无形资产价值的比重：

$$\theta = \dfrac{\text{TB}}{V_0} = \dfrac{n}{n - T \times (P/A, r, n)} - 1 = \dfrac{T \times (P/A, r, n)}{n - T \times (P/A, r, n)}$$

计量摊销税务收益最显著的影响是可以增加无形资产的公允价值，根据情景的不同，可以提高资产公允价值的不同百分比。下面用一个例题来说明税务摊销收益对资产价值的影响。

【例 10-1】 假设某企业并购时，其中有一个价值 100 万元的无形资产，每年将产生 10 万元的收益，摊销年限为 10 年，假定适用的折现率为 10%，所得税税率为 25%。

要求：试分析考虑摊销税务收益与否对公允价值计量的影响。

解：

根据上述资料，有：

$$\text{TB} = \dfrac{100 \times 25\% \times (P/A, 10\%, 10)}{10 - 25\% \times (P/A, 10\%, 10)} = 18.15（万元）$$

$$\theta = \dfrac{\text{TB}}{V_0} = \dfrac{18.15}{100} = 18.15\%$$

也就是说，在给定条件下，考虑摊销税务收益可以增加 18.15 万元的公允价值，增值率达到 18.15%。

第四节 无形资产的转让定价问题

转让定价（Transfer Pricing）是指关联企业之间在销售货物、提供劳务、转让无形资产等时制定的价格。在跨国经济活动中，利用关联企业之间的转让定价进行避税已成为一种常见的税收逃避方法，其一般做法是：高税国企业向其低税国关联企业销售货物、提供劳务、转让无形资产时制定低价；低税国企业向其高税国关联企业销售货物、提供劳务、转让无形资产时制定高价。这样,利润就从高税国转移到低税国,从而达到最大限度减轻其税负的目的。

例如,假定一跨国企业集团的母公司所处的 A 国企业所得税税率为 30%,子公司所处的 B 国企业所得税税率为 10%,并假定在某纳税年度内,母公司的应税所得为 1 000 万美元,子公司的应税所得为 300 万美元,此时,母公司应缴纳的所得税为 300 万美元(1 000×30%),子公司应缴纳的所得税为 30 万美元(300×10%),由此可以计算出该集团全球的实际税率为 25.4%[(300+30)/(1 000+300)]。假设母公司通过操纵其与子公司之间的转让定价,向子公司转移了 500 万美元的利润,那么在该纳税年度内,母公司的应税所得为 500 万美元,子公司的应税所得为 800 万美元,此时,母公司应缴纳的所得税为 150 万美元(500×30%),子公司应缴纳的所得税为 80 万美元(800×10%),由此可以计算出该集团全球的实际税率为 17.7%[(150+80)/(1 000+300)],实际少纳税 100 万美元。

一、无形资产与转让定价

由于无形资产在经济全球化的主要载体跨国公司的经营中发挥着越来越重要的作用,无形资产的转移定价问题更成为国际税收征纳中的重中之重。无形资产通常都是独一无二的,缺乏可比性,因此传统的调整方法,对无形资产转让定价来说,越来越显示出其力不从心,甚至无能为力。诸如商标、专利等无形资产,本质上为权利人所专有和垄断,各个无形资产之间不具有可比性,无形资产无法折旧,有时会随着外界条件的变化而升值或贬值。无形资产研发中,开发商承担研发失败的风险。风险越大,就越不适合用成本加成法来评估开发研究的价值。即使失败的风险很小,无形资产在市场上的价值与其实际开发的成本也可能无多大关系。因此,成本加成法对无形资产转让定价来说局限很大。以电子商务为载体的新型商业模式为跨国企业提供了极大的便利条件,在传统与虚拟(Clicks-and-bricks)相结合的模式下,新的以技术为基础的知识产权,比如数据库、组织结构、技术诀窍等,使在过去可能要花数十年才能建立的品牌或市场,现在只需要很短的时间就能实现,但税务当局对跨国界交易的识别、追踪、数量化和确认难度也会明显增加。这说明了传统的以比较价格为核心的转让定价调整方法对调整无形资产转让定价的不适用性。

目前转让定价的调整方法可以分为两大类:以交易价格为基础的比较价格法和以利润为基础的方法。以交易价格为基础的比较价格法是传统的调整方法,而以利润为基础的方法则主要是为适应无形资产在企业经营中的重要作用而产生的。以利润为基础的方法主要适用于调整无形资产的转让定价问题。利润法的具体方法主要有可比利润法、交易净利润法和利润分割法。

1. 可比利润法

可比利润法(Comparable Profits Method),是以非关联可比企业的利润水平作为关联方的利润水平,然后利用"利润=销售价格-成本"这一公式倒推出关联交易的公平成交价格。可比利润法不是以具体交易为基础,而是以受控纳税人的全部经营活动(3年之内的经营活动)为基础。在关联企业不向独立企业进行销售,或在市场上也没有类似产品的可比价格时,可比利润法就是最佳方法。

2. 交易净利润法

交易净利润法(Transactional Net Margin Method),是按照没有关联关系的交易各方进行相同或者类似业务往来取得的净利润水平确定利润的方法。一般在毛利无法确定时,才考虑采用交易净利润法。选择正确的净利润是运用交易净利润法的关键。在对经营劳务与分销业务的关联企业调整转让定价时,一般采用销售额收益率来计算调整额;在对生产制造商调整转让定价时,一般采用成本收益率来计算调整额。

3. 利润分割法

利润分割法(Profit Split Method)是将从事共同生意的关联方在世界范围内的应税所得,根据各关联方对获取的所得的贡献比例进行分配。这个方法最显著的特点是,它适用于一系列交易的总利润,而不是某一具体交易。而传统方法都是针对一宗具体交易。这正是二者最大的本质区别。

利润分割法可能有很多变化,其中之一是将它与一个或多个传统方法相结合。使用传统方法可以对日常活动的平均利润进行分配,使用利润分割法可以将企业生产经营利润从高附加值的无形资产赚得的所得中分割出来。利润分割法并不强调市场上有相同或类似的无形资产的正常交易,而且也不要求无形资产完全为转让方所拥有,因此特别适合于受让方取得无形资产后继开发的情况以及关联企业共同开发无形资产的情况。利润分割法已成为核定无形资产转让价格最受欢迎的方法,这已被欧洲各国税务当局的实践所证明。

利润分割法有两种:一种是可比利润分割法,一种是超额利润分割法。

可比利润分割法(The Comparable Profit Split Method),是在关联企业与无关联企业进行相似交易活动的前提下,以无关联交易的合并营业利润或亏损中每一无关联方所占的比例为标准来确定关联交易中合并利润或亏损的分配。其基本特征是,根据可比的独立企业之间独立交易的利润水平而非价格水平决定关联企业在内部交易中应得的利润。其理论基础是,尽管可比交易的价格可能存在较大差距,但其利润水平却应该是基本一致的。可比利润分割法是基于受控纳税人与非受控纳税人营业利润的比较,适合在成本、收入和资产分配具有可靠性、一致性的情况下使用。无形资产转让定价行为的单一性,使找到可比对象的难度很大,因此可比利润分割法在无形资产转让定价中的使用限制较大,不如利润分割法中的超额利润分割法。

超额利润分割法(The Residual Profit Split Method),是对无形资产带来的超额利润进行调整,在核定双方均拥有有价值的无形资产的增加部分时,能使双方都得到相应回报,能有效减少那些严重偏离的转让定价行为。

超额利润分割法按两个步骤分割合并营业利润或亏损。首先,按各企业的正常贡献分配收入。正常贡献中通常不包含无形资产的份额。其次,再将第一步未分配的收入按特殊贡献进行分配。所谓特殊贡献,主要是针对无形资产。它的分配标准可以是各方承担的费用,也可以是外部市场的价格水平。分配超额利润时需要先确定纳税人在从事相似的企业活动中相同或类似的交易类型,如有形财产、劳务和无形资产交易的贡献份额。然后,分配超额利润。按正常贡献分配收入后,未分配的利润就是超额利润。根据关联交易中关联各方对无形资产的贡献份额,分配超额利润。关联各方对无形资产所做的贡献大小,不是按每一项无形资产在使用年限内确定的每年摊销额确定,而是用外部市场价格水平来确定,或者是由开发该项无形资产的资本化成本和各种有关的改进费用共同确定。如果关联各方对无形资产的开发费用持续发生,且各方拥有的无形资产的使用年限大致相同,可以用最近几年的实际支出数额确定无形资产的贡献额。

超额利润分割法也需要可比性与可靠性分析。尤其要考虑数据与假设的可比性及质量水平。超额利润分割法还要评估各参加者在确定无形资产贡献额时所使用的数据及假设的可靠性。值得注意的是,如果用开发该无形资产的资本化成本来确定无形资产的价值,结果的可靠性与需要做如此估计的其他方法的结果的可靠性相比,会大为减弱。

利润分割法在无形资产转让定价中因其优点而有优势:首先,利润分割法与公平交易原则下的调整方法一样,使用公开市场价格,或客观市场条件下所形成的各种价格,作为分配国际收入与费用的依据。其次,可以避免逐笔审核关联企业之间交易定价、逐笔分配国际收入与费用的复杂且繁重的工作,只要找出相同或相似参照物的平均市场利润率,对无形资产可作贡献依据的财务比率进行确认即可,可以简化管理。最后,可以解决无形资产在转让过程中定价难的问题。因为影响无形资产价值的因素非常多,而且一般无形资产没有相同或非常接近的无形资产交易作为参考,所以定价很难体现出市场公允价值。利润分割法能对无形资产做出较合理的估价。

利润分割法在处理无形资产转让定价问题上也存在相当的不足,例如:难以找到外部市场价格作为内部交易的客观依据,关联企业之间的无形资产转让缺乏可比性;对确认无形资产带来的超额利润的分割比率存在技术操作上的难度;难以实现运用利润分割法的跨国公司关联各方会计方法及可比口径一致。

【例 10-2】 甲国的 A 公司与乙国的 B 公司是关联企业,A 公司的经营资产为 5 000 万美元,B 公司的经营资产为 1.5 亿美元。A 公司当期的销售成本为 1 000 万美元,取得的经营利润为 200 万美元;B 公司当期取得的经营利润为 300 万美元。现甲国要根据利润分割法来确定 A 公司向 B 公司的合理销售价格,并且把经营资产规模作为衡量对利润贡献大小的唯一参数。

分析:

由于 A、B 公司的经营资产规模之比为 1:3,所以各自取得的利润之比也应为 1:3,这样,A 公司的利润就应占两个公司 500 万美元总利润额的四分之一,即 125 万美元,而 B 公司的利润应为 375 万美元。由于 A 公司的销售成本为 1 000 万美元,其向 B 公司的合理销售价格应为 1 125 万美元。

【例 10-3】 甲国的 A 公司是一个制药公司,拥有两种药品的商标权,A 公司将药品的商标使用权和药品的加工权转让给了乙国的子公司 B,B 公司生产出药品后全部销售给 A 公司,然后 A 公司再将药品在甲国进行销售。甲国税务部门用利润分割法进行利润分摊,并将 A、B 公司在获利过程中发挥功能的无形资产分为加工制造方面的无形资产和销售方面的无形资产。

分析:

税务部门按照成本外加 100% 的加价确定销售和制造功能的利润;A、B 两公司的总利润扣除销售和加工制造利润后的剩余利润,再按 55% 的比例分割给 B 公司拥有的制造方面的无形资产功能,按 45% 的比例分割给 A 公司拥有的销售方面的无形资产功能。

二、OECD 转让定价指南关于无形资产的特殊考虑

经济合作与发展组织(Organization for Economic Co-operation and Development)，简称经合组织(OECD)，是由 34 个市场经济国家组成的政府间国际经济组织，旨在共同应对全球化带来的经济、社会和政府治理等方面的挑战，并把握全球化带来的机遇。由于常常难以从税收角度评判无形资产交易，因此需要特别关注这类交易。OECD 转让定价指南专门讨论根据公平交易原则运用适当的方法，针对涉及商业活动(包括营销活动)的无形资产的交易，确定其转让定价。

OECD 关于"无形资产"一词的界定与会计领域有较大的差别。OECD 关于"无形资产"的界定既包括使用行业资产(如专利、商标、商业名称、设计或模型)的权利，也包括文学和艺术产权及知识产权(如专有技术和商业秘密)。OECD 转让定价指南着重于商业权利，即与商业活动(包括营销活动)有关的无形资产。这些无形资产是那些在公司的资产负债表上可能不具有账面价值，但仍具有相当价值的资产，也可能存在与它们有关的相当的风险(如合同或产品方面的责任和对环境的损害)。

为了具有可比性，无形资产的公平交易定价必须考虑资产转让方和受让方两方面。从资产转让方的角度看，公平交易原则会考察可比独立企业愿意转让该无形资产的价格；从资产受让方的角度看，可比独立企业根据无形资产对其企业的价值和作用可能愿意也可能不愿意支付这个价格。如果相对于其他实际可做的选择，受让方从利用该无形资产获得的合理预期的利益能够令其满意，受让方就愿意支付此许可费。如果受让方为利用此项许可，还必须进行投资或发生其他费用，就需要判断独立企业考虑到从额外投资和有可能发生的其他支出获得的预期利益后，是否愿意支付该金额的许可费。

无形资产的转让定价的核心问题之一就是计算符合公平交易原则的报酬。在涉及无形资产的受控交易适用公平交易原则时，必须考虑到与受控和非受控交易之间可比性相关的一些特别因素。这些因素包括对无形资产的预期收益(可通过计算净现值确定)，其他因素包括：对行使无形资产权利的区域限制、对利用受让权利所生产的商品的出口限制、受让权利的排他性或非排他性、资本投资(建立新工厂或购买特殊机器)、启动费及市场需要的开发工作、分许可的可能性、被许可人的分销网络，以及被许可人是否有权参与许可人对该无形资产的进一步开发。

然而，当涉及无形资产的受控交易发生时，无形资产可能具有的特性使得对可

比对象的寻找变得复杂,并且造成在某些情况下难以确定此项无形资产的价值。当受控交易发生,无形资产的价值高度不确定时,就出现了问题,即如何确定公平交易价格。纳税人和税务机关应该在可比情形下,考虑到价值的不确定性,通过参考独立企业在确定交易价格时的做法,来解决这一问题。对于涉及无形资产的受控交易,且在交易开始时该无形资产的价值高度不确定,税务机关在评估这种交易的定价时,应当遵循独立企业在可比情形下可能会做的安排。因此,如果独立企业会根据一项具体估计来确定价格,那么税务部门也应采取同样的方法评估价格。在这种情况下,税务部门可以了解关联企业在不借助事后判断的前提下,对所有可以合理预见的发展是否做了恰当的估计。

第五节 无形资产的管理问题

讨论无形资产的评估问题,可拓展到管理者如何管理独立的无形资产以获取价值等问题。无形资产的重要性使得越来越多的企业把无形资产管理看成企业管理的重要内容,而且随着社会向信息化方向发展,无形资产管理会成为企业经营管理的核心。企业管理重心由有形资产管理向无形资产管理的转移是现代企业管理发展的必然趋势。

一、无形资产管理的概念

所谓无形资产管理,是指为达到企业目标而对企业无形资产所进行的计划、组织、协调和控制活动,包括对专利、商标、专有技术、软件、著作权、合同及各类契约、商誉、公共关系、人力资本、企业形象等各类知识、智力、权利和信息的管理。无形资产构成的多元性决定了无形资产管理为综合性管理,它涉及企业技术管理、知识产权法律保护、人力资源管理、营销管理、公共关系、信息管理等诸多专业管理领域,并以这些专业管理及企业整体管理为基础形成了无形资产的综合性管理能力。

虽然无形资产与上述专业管理密不可分,而且综合类无形资产还不能脱离企业整体而存在,但无形资产管理仍有独立性,这一方面表现在专利、商标等知识产权类无形资产和若干契约类资产可以单独进行转让或出售,需要对其进行专门管理,以获取较高资产收益、谋求资源最佳配置和资产最大增值,从而达到企业生存和发展的目的;另一方面,激烈的市场竞争也促使企业必须以其无形资产整体为运筹、谋划和控制对象,对其进行专门的经营管理,增加企业整体竞争力,谋求企业最

大发展。概括来说,企业无形资产管理至少应包括以下内容:

(1)无形资产管理的基础工作。如对无形资产进行成本核算、信息收集,相应管理制度的制定和执行等日常管理工作。

(2)无形资产中的知识产权保护工作。如及时申请法律保护权、追究侵权者的法律责任等。

(3)定期或不定期对无形资产进行确认、评估。包括制定评估原则、投资方式、获取与发展策略,这是无形资产经营的核心工作,属于企业发展战略的重要内容,企业应尤其注意对人力资本、企业形象、品牌等无形资产的投资,制定正确的人力资源管理与开发战略、品牌战略、形象战略。

(5)无形资产的使用和转让。这是利用无形资产获取收益的过程,也是无形资产管理的核心内容。

(6)无形资产的收益分配、考核评比等。应该说明的是,这里所归纳的无形资产管理的内容包括了无形资产经营的内容,与管理概念相比,一般理解的经营更具有企业为适应外部环境而制定战略、寻求发展的含义,但这里通称为无形资产管理。

二、无形资产管理方法

管理方法是指用来实现管理目的而运用的手段、方式、途径和程序等的总称,无形资产管理的主要管理方法包括:

(1)优化配置技术。目前,资源优化配置主要是指有形资产的优化配置,而如何优化配置无形资产还是一个新课题。实际上,同有形资产相比,专利和品牌等无形资产是更稀缺的资源。有学者认为,"科技是第一资源",世界经济正在进入"知识重于资本、文化重于物质、品牌重于产品、无形重于有形"的时代。从我国来讲,重视优化配置无形资产,是提高经济增长的质量和效益、转变经济发展方式的一条重要途径。但人们对有形资产的优化配置比较熟悉,它主要是指机器设备、原材料、能源、资金、劳动力等的最有效使用,其配置对象具有实物形态,看得见、摸得着。而专利、品牌、信誉、形象等无形资产不具有实物形态,看不见、摸不着,应该如何优化配置呢?主要可以从提高对无形资产重要性的认识、完善市场竞争机制、提高企业培育和发展无形资产的能力、创意策划和广告营销等方面展开。

(2)无形资产信息化技术。有形资产的信息化促使管理效率极大地提高,对于无形资产来说,化无形资产为有形成果同样可以产生使企业意想不到的效果。数据类和关系类无形资产的可视化已经成为许多新兴企业的核心竞争力。无形资产的可视化技术包括利用资产识别技术、计算机处理技术、互联网通信技术等信息化手段。对无形资产的管理实现了资产信息识别、验收、新增、处置、调拨、分类、报废、许可、涉税、司法等管理问题。

（3）无形资产价值计量与分析技术。包括无形资产的确认与会计计量和价值评估。这是本书的重点，这里不再展开叙述。

（4）无形资产管理系统。美国的道化学公司在这方面获得了成功，道化学公司的无形资产包括专利、技术诀窍、著作权、商标和商业秘密等。其中专利是其主要形式，专利总数达2.9万多项，每年用于专利的费用为3 000万美元，这些专利原先处于分散的无组织状态。该公司管理层认识到专利管理是知识管理中最有可能获得成功的领域，因此，他们从专利管理入手，建立起企业的无形资产管理系统。道化学公司无形资产管理系统分为组合、分类、计划、价值评估、竞争力测评和投资六个阶段。由于公司拥有大量未被充分利用的专利技术，因此无形资产管理先从组合阶段开始，即对所有专利分别进行有效性鉴别，若属有效专利，则由公司属下各业务部门决定是否对此项专利进行投资。然后是分类，即把专利分成正在使用、将要使用和不在使用三类，然后确定是否允许他人使用或放弃此专利。在计划阶段，制定专利利用与业务部门经营目标实施计划，这一阶段与价值评估和竞争力测评阶段相联系。随后是价值评估，确定无形资产的市场价值。道化学公司与一家咨询机构合作开发出了一套名为"技术因子法"的综合性无形资产评估方法。这种方法能方便、快速地进行无形资产的财务评估，计算无形资产在企业资产总值中所占百分比。在竞争力测评阶段，公司对其他竞争对手的知识、能力和无形资产情况进行评估，以便明了在对比情况下本企业的知识管理状况。而这又是通过应用所谓的"知识树图"来完成的，即把本企业和竞争对手的无形资产情况同时放到一张图上，形成综合机会图，从而可以对各自的优势、无形资产覆盖范围和机会空缺等指标进行评估。根据前面对企业在知识管理上存在的差距分析，公司在最后的投资阶段决定采用诸如对研究加大投资、建立合资企业、从外部获取专利技术的许可使用等策略。道化学公司通过实施这套无形资产管理模式已经获得了丰厚的回报。

习　题

1. 什么因素制约了无形资产的市场化？
2. 在市场交易中，有形资产与无形资产相比，具有哪些优势？
3. 为积极配合国家实施科技创新发展战略，2010年财政部、工业和信息化部、银监会、国家知识产权局、国家工商行政管理总局、国家版权局联合下发了《关于加强知识产权质押融资与评估管理支持中小企业发展的通知》。2013年,银监会、国家知识产权局、国家工商行政管理总局和国家版权局又联合发布了《关于商业银行知识产权质押贷款业务的指导意见》。此外,国家知识产权局自2008年12月开展知识产权质押融资试点工作以来,已先后批复了国内29个城市开展知识产权质押融资试点工作。试点单位将主要承担起九大任务,包括通过运用知识产权质押贴息、扶持中介服务等手段,以降低科技型中小企业运用知识产权融资的成本;在评估专业机构和银行之间搭建知识产权融资服务平台等。但我国知识产权融资仍面临较大的挑战,知识产权融资规模较小。

要求:试根据上述材料,探讨其原因和对策。

4. 试分析大数据金融的风险控制原理。

5. 在无形资产出现转让定价问题时,无形资产定价的调整,与传统的无形资产评估相比,其差异在哪里?

6. 针对无形资产的特性,为企业提出相应的管理办法。

7. 假设某企业并购时,其中有一个价值3 000万元的无形资产,每年将产生300万元的收益,摊销年限为10年,假定适用的折现率为10%,所得税税率为25%。

要求:试分析考虑摊销税务收益与否对公允价值计量的影响。

8. 威客的英文"Witkey"是由"wit"(智慧)和"key"(钥匙)两个单词组成,也是"The key of wisdom"的缩写,是指那些通过互联网把自己的智慧、知识、能力、经验转换成实际收益的人。他们在互联网上通过解决科学、技术、工作、生活、学习中的问题从而让知识、智慧、经验、技能体现其经济价值。

要求:试探讨威客的价值与未来。

第十一章 商誉及其评估案例

第一节 案例介绍

本案例的编撰主要借鉴了《中国资产评估》2010 年第 10 期的一篇文章"CSSJD 公司商誉减值测试评估案例"、财政部颁布的《以财务报告为目的的评估指南》和《企业会计准则第 8 号——资产减值》以及 Michael J. Mard 的著作 *Valuation for Financial Reporting: Fair Value Measurements and Reporting, Intangible Assets, Goodwill and Impairment* 中的部分内容。

一、案例理论背景分析

本案例旨在引导学生掌握商誉价值评估的一种重要方法:割差法。一方面,学生在这个案例中可以完整地学习怎样利用割差法评估商誉的技术过程。另一方面,学生可以通过本案例掌握企业自由现金流测算、追加运营资本的计算、折旧摊销的处理、现金流折现等知识,同时进一步关注商誉价值的多样性特征,拓宽对无形资产评估的研究思路与领域。

商誉减值的会计规定基本与国际会计准则趋同,但同时也具有一定的中国特色。根据《企业会计准则第 8 号—资产减值》的规定:商誉的减值测试及确认应结合与其相关的资产组或资产组组合进行。首先,企业对于因企业合并形成的商誉,应当自购买日起将商誉的账面价值按合理的方法分摊至相关资产组或资产组组合中去,此处的资产组或资产组组合应是由"若干个资产组组成的最小资产组组合";其次,在会计末期,对包含商誉的相关资产组或资产组组合进行减值测试时,如与商誉相关的资产组或资产组组合存在减值迹象,应先对不包含商誉的资产组或资产组组合进行减值测试,计算可收回金额,并与相关账面价值进行比较,确认减值损失,再对包含商誉的资产组或资产组组合进行减值测试,对各相关资产组或资产组组合的账面价值(包括所分摊的商誉的账面价值部分)与可收回金额进行比较,如果相关资产组或资产组组合的可收回金额低于其账面金额,则确认商誉的减值损失;最后,商誉的减值损失一经确认,不得在以后的会计期间转回。

依照税法相关规定,企业所得税税前允许扣除的项目,必须遵循真实发生的据实扣除原则,除国家税收规定外,企业根据财务会计制度规定提取的任何形式的准备金(除0.5%的坏账准备外)不得在企业所得税税前扣除,所以税法上不认可商誉减值准备。

二、案例讨论的准备工作

为了有效实现本案例目标,学员应该掌握下列相关知识背景:

1. 理论背景

无形资产评估的基本方法——收益法;割差法。

2. 评估背景

本案例是在执行新会计准则背景下,以财务报告为目的的资产评估项目。案例给出了一个商誉测试的基本过程,从中可以勾画出商誉测试中包含的基本步骤。通过对本案例的分析,也可以得到一些对新会计准则及《以财务报告为目的的评估指南(试行)》更直接的认识。

3. 评估对象背景

ALB公司最早成立于20世纪90年代,经多次变迁后,于2011年整体转让给CSS集团,现为CSS集团的全资子公司。ALB公司的经营范围包括制造电工、电控、环保节能设备、非标准成套设备、冶金设备及备件的制造以及相关技术咨询。

三、案例分析要点

(一)需要学员识别的关键问题

本案例需要学员识别的主要知识点包括:

(1)割差法;

(2)企业整体价值评估;

(3)企业可确指无形资产的处理。

(二)解决问题的可供选择方案及其评价

1. 企业整体价值评估

本案例采用收益法来评估企业整体价值,收益法基于一个普遍接受的原则,即一项资产价值可以用该项资产未来预期产生的收益的现值来衡量。该方法将资产经营产生的收益用一个适当的折现率折为现值。收益法的基本公式为：

$$P_0 = \sum_{i=1}^{n} \frac{DCF_i}{(1+r)^i} + \frac{C_n}{(1+r)^n \times r}$$

式中，P_0 为评估时点标的资产的评估价值，C_n 为 n 年后标的资产预计可获得的稳定现金流，DCF_i 为第 i 年内标的资产的期望经营现金收益，r 为折现率。

其基本步骤包括：(1) 折现率的确定；(2) 企业自由现金流量（Free Cash Flow of Firm，FCFF）的确定；(3) 目标公司企业整体价值的计算。

2. 企业可确指无形资产的处理

可确指的无形资产，具有以下特性：(1) 无实体性，以特权形式表现观感形象，没有空间形式；(2) 单一性，形式单一，数量唯一，损耗也只有无形损耗（贬值），更新不具有往复性；(3) 独占性，仅为所有人占有，通过法律法规或人为措施保证其垄断性、排他性，非经所有人允许任何人不得侵占，让受者仅有使用权；(4) 独创性或独存性，知识产权凭个人劳动、脑力劳动创造形成，物产权凭契约、法律或行政权力授予产生，无再生产可能性；(5) 不确定性，因经济寿命和经济效益受多元因素影响及价格不由社会必要劳动时间决定而难预测；(6) 高战略价值性，在长期发展和市场激烈竞争中发挥其作用。

可确指的无形资产价值评估是将可确指的无形资产的价值，以货币额进行量化，是一种带有鉴定功能的管理咨询性质的社会服务活动。评估可确指的无形资产价值须根据特定目的，遵守国家法律法规，遵循一定原则、标准，运用科学方法和统一价值尺度，经过清查、核实、评定、估算、确认等程序而重新确定其价格。

第二节 案例描述

本案例是在执行新会计准则背景下，以财务报告为目的的资产评估项目。案例给出了一个商誉测试的基本过程，从中可以勾画出商誉测试中包含的基本步骤。通过对本案例的分析，也可以得到一些对新会计准则及《以财务报告为目的的评估指南（试行）》更直接的认识。

一、委托公司情况

ALB 公司最早成立于 20 世纪 90 年代，经多次变迁后，于 2011 年整体转让给 CSS 集团，现为 CSS 集团的全资子公司。ALB 公司经营范围包括制造电工、电控、环保节能设备、非标准成套设备、冶金设备及备件的制造及相关技术咨询。

CSS集团于2011年8月取得对ALB公司的控制权。CSS集团收购ALB公司确认的商誉如表11-1所示。

表11-1 收购时确认的商誉   （单位：万元）

支付的现金	13 000
承担的负债（以公允价值表述的金额）	
付息负债	0
经调整后的购买价格	13 000
可辨认资产的公允价值之和	12 100
确认的商誉	900

本次评估是受CSS集团的委托,对其因并购ALB公司形成的商誉进行年末（2011年）减值测试。

根据《企业会计准则第8号—资产减值》中的规定,因企业合并形成的商誉,无论是否存在减值迹象,每年都应当进行减值测试。企业至少应当在年度终了进行一次商誉减值测试,而且商誉必须分摊到相关资产组或资产组组合后才能据以确定是否应当确认减值损失。

根据《以财务报告为目的的评估指南（试行）》第二十条,注册资产评估师应当知晓,在执行会计准则规定的包括商誉在内的各类资产减值测试涉及的评估业务时,对应的评估对象可能是单项资产,也可能是资产组或资产组组合。其中,固定资产减值测试一般以资产组的形式出现,商誉减值测试主要以资产组或资产组组合出现。

商誉的评估与其他无形资产评估相比较,也具有自身的特性。主要有:(1)整体性。商誉评估的整体性是依据商誉的非独立性。由于商誉是一种不可确指的无形资产,因而它不能单独存在,只能依附于企业整体,是所有有形资产共同作用的结果。离开了企业,商誉的载体就消失了,也就不存在商誉的价值。因此,商誉是企业整体价值中一个无形的构成要素。评估它的价值要从企业整体获利能力上把握,并且只有在继续经营的条件下,企业的商誉才是有价值的。(2)分析性。商誉评估的分析性是依据商誉构成要素的多元性。形成商誉的因素有很多,难以用任何方法或公式对其形成的各项个别因素单独确定其价值,只能把这些因素综合起来,作为依附于企业整体的一项无形的综合经济资源来看待,所以,商誉评估的结果也是按照一个总额对其计价,不能按照形成商誉的每个因素单列评估值。(3)评估基础的单一性。这一特性是由商誉的实质决定的。由于商誉形成的不可确指性,商誉存在判断标准的唯一性以及商誉的评估结果是对企业未来超额收益的按现时价格的反映,因此商誉评估的基础只能是企业超额效益。(4)评估结果的双重性。商誉的价值是由企业整体收益水平体现的。其价值量大小取决于企业整体收益水平和行业平均收益水平的比较,当企业的收益水平高于行业平均水平时,商誉的价值为正值,反之,则为负值(经济性贬值)。由于商誉具有正负性,因此,它的评估对企业获利能力也具有积极或消极影响。商誉的评估值,既可能使企业资产出现增值,也可能使其出现贬值。

二、委托评估资产情况

(一)企业资产公允价值

收购目标公司时,可辨认资产的估值情况见表11-2,全部为经营性资产,不存在非经营性资产和溢余资产。

表11-2 截至2011年12月31日目标公司可辨认资产估值汇总

(单位:万元)

资产名称	公允价值
流动资产	4 000
无息流动负债	2 500
净营运资本	1 500
土地与房屋建筑物	2 200
机器与设备净值	1 900
净营运资本和有形非流动资产合计	5 600
软件	945
技术	2 309
商标	1 266
客户资源	800
无形资产合计	5 320
总计	10 920

注:在本案例中,土地与房屋建筑物视为有形资产。

(二)其他信息

公司所得税税率为25%,权益资本的资金成本为20%,债务资本的资金成本为

8%,有形资本的折旧年限为10年,无形资产的摊销年限也为10年,采用平均年限法,无残值。

2011年目标公司的实际销售额为6 000万元,运营资本余额为1 500万元。近些年,销售额的增长情况维持在每年15%,但随着竞争的加剧,预计未来三年仍然能保持这样的增长情况,2015—2019年,增长率维持在10%左右,2020年之后便不再增长。此外,近些年,销售成本率维持在销售额的40%,营业费用率维持在销售额的25%,资本性支出约占销售额的5%,运营资金约占销售额的15%。通过与目标公司高管交流,认为这种结构将在未来一段时间之内保持不变。

(三) 评估目的

评估的目的是确定ABL公司的全部经营性资产及负债所形成的权益在评估基准日的市场价值,为CSS集团公司的财务报告进行商誉减值测试提供价值参考意见。

(四) 评估基准日

本次评估的基准日为2011年12月31日。

(五) 价值类型

根据评估目的,采用市场价值类型。市场价值是指自愿买方和自愿卖方在各自理性行事且未受任何强迫压制的情况下,对评估对象在评估基准日进行公平交易的价值估计数额。

(六) 评估方法

商誉的评估方法主要有割差法和超额收益法。其中,超额收益法是以改组企业的超额收益为基础,基本思路是直接用企业超过行业平均收益来对商誉进行估算。超额收益法需要确定超额收益,需要确定企业的预期收益和行业的平均收益。考虑到行业的平均收益数据不易取得,本案例采用割差法来评估目标企业的商誉价值。

第三节 评估过程技术说明

割差法是用企业的总体价值扣除各项有形资产和可辨认的无形资产价值后的差额,以之来确定企业商誉价值的一种评估方法。

只有当企业的总体价值扣除各项有形资产和可确指的无形资产后还有剩余

时,才存在企业的商誉价值,这里有两个前提条件:

(1) 必须首先确定企业的总价值。

(2) 对企业有形资产以及可确指的无形资产的数量和现行估算均具有准确性。这种情况下可用割差法来计算该商誉的价值。主要步骤是:

步骤1:通过整体评估的方法评估出企业整体资产的价值;

步骤2:通过单项评估的方法分别评估出各类有形资产的价值和各项可确指的无形资产的价值;

步骤3:在企业整体资产评估价值中扣减掉各单项有形资产及单项可确指的无形资产的价值之和,其剩余即是企业商誉的评估值。

一、评估企业整体资产价值

步骤1:通过整体评估的方法评估出企业整体资产的价值

本案例采用收益法来评估企业整体价值,收益法是基于一项普遍接受的原则,即一项资产价值可以用该项资产未来预期产生的收益的现值来衡量。该方法将资产经营产生的收益用一个适当的折现率折为现值。收益法的基本公式为:

$$P_0 = \sum_{i=1}^{n} \frac{DCF_i}{(1+r)^i} + \frac{C_n}{(1+r)^n \times r}$$

式中,P_0 为评估时点标的资产的评估价值,C_n 为 n 年后标的资产预计可获得的稳定现金流,DCF_i 为第 i 年内标的资产的期望经营现金收益,r 为折现率。

1. 折现率的确定

$$WACC = r_e k_e + r_d k_d (1-T)$$

2. 企业自由现金流量(FCFF)的确定

自由现金流(Free Cash Flow, FCF)在西方公司价值评估中得到了非常广泛的应用。简单地讲,自由现金流就是企业产生的在满足了再投资需要之后剩余的现金流量。这部分现金流量是在不影响公司持续发展的前提下可供分配给企业资本供应者的最大现金额。

FCFF是公司支付了所有营运费用、进行了必需的固定资产与营运资产投资后可以向所有投资者分派的税后现金流量。FCFF是公司所有权利要求者,包括普通股股东、优先股股东和债权人的现金流总和,其计算公式为:

FCFF = 息税前利润×(1-税率) + 折旧与摊销 - 资本性支出 - 追加营运资本

即:FCFF = EBIT(1−*T*) +D&A−Capex−ΔWCR

式中,EBIT,全称 Earnings Before Interest and Tax,即息税前利润,从字面意思可知是扣除利息、所得税之前的利润。D(Depreciation)是指折旧,折旧是指资产价值的下降,指在固定资产使用寿命内,按照确定的方法对应计折旧额进行系统分摊。A(Amortization)是指摊销,摊销指对除固定资产之外,其他可以长期使用的经营性资产按照其使用年限每年分摊购置成本的会计处理办法,与固定资产折旧类似。Capex 和 ΔWCR 的含义在后文中重点阐述。

(1)净利润的确定

目标公司净利润的计算表格如表 11−3 所示。

表 11−3　目标公司净利润的计算　　　　　　　　　　　　(单位:万元)

	实际	预测							
	2011	2012	2013	2014	2015	2016	2017	2018	2019	2020
收入增长率		15%	15%	15%	10%	10%	10%	10%	10%	0.00%
销售收入	6 000									
销售成本										
营业费用										
折旧										
无形资产摊销										
利息(财务费用)										
利润总额										
所得税(25%)										
净利润										
EBIT(1−*T*)										

由于本案例中,不存在付息负债,故息税前利润(EBIT) = 税前营业利润总额,税后净营业利润(Net Operating Profit After Tax,NOPAT) = 净利润。

(2)追加营运资本 ΔWCR 的确定

ΔWCR = WCR_i − WCR_{i-1},其中 WCR 为营运资本需求(Working Capital Requirement)的简称,WCR = 流动资产−流动负债。

注意:营运资本需求是存货、应收账款减应付账款的余额。如果流动资产中包括预付费用,流动负债中包括预提费用,那么净投资就是流动资产减流动负债的差额,但不包括现金。因为现金是公司全部投资剩下的部分,全部投资包括营运资本需求。同样,营运资本需求也不包括短期借款。短期借款是为支持公司的投资而筹集的,这里也包括为营运资本需求而筹集的。短期借款为公司的营业循环筹集资金,但不是营业循环的组成部分。故营运资本需求=(应收账款+存货+预付费用)-(应付账款+预提费用)。在本案例中,采用的计算公式为 WCR=流动资产-流动负债。目标公司营运资本的计算表格如表 11-4 所示。

表 11-4 目标公司营运资本的计算 （单位:万元）

	实际	预测							
	2011	2012	2013	2014	2015	2016	2017	2018	2019	2020
收入增长率		15%	15%	15%	10%	10%	10%	10%	10%	0
销售收入	6 000									
营运资本 WCR	1 500									
ΔWCR										

（3）资本性支出(Capital Expenditure, Capex)的确定。

$$Capex = 销售收入 \times 5\%$$

资本性支出是用于购买或生产使用年限在一年以上的耐用品所需的支出,其中有用于建筑厂房、购买机械设备、修建铁路和公路等生产性支出,也有用于建筑办公楼和购买汽车、复印机等办公用品等非生产性支出。在企业的经营活动中,长期使用的、其经济寿命将持续多个会计期间的资产,如固定资产、无形资产、递延资产等都要作为资本性支出。即先将其资本化,形成固定资产、无形资产、递延资产等,而后分期将成本转为费用,如固定资产的折旧,无形资产、递延资产的摊销等。需要说明的是,对于资本性支出,本案例没有对其进行折旧或摊销处理,未考虑其会计处理对企业未来现金流的影响。

基于以上数据与分析,可以得到企业自由现金流量(计算表格见表 11-5):

$$FCFF = EBIT(1-T) + D\&A - Capex - \Delta WCR$$

表 11-5 目标公司企业自由现金流的计算 （单位:万元）

	预测								
	2012	2013	2014	2015	2016	2017	2018	2019	2020
EBIT($1-T$)									
折旧									

(续表)

	预测							
	2012	2013	2014	2015	2016	2017	2018	2019	2020
摊销									
ΔWCR									
Capex									
FCFF									

3. 目标公司企业整体价值的计算

根据上述计算与分析,得到目标公司企业整体价值为(计算表格见表11-6):

$$P_0 = \sum_{i=1}^{n} \frac{DCF_i}{(1+r)^i} + \frac{C_n}{(1+r)^n \times r}$$

表 11-6　目标公司整体价值评估　　　　　　　　　　　　(单位:万元)

年份	预测								
	2012	2013	2014	2015	2016	2017	2018	2019	2020
FCFF									
折现系数									
折现值									
评估值									

二、可确认资产价值确定

步骤2:通过单项评估的方法分别评估出各类有形资产的价值和各项可确指的无形资产的价值。

根据表11-2,目标公司的各类可确指资产的公允价值之和为_____万元。

三、商誉的确定

步骤3:在企业整体资产评估价值中扣减掉各单项有形资产及单项可确指的无形资产的价值之和,其剩余即是企业商誉的评估值。

根据割差法,得到ALB公司的商誉价值为_____万元。

收购时,确认的商誉为900万元,基于评估结果,该公司_____(需要/不需要)做商誉减值。

讨论题目与案例计算答案

一、讨论题目

本案例可供学生思考与讨论的问题有:
(1)企业商誉的处理:并购时和减值测试时存在哪些不同?
(2)在估算企业整体价值时:案例中如果存在付息负债该如何处理?
(3)如何理解追加运营资本和资本性支出?除了案例中提供的预测方法之外,还有哪些方法可以对其进行科学预测?
(4)除了可以采取割差法估算商誉,还有哪些方法?
(5)在确定可辨认资产的价值时,可以采取哪些评估方法?
(6)如何对结果进行合理性测试?

二、案例计算答案

1. 折现率的确定

$$WACC = r_e k_e + r_d k_d (1-T) = 20\% \times 100\% + 8\% \times 0\% \times (1-25\%) = 20\%$$

2. 企业自由现金流量的确定

表 11-3 目标公司净利润的计算 （单位:万元）

	实际	预测								
	2011	2012	2013	2014	2015	2016	2017	2018	2019	2020
收入增长率		15%	15%	15%	10%	10%	10%	10%	10%	0.00%
销售收入	6 000.00	6 900.00	7 935.00	9 125.25	10 037.78	11 041.55	12 145.71	13 360.28	14 696.31	14 696.31
销售成本	2 400.00	2 760.00	3 174.00	3 650.10	4 015.11	4 416.62	4 858.28	5 344.11	5 878.52	5 878.52
营业费用	1 500.00	1 725.00	1 983.75	2 281.31	2 509.44	2 760.39	3 036.43	3 340.07	3 674.08	3 674.08
折旧	410.00	410.00	410.00	410.00	410.00	410.00	410.00	410.00	410.00	410.00
无形资产摊销	532.00	532.00	532.00	532.00	532.00	532.00	532.00	532.00	532.00	532.00

(续表)

	实际	预测								
	2011	2012	2013	2014	2015	2016	2017	2018	2019	2020
利息（财务费用）	0.00	0.00	0.00	0.00	0.00	0.00	0.00	0.00	0.00	0.00
利润总额	1 158.00	1 473.00	1 835.25	2 251.84	2 571.22	2 922.54	3 309.00	3 734.10	4 201.71	4 201.71
所得税(25%)	289.50	368.25	458.81	562.96	642.81	730.64	827.25	933.52	1 050.43	1 050.43
净利润	868.50	1 104.75	1 376.44	1 688.88	1 928.42	2 191.91	2 481.75	2 800.57	3 151.28	3 151.28
EBIT(1−T)	868.50	1 104.75	1 376.44	1 688.88	1 928.42	2 191.91	2 481.75	2 800.57	3 151.28	3 151.28

表 11-4 目标公司营运资本的计算　　　　　　　　　　　　（单位：万元）

	实际	预测								
	2011	2012	2013	2014	2015	2016	2017	2018	2019	2020
收入增长率		15%	15%	15%	10%	10%	10%	10%	10%	0
销售收入	6 000.00	6 900.00	7 935.00	9 125.25	10 037.78	11 041.55	12 145.71	13 360.28	14 696.31	14 696.31
营运资金 WCR	1 500.00	1 035.00	1 190.25	1 368.79	1 505.67	1 656.23	1 821.86	2 004.04	2 204.45	2 204.45
ΔWCR		−465.00	155.25	178.54	136.88	150.57	165.62	182.19	200.40	0.00

表 11-5 目标公司企业自由现金流的计算　　　　　　　　　（单位：万元）

	预测								
	2012	2013	2014	2015	2016	2017	2018	2019	2020
EBIT(1−T)	1 104.75	1 376.44	1 688.88	1 928.42	2 191.91	2 481.75	2 800.57	3 151.28	3 151.28
Depreciation	410	410	410	410	410	410	410	410	410
Amortization	532	532	532	532	532	532	532	532	532
ΔWCR	−465	155	179	137	151	166	182	200	0
Capex	345.00	396.75	456.26	501.89	552.08	607.29	668.01	734.82	734.82
FCFF	2 166.75	1 766.69	1 995.62	2 231.53	2 430.83	2 650.46	2 892.56	3 158.47	3 358.47

3. 目标公司企业整体价值的计算

根据上述计算与分析,得到目标公司企业整体价值为(计算表格见表 11-6):

$$P_0 = \sum_{i=1}^{n} \frac{\text{DCF}_i}{(1+r)^i} + \frac{C_n}{(1+r)^n \times r} = \underline{12575.23} \text{ 万元}$$

表 11-6　目标公司整体价值评估　　　　　　　　　　　　(单位:万元)

年份	预测								
	2012	2013	2014	2015	2016	2017	2018	2019	2020
FCFF	2 166.75	1 766.69	1 995.62	2 231.53	2 430.83	2 650.46	2 892.56	3 158.47	3 358.47
折现系数	0.8333	0.6944	0.5787	0.4823	0.4019	0.3349	0.2791	0.2326	1.1628
折现值	1 805.63	1 226.87	1 154.87	1 076.16	976.90	887.63	807.26	734.56	3 905.36
评估值									12 575.23

商誉的确定:目标公司的各类可确指资产的公允价值之和为 $\underline{10\ 920}$ 万元。

商誉价值为 $\underline{12\ 575.23 - 10\ 920 = 1\ 655.23 > 900}$ 万元,不需要做商誉减值。

第十二章 专利价值评估案例

第一节 案例介绍

本案例旨在引导学生掌握专利技术价值评估的一种重要方法：收益分成法。一方面，学生在这个案例中可以完整地学习到无形资产评估技术过程。另一方面，学生可以通过本案例掌握收入预测、分成率确定、折现率确定、对比公司选择、资本回报率、流通性折扣等知识，拓宽对无形资产评估的分析思路与领域。本案例的编纂主要参考了《中国资产评估》2010年第10期的一篇文章"SY公司GMB产品专利技术评估案例"以及财政部颁布的《无形资产评估准则》。涉及的其他参考资料包括：(1)可比公司秦川发展、百利电气、中核科技和鼎盛天工的基本资料和资本结构数据；(2)各个参数中的一些基础数据，如一年内平均银行贷款利率、银行5年以上平均贷款利率等。

一、本案例要解决的关键问题

本案例需要解决的关键问题有：

1. 销售收入的预测

在使用收益法对企业资产进行价值评估时，对销售额的预测是收益预测的难点。本案例基于目标公司的生产能力以及产品的市场前景做出判断。

2. 分成率的确定

由于本案例采用的方法是收益分成模型，故分成率的确定是案例的关键。本案例主要是通过上市公司的技术贡献率来确定技术资产的分成率。

3. 无形资产折现率的确定

本案例运用加权平均资产回报率(WARA)法对无形资产的折现率进行测算。加权平均资产回报率法的基本思路是通过测算企业全部资产的加权平均资产回报率和除无形资产以外各单项资产的税前期望回报率,由于企业全部资产的加权平均资产回报率与企业税前资本成本(WACC)相等或相近,如此可由企业全部资产的加权平均资产回报率剔除各单项资产的税前期望回报率后倒推出企业无形资产折现率。

二、案例要点分析

本案例需要学员识别的主要知识点包括:如何从企业整体表象中分离出无形资产的贡献;无形资产折现率的确定;收益分成法的基本步骤。

(一)如何从企业整体表现中分离出无形资产的贡献

无形资产评估通常面临着复杂的环境和问题,评估师往往在不完全信息、不分明(模糊的)信息和不确定(随机的)信息状态下对无形资产进行评估。无形资产的价值目标和因素间的时空关系往往是相当复杂的,其中的时滞、非线性、弱对应性给评估带来了麻烦。而各个因素之间的相互关联性和因素本身的非确定性,使模糊性问题广泛存在于无形资产评估之中。

第四章阐述了收益法评估无形资产的两种思路:一种为超额收益模型;另一种为收益分成模型,根据收益分成的基础不同,又可分为利润分成模型、收入分成模型和整体分割模型。在本案例中,由于销售收入较为容易预测,故采取收入分成模型。案例的重点为收入分成率的计算。依据第五章介绍的分成率计算方法,包括边际分析法、约当投资分析法、经验与行业标准法、专家分析法和可比公司对比法,本案例拟采取上市公司对比法。

(二)无形资产折现率的确定

由于无形资产收益具有不确定性和非独立性,所以无论采用何种方法来确定被评估无形资产的折现率,都应该反映该无形资产在企业整体资产组合中的收益和风险。即无形资产的收益来源于企业产销各环节的协作运行,无形资产的风险也包含在企业整体资产风险中,不能将无形资产的风险与企业整体风险区分测算。

本案例拟采取加权平均资产回报率法对无形资产的折现率进行测算。基本思路是测算企业全部资产的加权平均资产回报率和除无形资产以外各单项资产的税前期望回报率,由于企业全部资产的加权平均资产回报率与企业税前资本成本相等或相近,如此可由企业全部资产的加权平均资产回报率剔除各单项资产的税前期望回报率后倒推出企业无形资产折现率。

(三) 收益分成法的基本步骤

在本案例中,收益分成法的基本步骤包括以下五个方面:(1)确定技术的经济寿命期;(2)预测在经济寿命期内技术产品的销售收入;(3)确定技术资产对现金流的贡献率(收入分成率);(4)确定技术资产的折现率;(5)现金流折现,确定技术资产的评估价值。

第二节 案例描述

一、案例背景

(一) 被评估企业简介

SY 公司是隶属于某大型国有企业的上市公司,是我国冶金行业领域装备制造的大型骨干企业,年机械加工产能达 31 000 吨,年销售额在 10 亿元以上。其经营范围包括:冶金装备、冶金、矿山、电力、石油、化工、煤炭、环保设备及配件制造;电气工程控制设备设计、制造;压力容器、起重机械制造;设备安装调试、技术开发、咨询服务。

(二) 经济行为

SY 公司对未来国内 GMB(Global Mobility Bazza)产品市场前景看好,准备利用 GMB 产品制造技术中的部分专利作为出资与 YSGF 设立新公司,生产和销售 GMB 产品。因此,SY 公司委托评估公司对其拟出资的 GMB 专利进行评估,为其出资提供价值参考意见。

(三) GMB 产品制造技术发展沿革

GMB 制造技术工作原理和基本结构早在 1958 年就由国外学者提出,并申请了专利。我国 GMB 的国产化研制于 20 世纪 80 年代末期开始。研制遇到的难关是核心技术的成熟性,尤其是控制技术与材料技术。SY 公司在初期制定 GMB 产品的研制方案时,对国内引进 GMB 的工业运行状况进行了大量的技术调研与分析,从设计理论及设计方法的研究入手,对其核心技术进行技术攻关,然后通过实验室的试验来验证其正确性,并进行修正,再配合样机的设计制造、工业运行考核,形成了自己的专有技术。而国内其余两家专业生产厂家只是进行了简单仿制,而未进行核心技术攻关,结果工业运行均遭失败。SY 公司经过多年的持续研发投入和市场开拓,产品系列逐渐丰富,客户认同度不断提高,在国内中高端 GMB 生产领域确立了领先优势。

（四）委估 GMB 专利概况

委估 GMB 专利技术为 GMB 专利生产制造技术的重要组成部分,涉及 GMB 的外形设计、机械加工、电子系统设计以及故障检测等多个方面,但尚不能涵盖 GMB 生产技术的全貌。

二、委托评估资产分析

（一）评估基准日

本项目资产评估基准日经 SY 公司和其股东单位共同协商,确定为 2008 年 5 月 31 日。

（二）评估对象和范围

本次评估的技术为 GMB 专利技术。此专利技术下的各项专利均为 SY 公司员工在 GMB 的研发制造中的实践成果,内容含 5 项实用新型专利技术和 7 项已受理的实用新型专利申请技术,专利权人或专利申请人均为 SY 公司。

有关专利名称和专利号等情况（略）。

（三）评估目的

本次评估的目的是确定 SY 公司拟对外投资的专利技术在评估基准日的市场价值,为 SY 管理层确定对外投资总额提供价值参考意见。

（四）价值类型

根据本次评估目的,采用市场价值类型。市场价值是指自愿买方和自愿卖方在各自理性行事且未受任何强迫压制的情况下,对在评估基准日进行正常公平交易的某项资产应当进行交易的价值的估计数额。

（五）评估方法

技术的评估方法有三种,即重置成本法、市场比较法和收益现值法。一般认为技术的价值特别是高科技成果的价值很难用重置成本反映其价值。因为该类资产的价值通常主要表现为高科技人才的创造性智力劳动,该等劳动的成果很难以劳动力成本来衡量。基于以上因素,本次评估没有采用重置成本法。

市场比较法在资产评估中,不管是在有形资产还是无形资产的评估中都是可以采用的。采用市场比较法的前提条件是要有相同或相似的交易案例,且交易行为应该是公平交易。结合本次评估技术的自身特点及市场交易情况,据我们的市场调查及有关业内人士的介绍,目前国内没有类似技术的转让案例。本次评估由于无法找到可对比的历史交易案例及交易价格数据,故市场法也不适用。由于以上评估方法的局限性,本次评估采用了收益分成法。

第三节 评估过程技术说明

在上述分析的基础上,评估人员以"为 SY 公司管理层以专利技术对外投资提供价值参考意见"为目的,对 GMB 专利技术在评估基准日 2008 年 5 月 31 日的市场价值进行了评估。相关评估技术简要说明如下:

预期收益方法是指通过分析评估对象预期将来的业务收益情况来确定其价值的一种方法。在国际、国内评估界广为接受的一种基于收益的技术评估方法为收益分成方法。收益分成方法认为在技术产品的生产、销售过程中技术对产品创造的利润或者现金流是有贡献的,因此采用适当方法估算确定技术对产品所创造的现金流贡献率,并进而确定技术对技术产品现金流的贡献,再选取恰当的折现率,将技术产品中每年技术对现金流的贡献折为现值,以此作为技术的评估价值。在本案例中,运用该方法具体可以分为以下几个步骤:

(1) 确定技术的经济寿命期;
(2) 预测在经济寿命期内技术产品的销售收入;
(3) 确定技术资产对现金流的贡献率(收入分成率);
(4) 确定技术资产的折现率;
(5) 现金流折现,确定技术资产的评估价值。

一、技术资产的经济寿命周期

技术的经济寿命主要受替代技术的出现时间的影响。根据有关专家预测,本次委托评估的技术不会在今后的 8 年内被取代或淘汰。

此专利技术的优势体现在两个方面:(1) 保证制造企业在机械加工能力有限的情况下,能够完成 GMB 的主要功能部件的加工制造;(2) 保证企业能够形成有别于其他企业的特殊电子系统功能布局。

虽然实用新型专利的保护期为 10 年,而发明专利一旦申请成功,其保护期为

20 年。但是由于这些专利并非 GMB 原理和应用的基础性专利,其他企业可以通过采用更先进的加工设备与建立自有的电子系统布局和功能特点来规避相应的专利保护,因此预计其实际收益年限将低于 10 年。根据企业内部技术专家的探讨,并考虑到如今国内生产厂家的技术应用情况,预计其技术 8 年内不太可能被完全替代。所以本次评估确定其经济寿命为 8 年,自 2008 年至 2015 年。

二、预测在经济寿命期内技术产品的销售收入

由于本次委估资产投入企业的生产能力尚不明确,因此本次评估根据资产占有方持有该专利技术产生的可预测收入作为技术的预测收入。

企业自 1991 开始研发制造 GMB 产品,根据企业经营部门的统计资料,1991—2001 年的 10 年间,企业的总订货合同额为 2 443 万元,此后,由于国内工业原材料行业的整体复苏,企业的订货额迅速增长,由 2004 年的 3 047 万元猛增到 2007 年的 42 540 万元(如表 12-1 所示)。其主要应用行业为氧化铝行业。

表 12-1 GMB 历年合同额统计

时间	销售数量(台)	合同额(万元)	增长率(%)	单价(万元)	价格增长率(%)
2004	20	3 047	—	152	—
2005	15	5 613	84	374	146
2006	76	29 275	422	385	3
2007	87	42 540	45	489	27
2008(1—5 月)	31	15 593	—	503	3

未来的销售预测考虑到了两个方面的因素:供给和需求。

从需求市场角度分析,GMB 在国内主要应用于氧化铝行业和采矿行业,而在国外则主要应用于远距离传输行业。由于国家对氧化铝和采矿等高耗能、高污染行业的限制愈加严格,相关项目建设审批愈加收紧,因此氧化铝行业超高速度发展的黄金时期将结束,企业的销售增长受下游行业的影响,必然会有回落。同时,对于企业而言,逐渐转移目标市场,将产品转型面向远距离传输行业也是刻不容缓的课题。如果企业仍沿用原有的设计、制造技术,而不顺应产品发展规律,将研发、引进的产品类型转换为需要的新的设计、制造技术,现有产品系列的销售也会受到影响。

从供给角度分析,由于预测是以企业现阶段的生产能力为依据,根据企业的相关部门的统计信息,2007 年企业生产量在 70 台左右,由于企业内部加工能力已经

接近饱和,企业在短期内解决生产能力的方案是将部分非核心生产工艺外包,以期能够满足企业的经营需要。但是这种方法提高的产能毕竟有限,因此预计在未来几年,企业的生产能力会限制企业销售额的增长。

由于我们在预测时是以现有技术为基础,因此,我们认为,企业在预测期前期利用现有的氧化铝行业的工程建设项目仍能够保持一定的增长,但是增长率将逐年降低;随着下游行业现有建设项目的结束,其需求减少的趋势也会带动企业销售额的下降。为此,本案例假设2008—2012年企业按照生产容量(70台)生产,2013—2015年,逐年减少10%的生产量(取整,四舍五入)。但随着物价和技术水平的提升,销售单价逐年上升,参考以往情况,假定价格增长率为10%。GMB产品在经济寿命周期内的销售收入预测表格如表12-2所示。

表12-2　GMB产品经济寿命周期内销售收入预测

时间	销售数量预测(台)	单价预测(万元)	销售收入预测(万元)
2008(6—12月)			
2009			
2010			
2011			
2012			
2013			
2014			
2015			

三、确定技术资产的分成率

(一)GMB整体设计制造技术分成率的确定

本案例采取可比公司法来确定收入分成率,设定收入分成率为 w,公司主营业务收入为 S,设公司无形资产占全部资产的比例为 α,被评估无形资产同类的无形资产在可比公司全部无形资产中的比例为 β,则 $\alpha \times \beta$ 就是被评估无形资产占公司全部资产的比例,全部收益流常用 EBITDA 指标来替代,收入分成率 w 的计算公式为:

$$w = \frac{\text{EBITDA} \times \beta \times \alpha}{S}$$

我们选取了秦川发展、百利电气、中核科技和鼎盛天工为可比公司,并假设上述上市公司为未来技术受让方的可能蓝本或可比对象来分析被评估技术可能为其产生的收益。

上述四家可比公司的情况简介如下：

1. 陕西秦川机械发展股份有限公司（股票简称：秦川发展，股票代码：000837）

该公司是由秦川机床集团有限公司作为主要发起人联合其他发起人，同时向社会公众发行股票而募集设立的股份公司。公司经中国证券监督管理委员会批准，于1998年6月8日公开发行股票并于同年9月28日在深圳证券交易所正式挂牌交易。

经营范围：金属切削机床、塑料加工机械、液压系统、液压件、汽车零部件、功能部件、精密齿轮（箱）、机床配件、数控系统、仪器仪表、木工机械及其制品的生产、加工、销售；经营本企业自产产品及相关技术的出口业务；经营本企业生产所需原辅材料、机械设备、仪器仪表、零配件等商品及相关技术的进口业务（国家限定公司经营和国家禁止出口的商品及技术除外）；承办本公司中外经营、合作生产及开展"三来一补"业务、技术开发、咨询与服务。

2. 天津百利特精电气股份有限公司（股票简称：百利电气，股票代码：600468）

该公司系经天津市人民政府批复同意，由天津液压机械（集团）有限公司作为主发起人，并联合天津泰鑫实业开发有限公司、天津机械工业物资总公司、天津经纬集团投资公司、天津市静海县通达工业公司共同发起设立。1999年9月23日在天津市工商行政管理局注册登记。经中国证券监督管理委员会批复同意，公司于2001年5月23日向社会公开发行人民币普通股股票3 000万股，并于2001年6月15日上市流通。

经营范围：液压、气动元件、机床设备、铸件的制造；机械零件加工；刀具、量具、夹具、辅具、模具的制造及加工；机床电器设备修理；机械工艺及咨询服务；汽车运输；经营本企业生产所需的原辅材料、仪器仪表、机械设备、零配件及技术的进口业务（国家限定公司经营和国家禁止进出口的商品及技术除外）；经营进料加工和"三来一补"业务（以上范围内国家有专营专项规定的按规定办理）；电器设备元件、开关板及开关柜、控制屏、照明配电箱、传动控制装置的制造和销售；维修及咨询服务、劳动服务；普通货物运输。

3. 中核苏阀科技实业股份有限公司（股票简称：中核科技，股票代码：000777）

该公司系1997年经国家经济体制改革委员会批准，由中国核工业总公司苏州阀门厂独家发起而设立的股份有限公司；1997年6月3日经中国证券监督管理委员会批准，公司于1997年6月16日向社会公众公开发行人民币普通股（A股）

3 000万股,并于1997年7月10日在深圳证券交易所挂牌上市交易。

经营范围:工业用阀门设计、制造、销售;金属制品、电机产品的设计、制造、加工、销售;与本企业相关行业的投资、汽车货运;辐照加工、辐照产品的研究开发应用和放射性同位素的研究开发应用;经营本企业自产产品及技术的出口业务;经营本企业生产、科研所需的原辅材料、仪器仪表、机械设备、零配件及技术的进口业务(国家限定公司经营和国家禁止进出口的商品及技术除外);经营进料加工和"三来一补"的业务。

4. 鼎盛天工工程机械股份有限公司(股票简称:鼎盛天工,股票代码:600335)

该公司原名中外建发展股份有限公司,系1999年3月经国家经济贸易委员会批准,由中国对外建设总公司作为主发起人,联合武汉市当代科技发展总公司、天津泰鑫实业开发有限公司、天津华泽(集团)有限公司、天津市机电工业总公司、北京金豪力机电设备有限公司共同发起设立。公司于1999年3月26日正式成立。2001年1月10日经中国证券监督管理委员会批复同意,公司首次向社会公众发行人民币普通股3 500万股,该股票于2001年2月5日在上海证券交易所上网定价发行,并于2001年3月5日在上海证券交易所挂牌上市。

经营范围:工程建设机械及高等级公路施工成套设备、商品混凝土技术与装备的研究、开发、生产、销售;经营本企业自产产品及技术的出口业务;经营本企业生产所需的原辅材料、仪器仪表、机械设备、零配件及技术的进口业务(国家限定公司经营和国家禁止进出口的商品及技术除外);经营进料加工和"三来一补"业务;投资咨询、设备租赁、机械化施工、运输、技术咨询与服务(以上范围内,国家有专营专项规定的按规定办理)。

根据上述四家可比公司2003—2007年的财务报告,我们可以得出可比公司的资本结构如表12-3所示。

表12-3 可比公司的资本结构 (单位:%)

	时间	秦川发展	百利电气	中核科技	鼎盛天工	平均值
营运资金比重	2003/12/31	39.20	28.10	32.20	33.00	33.13
	2004/12/31	41.30	27.80	31.50	32.50	33.28
	2005/12/31	52.90	36.90	26.00	35.00	37.70
	2006/12/31	35.30	30.70	19.40	35.40	30.20
	2007/12/31	23.00	11.90	8.50	22.90	16.58
	五年平均值	38.34	27.08	23.52	31.76	30.18

(续表)

	时间	秦川发展	百利电气	中核科技	鼎盛天工	平均值
有形非流动资产比重	2003/12/31	16.40	26.20	14.30	26.90	20.95
	2004/12/31	17.00	28.70	13.60	25.30	21.15
	2005/12/31	19.70	28.80	16.90	21.20	21.65
	2006/12/31	15.20	25.70	16.60	23.50	20.25
	2007/12/31	12.40	13.40	5.40	16.30	11.88
	五年平均值	16.14	24.56	13.36	22.64	19.18
无形非流动资产比重	2003/12/31	44.40	45.60	53.50	40.00	45.88
	2004/12/31	41.70	43.50	54.90	42.20	45.58
	2005/12/31	27.40	34.30	57.10	43.80	40.65
	2006/12/31	49.50	43.60	64.00	41.10	49.55
	2007/12/31	64.60	74.70	86.20	60.80	71.58
	五年平均值	45.52	48.34	63.14	45.58	50.65

由于可比公司是从事机械制造的企业,对于资本的要求都比较高,因此,资金和固定资产比例也相应较高。同时,可比公司无形资产应为企业的全部无形资产,不仅包括生产制造技术,而且包括其他无形资产(如商标、商誉等)。经过与评估公司的反复沟通,并征询专家意见,我们确定本次评估的产品制造技术应该占全部无形资产的60%,因此可以得到产品制造技术占全部资本的比例,并进一步对比财务报表,得出表12-4。

表12-4 可比公司的技术分成率计算

可比公司	年份	无形非流动资产占比(%)	技术占比(%)	EBITDA(万元)	技术贡献(万元)	主营业务收入(万元)	技术分成率(%)	技术分成率五年平均(%)
秦川发展	2003	44.40	26.64	6 929.50	1 846.02	41 971.10	4.40	4.51
	2004	41.70	25.02	8 495.40	2 125.55	50 742.90	4.19	
	2005	27.40	16.44	9 400.40	1 545.43	58 558.90	2.64	
	2006	49.50	29.70	11 059.20	3 284.58	67 641.40	4.86	
	2007	64.60	38.76	14 102.90	5 466.28	84 639.70	6.46	

（续表）

可比公司	年份	无形非流动资产占比（%）	技术占比（%）	EBITDA（万元）	技术贡献（万元）	主营业务收入（万元）	技术分成率（%）	技术分成率五年平均（%）
秦川发展	2003	45.60	27.36	4 238.00	1 159.52	50 538.90	2.29	2.13
	2004	43.50	26.10	5 166.60	1 348.48	53 495.30	2.52	
	2005	34.30	20.58	3 888.20	800.19	81 436.10	0.98	
	2006	43.60	26.16	3 803.60	995.02	86 961.40	1.14	
	2007	74.70	44.82	6 662.50	2 986.13	80 451.00	3.71	
中核科技	2003	53.50	32.10	1 138.50	365.46	24 427.60	1.50	3.07
	2004	64.00	38.40	1 812.30	695.92	30 278.20	2.30	
	2005	64.00	38.40	1 972.90	757.59	33 238.10	2.28	
	2006	64.00	38.40	2 903.00	1 114.75	38 454.50	2.90	
	2007	86.20	51.72	5 414.30	2 800.28	43 739.50	6.40	
鼎盛天工	2003	40.00	24.00	2 793.80	670.51	28 775.20	2.33	2.70
	2004	42.20	25.32	1 338.50	338.91	28 209.70	1.20	
	2005	43.80	26.28	4 797.20	1 260.70	44 492.00	2.83	
	2006	41.10	24.66	3 638.70	897.30	41 076.40	2.18	
	2007	60.80	36.48	5 807.70	2 118.65	42 849.80	4.94	

从表12-4中我们可以看出，对于技术对现金流的贡献占销售收入的比例，四个可比公司的平均值分别为4.51%、2.13%、3.07%和2.70%。四家可比公司均为机械制造行业的代表性企业，因此其技术分成率应当反映国内相同行业的技术分成水平，因此，我们以四家公司的技术分成率的平均值作为对比技术分成率。

（二）技术分成率衰减的考虑

由于我们评估的技术应该被理解为评估基准日的技术状态，因此，一方面，随着时间的推移，上述技术会不断地得到改进和完善，表现为产品制造技术中不断会有新的技术改进或增加，使得截至评估基准日时的技术所占的比重呈下降趋势；另一方面，技术也会逐渐进入衰退期。上述两种因素综合表现在评估基准日的产品技术对全部制造技术的贡献率上，也就是技术分成率逐渐降低。因此我们根据这一情况，考虑技术分成率在寿命期内逐渐下降（本案例中确定逐年衰减5%），确定寿命期内的技术分成率（如表12-5所示）。

表 12-5 寿命周期内技术分成率 （单位：%）

年份	2008	2009	2010	2011	2012	2013	2014	2015
技术分成率								

四、折现率的确定

折现率，又称期望投资回报率，是基于收益法确定评估价值的重要参数。本次评估的折现率，我们采用可比公司的无形资产投资回报率作为技术评估的折现率。

（一）可比公司税前加权平均总资本回报率的确定

税前加权平均总资本回报率（Weighted Average Cost of Capital Before Tax，WACCBT）代表期望的总投资税前回报率。它是期望的税前股权回报率和债权回报率的加权平均值，权重取可比公司的股权与债权结构。计算公式为：

$$\text{WACCBT} = R_e \times \frac{E}{E+D} + R_d \times \frac{D}{E+D}$$

式中，WACCBT 为税前加权平均总资本回报率，R_e 为税前股本回报率，R_d 为债权期望回报率，E 为股权的市场价值，D 为债权的价值。

1. 税前股权回报率 R_e 的确定

为了确定税前股权回报率，我们利用税前资本定价模型 CAPM，其公式为：

$$R_e = (R_f + \beta \times \text{ERP} + R_s)/(1-T)$$

式中 R_e 为股权回报率，R_f 为无风险回报率，β 为 Beta 风险系数，ERP 为股市风险超额回报率，R_s 为公司特有风险超额收益率，T 为所得税税率。

（1）R_f 的计算。本次评估中，技术的经济寿命周期为 8 年，取所有国债到期收益率的平均值作为本次评估的无风险收益率，计算得到符合条件的国债到期收益率的平均值为 3.94%。

（2）β 的计算。Wind 资讯是一家从事 Beta 风险系数的研究并给出 Beta 值的计算公式的公司。本次评估我们选取了该公司公布的 Beta 计算器，采用 90 个月（时间口径一致）数据计算可比公司的 Beta 值（如表 12-6 所示）。上证指数选择上证 180 指数，深证指数选择深证 100 指数。上述 Beta 值是含有可比公司自身资本结构的 Beta 值。

表 12-6　可比上市公司的 Beta 系数

可比公司	秦川发展	百利电气	中核科技	鼎盛天工
β	0.87	0.86	0.79	0.81

(3) ERP 的计算。本案例选择几何平均值来计算年收益率,市场指数选择上证 180 指数,无风险收益率采取同期国债到期收益率。通过计算,本案例得到股市风险超额回报率为 6.47%。

(4) R_s 的计算。特有风险收益率包括规模超额收益率和其他特有风险收益率两部分。目前国际上比较多的是考虑规模因素的影响,资产规模小、投资风险就会相对增加,反之,资产规模大,投资风险就会相对减小,企业资产规模与投资风险这种关系已被投资者广泛接受。另外特有风险也与被评估单位其他的一些特别因素有关,如供货渠道单一、依赖特定供应商或销售产品品种少等。在本案例中,通过专家咨询和规模比对,得到可比公司的 R_s(如表 12-7 所示)。

表 12-7　可比上市公司的 R_s 系数　　　　　　　　　　（单位:%）

可比公司	秦川发展	百利电气	中核科技	鼎盛天工
R_s	0.97	1.66	1.76	2.06

为此,得到四家可比公司的税前股权回报率(如表 12-8 所示)。

表 12-8　可比上市公司的 R_e 系数

可比公司	R_f(%)	β	ERP(%)	R_s(%)	T(%)	R_e(%)
秦川发展						
百利电气						
中核科技						
鼎盛天工						

2. 债权回报率 R_d 的确定

事实上,我国目前尚未建立起真正意义上的公司债券市场,尽管有一些公司债券是可以交易的。然而,另一方面,官方公布的贷款利率是可以得到的。事实上,在评估基准日,有效的一年期贷款利率是 6.57%,但由于债权回报率实际是对未来的期望回报率的预测,因此目前应该采用最新的贷款利率。因此本次评估选取一年期贷款利率(7.47%)作为我们的债权年期望回报率。

3. 股权价值 E 的确定

由于本次评估基准日在股权分置改革之后,故股权价值的计算公式为:

$$E = 流通股数 \times 收盘价 \times (1-缺少流通折扣率)$$

式中,缺少流通性折扣率的取值,本案例采纳已有研究,选用数值 25.83%。

4. 债权价值 D 的确定

$$D = 流动负息负债账面值 + 长期负债账面值$$

经过上述步骤和参数的计算,可确定可比公司税前加权平均总资本回报率(WACCBT)(计算表格见表 12-9)。

表 12-9 可比上市公司的 WACCBT

可比公司	E(万元)	D(万元)	R_e(%)	R_d(%)	WACCBT(%)
秦川发展	159 012	26 115			
百利电气	294 939	25 191			
中核科技	211 789	5 697			
鼎盛天工	167 122	45 958			

(二)无形资产投资报酬率的确定

上述计算的 WACCBT 可以理解为投资企业全部资产的期望回报率,企业全部资产包括流动资产、固定资产和无形资产。WACCBT 可以用下式表述:

$$\text{WACCBT} = W_c \times R_c + W_f \times R_f + W_i \times R_i$$

式中:W_c 为营运资金占全部资产的比例,R_c 为投资流动资产的期望回报率;W_f 为固定资产(资金)占全部资产的比例,R_f 为投资固定资产(资金)的期望回报率;W_i 为无形资产(资金)占全部资产的比例,R_i 为投资无形资产(资金)的期望回报率。

我们知道,投资流动资产所承担的风险相对最小,因而期望回报率应最低。我们取一年内平均银行贷款利率(7.47%)作为投资流动资产的期望回报率。投资固定资产所承担的风险较流动资产高,因而期望回报率比流动资产高,我们取银行 5 年以上平均贷款利率(7.83%)作为投资固定资产的期望回报率。

对于流动资产,我们在估算中采用的是企业营运资金,计算公式如下:

营运资金 = 流动资产合计 - 流动负债合计 + 短期银行借款 + 其他应付款 + 一年内到期的长期负债

无形资产的投资报酬率 R_i 的计算表格见表 12-10。

表 12-10　无形资产投资报酬率 R_i 的计算　　　　　　　　（单位:%）

可比公司	WACCBT	W_c	R_c	W_f	R_f	W_i	R_i
秦川发展							
百利电气							
中核科技							
鼎盛天工							
平均值							

五、确定技术资产的评估价值

综合上述分析与数据,可以最终确定该产品专利技术的评估值,计算表格见表 12-11。

表 12-11　SY 公司 GMB 专利技术评估计算表

时间	销售收入(E)（万元）	收入分成率（%）	折现率（%）	时段	折现系数	折现值（万元）
2008(6—12 月)						
2009						
2010						
2011						
2012						
2013						
2014						
2015						
评估值						

讨论题目与案例计算答案

一、讨论题目

本案例可供学生思考与讨论的问题有:

1. 无形资产具有分离模糊性和权重模糊性。试探讨如何把无形资产的贡献从整体资产表现中分离出来。

2. 敏感性分析:参数的变化如何导致评估结果的差异?
3. 情景分析:评估对象所处的情景发生变化如何导致评估结果的差异?
4. 如何理解无形资产评估结果?怎样提高无形资产评估结果的可靠性?

二、案例计算答案

表 12-2　GMB 产品经济寿命周期内销售收入预测

时间	销售数量(E)(台)	单价(E)(万元)	销售收入(E)(万元)
2008(6—12月)	39	503	19 617
2009	70	553	38 731
2010	70	609	42 604
2011	70	669	46 865
2012	70	736	51 551
2013	63	810	51 035
2014	57	891	50 792
2015	51	980	49 990

技术分成率 $X = (4.51\% + 2.13\% + 3.07\% + 2.70\%)/4 = 3.10\%$。

表 12-5　寿命周期内技术分成率　　　　　　　　　　　(单位:%)

年份	2008	2009	2010	2011	2012	2013	2014	2015
技术分成率	3.10	2.95	2.80	2.66	2.52	2.40	2.28	2.16

表 12-8　可比上市公司的 R_e

可比公司	R_f	β	ERP	R_s	T	R_e
秦川发展	3.94%	0.87	6.47%	0.97%	25%	14.05%
百利电气	3.94%	0.86	6.47%	1.66%	25%	14.89%
中核科技	3.94%	0.79	6.47%	1.76%	25%	14.42%
鼎盛天工	3.94%	0.81	6.47%	2.06%	25%	14.99%

表 12-9　对比上市公司的 WACCBT

可比公司	E(万元)	D(万元)	R_e(%)	R_d(%)	WACCBT(%)
秦川发展	159 012	26 115	14.05	7.47	13.12
百利电气	294 939	25 191	14.89	7.47	14.30
中核科技	211 789	5 697	14.42	7.47	14.23
鼎盛天工	167 122	45 958	14.99	7.47	13.37

表 12-10　无形资产投资报酬率 R_i 的计算　　　　　　　　　（单位:%）

可比公司	WACCBT	W_c	R_c	W_f	R_f	W_i	R_i
秦川发展	13.12	38.34	7.47	16.14	7.83	45.52	19.76
百利电气	14.30	27.08	7.47	24.56	7.83	48.34	21.42
中核科技	14.23	23.52	7.47	13.36	7.83	63.14	18.10
鼎盛天工	13.37	31.76	7.47	22.64	7.83	45.58	20.23
平均值	13.76	30.18	7.47	19.18	7.83	50.65	19.88

无形资产投资报酬率 $R_i = 19.88\%$。

表 12-11　SY 公司 GMB 专利技术评估计算表

时间	销售收入(E)（万元）	收入分成率（%）	折现率（%）	时段	折现系数	折现值（万元）
2008(6—12 月)	19 617	3.10	19.88	0.58	0.9002	547.09
2009	38 731	2.95	19.88	1.58	0.7509	857.43
2010	42 604	2.80	19.88	2.58	0.6264	746.76
2011	46 865	2.66	19.88	3.58	0.5225	650.96
2012	51 551	2.52	19.88	4.58	0.4359	565.87
2013	51 035	2.40	19.88	5.58	0.3636	445.05
2014	50 792	2.28	19.88	6.58	0.3033	351.01
2015	49 990	2.16	19.88	7.58	0.2530	273.01
评估值						4 437.17

最终确定该产品专利技术的评估值为 4437.17 万元。

第十三章 基于实物期权方法的电容量价值评估案例

第一节 案例介绍

本案例旨在引导学生掌握实物期权评估的基本方法。一方面,学生在这个案例中可以完整地学习到实物期权评估的基本过程。另一方面,学生可以通过该案例掌握项目评估、实物期权识别、敏感性分析等知识,拓宽对无形资产评估的分析思路与领域。本案例的编纂借鉴了中国资产评估协会组织的高校师资培训班的部分培训资料。

一、本案例要解决的关键问题

本案例需要解决的关键问题有:

1. 实物期权的识别

资产评估师评估实物期权主要包括识别期权、判断条件、估计参数、估算价值四个步骤。第一步就是识别并且定义实物期权。评估师对投资中含有的实物期权有正确的判断,是实行实物期权方法的前提,甚至可以说是实物期权方法中最重要的一步。

2. 发电项目价值的评估

发电项目价值的评估属于评估实物期权价值中的重要参数,也就是资产在评估基准日的价值。标的资产在评估基准日的价值可以根据成本法、收益法等适当的方法进行评估,但应当明确标的资产的评估价值中没有包含资产中的实物期权价值。如果"标的资产"尚未形成,在实务操作中一般会采用市场投资的角度来确定资产在评估基准日的价值,即采用经济项目可行性研究报告中关于"标的资产"

的经济可行性评价。

3. 波动率的确定

波动率是实物期权评估模型中较难确定的参数,其计算的合理性与可靠性对实物期权理论在资产评估中的应用推广有重要影响。目前主要有近似资产收益率法、专家估算法和蒙特卡罗方法,本案例拟采取近似资产收益率法对该参数进行确定。

4. 敏感性分析

敏感性分析是指从定量分析的角度研究有关因素发生某种变化对某个或某组关键指标影响程度的一种不确定分析技术。其实质是通过逐一改变相关变量数值的方法来找出关键指标受这些因素变动影响大小的规律。实物期权价值评估较为复杂,为确保评估结果的合理性,建议对核心变量关系的评估结果进行合理性检验。敏感性分析是合理性检验的重要手段。

二、案例分析要点

本案例需要学生掌握的主要知识点包括:项目评估的基本步骤和 B-S 模型应用于实物期权评估的主要步骤。

(一) 项目评估的基本步骤

项目评估(Project Evaluation),又称项目的经济可行性分析,就是在直接投资活动中,在对投资项目进行可行性研究的基础上,从企业整体的角度对拟投资建设项目的计划、设计、实施方案进行全面的技术经济论证和评价,从而确定投资项目未来发展的前景。

项目评估的主要步骤和内容包括:(1)弄清市场需求和销售情况,包括需求量、需求品种等的预测。(2)投资数额估算,包括设备、厂房、运营资金、需求量等投资数额。(3)生产成本的计算,包括原材料、工资、动力燃料、管理费用、销售费用、各项租金等。(4)销售收入的预测,包括销售数量和销售价格。(5)实现利税总额(企业产品销售税金及附加、应交增值税、管理费用中税金和利润总额之和)的计算。(6)项目经济效益的总评价,比较常见的是项目的净现金值。

(二) B-S 模型应用于实物期权评估的主要步骤

选择 B-S 模型估算实物期权价值的步骤如下:(1)估计有关参数数据,包括标的资产评估基准日价值(S)及其波动率(σ)、期权行权价格(X)、行权期限(T)、无风险收益率(r)五大参数。(2)计算 d_1 和 d_2。(3)求解 $N(d_1)$ 和 $N(d_2)$。(4)计算买方期权或者卖方期权的价值。

第二节 委托评估资产分析

（一）被评估资产情况

由于环境压力增大，我国不少专家建议关闭全国中小型火力发电厂，因为这些企业耗能大，污染严重，产能低。沿海经济发达的城市，因对电力需求大，多年前上马建设了很多中小型火力发电厂，这些发电厂污染了当地的环境。至于取缔部分火力发电厂后，如何补充不足的电能，一般采取的是"关小放大"的政策，实现规模化供应能源。

根据目前国家相关法律、法规的规定，火力发电企业如果想申请新建新火力发电厂，则需要关停现有的小火电厂，实行"关一给二"的政策，也就是关停1千瓦容量的小火电机组可以批准新建2千瓦的新机组。因此关停的小火电机组在转让其固定资产时就有一个所谓的"发电容量"的概念，也就是关停机组的发电容量，拥有上述容量就相当于拥有一个进一步新建大机组的发展选择实物期权。

70万千瓦机组的全部建设成本为40亿元。

（二）经济行为

DK集团公司拥有一个火力发电厂，发电机组容量为35万千瓦。根据国家关于"上大压小"的相关规定，该发电厂将于近期关停，根据"关一给二"的政策，关停35万千瓦的小机组，可以申请新建一个70万千瓦的大机组。目前需要将该小机组的电厂股权转让，客户要求在评估相关实物资产的同时，要求评估师考虑"电容量"的价值。

（三）实物期权存在辨识分析

该企业已经按照国家要求停机，此时进行股权转让一般只能采用成本法，以有序变现为前提评估关停企业相关实物资产的可变现价值。根据国家规定，"三大主机"不得异地使用，因此只能"拆整卖零"按废旧物资回收处理；部分辅机则可以按能否异地使用分别采用重置成本法评估。该企业可以在原地（或异地，但仍在本地区）建新电厂，也可以放弃建新电厂，因此，这是一个选择权，可视为实物期权。假设该企业聘请相关机构完成了70万千瓦机组的可研报告，新建电厂需要花费 X，在建成时刻 T 电厂的价值为 X_t，且满足 $X_t - X$，则电容量的价值可以表述为：

$$f(S_T) = \begin{cases} X_t - X & \text{if} \quad 新建电厂 \\ 0 & \text{if} \quad 放弃新建电厂 \end{cases}$$

第三节 项目价值评估

本案例将 70 万千瓦机组的项目价值评估做一个简要的回顾,主要的评估数据见表 13-1 至表 13-7。

表 13-1 发电量预测表

产权持有单位名称:DK 热电有限公司　　　　　　　　　　　评估基准日:2010/8/31

发电机	单位	年份									
		2010	2011	2012	2013	2014	2015	2016	2017	2018	2019
Ⅰ号发电机组	万千瓦	35	35	35	35	35	35	35	35	35	35
年有效发电时长	小时			2 750	5 500	5 500	5 500	5 500	5 500	5 500	5 500
年实际发电量	万千瓦时										
Ⅱ号发电机组	万千瓦		35	35	35	35	35	35	35	35	35
年有效发电时长	小时			2 750	5 500	5 500	5 500	5 500	5 500	5 500	5 500
年实际发电量	万千瓦时										
合计	万千瓦时										

表 13-2 收入预测表

产权持有单位名称:DK 热电有限公司　　　　　　　　　　　评估基准日:2010/8/31

项目名称	单位	年份						
		2012	2013	2014	2015	2016	2017	2018	2019
发电量	万千瓦时								
综合厂用电率	%	10%	10%	10%	10%	10%	10%	10%	10%
电网结算电量	万千瓦时								
平均上网结算单价	元/度	0.5	0.5	0.5	0.5	0.5	0.5	0.5	0.5
发电收入	万元								
供热热量	万吉焦	225	450	900	900	900	900	900	900
供热平均单价	元/吉焦	58	58	58	58	58	58	58	58
供热收入	万元								
合计	万元								

注:发电收入=电网结算电量×平均上网结算单价;电网结算电量=发电量×(1-综合厂用电率)

综合厂用电率是发电生产过程中设备设施消耗的电量占发电量的比例。

1度电=1千瓦时。

表13-3 资本性支出预测表

产权持有单位名称：DK热电有限公司　　　　　　　　　评估基准日：2010/8/31

（单位：万元）

费用明细项		年份							
		2012	2013	2014	2015	2016	2017	2018	2019
用于现有生产设备的维护方面的支出	固定资产购建/更新/改造	20 000	500	1 000	2 000	2 000	2 000	2 000	2 000
	可抵扣增值税	3 400	90	170	340	340	340	340	340
	无形资产购置/开发	0	0	0	0	0	0	0	0
合　　计									

表13-4 折旧摊销预测表

产权持有单位名称：DK热电有限公司　　　　　　　　　评估基准日：2010/8/31

（单位：万元）

期间	资产类型	资产数额	折旧年限	2012	2013	2014	2015	2016	2017	2018	2019	剩余值
2012	新增资本性支出		10									
2013	新增资本性支出		10									
2014	新增资本性支出		10									
2015	新增资本性支出		10									
2016	新增资本性支出		10									
2017	新增资本性支出		10									
2018	新增资本性支出		10									
2019	新增资本性支出		10									
固定资产折旧合计												

表13-5 主营业务成本预测表

产权持有单位名称：DK热电有限公司　　　　　　　　　评估基准日：2010/8/31

成本明细项		单位	年份							
			2012	2013	2014	2015	2016	2017	2018	2019
燃料费	发电耗用标准煤	元/万千瓦时	250	250	250	250	250	250	250	250
	燃料费小计	万元								

(续表)

成本明细项		单位	年份							
			2012	2013	2014	2015	2016	2017	2018	2019
其他费用	石灰石	万元	148	443	443	443	443	443	443	443
	脱销剂	万元	579	1 738	1 738	1 738	1 738	1 738	1 738	1 738
	人工成本	万元	749	2 246	2 246	2 246	2 246	2 246	2 246	2 246
	固定资产折旧费	万元								
	固定资产修理费	万元								
	其他费用小计	万元								
合计		万元								

注:在本案例中,固定资产修理费按当期资本性支出的3%计。

燃料费=发电量×单位发电量耗用标准煤价格。

表13-6 WACC计算表

报告期:2010年二季报　　　　　　　　　　　　　　　　行情日期:2010年08月31日

代码	600011.SH	600726.SH	000692.SZ	000027.SZ	平均数
简称	华能国际	华电能源	惠天热电	深圳能源	
普通股价值(万元)	6 492 331.92	670 701.17	172 637.88	2 356 670.01	24 230.85
优先股价值(万元)	0.00	0.00	0.00	0.00	0.00
短期债务(万元)	4 850 242.39	389 204.87	78 963.06	380 302.62	14 246.78
长期债务(万元)	7 585 288.21	911 755.96	8 700.00	411 879.34	22 294.06
无风险收益率(%)	3.85	3.85	3.85	3.85	3.85%
Beta	0.94	0.93	1.04	0.84	0.94
市场收益率(%)	29.96	29.96	29.96	29.96	29.96%
股权成本 K_e(%)	28.39	28.13	31.00	25.78	28.33%
短期利率(%)	2.25	2.25	2.25	2.25	2.25%
长期利率(%)	3.60	3.60	3.60	3.60	3.60%
债券调整系数	2.00	2.00	2.00	2.00	2.00
所得税税率(%)	25.00	25.00	25.00	25.00	25.00%
债务成本 K_d(%)	4.61	4.79	3.58	4.43	4.35%
WACC(%)	12.77	12.73	21.77	20.41	16.92%
总资本(万元)	18 927 862.52	1 971 662.00	260 300.94	3 148 851.97	60 771.69

数据来源:同花顺 iFinD。

注:本案例的WACC计算表中,采用的是四家上市公司的简单算数平均,理论和实务中还可以采取其他多种方法。

表 13-7 现金预测表

产权持有单位名称:DK 热电有限公司　　　　　　　　　　评估基准日:2010/8/31

（单位:万元）

	2010	2011	2012	2013	2014	2015	2016	2017	2018	2019
主营业务收入										
主营业务成本										
主营业务税金及附加										
主营业务利润										
应交所得税(25%)										
税后收益										
折旧/摊销										
运营资金追加										
资本性支出										
现金流										
时间										
折现系数										
现金流										
现金流折现										

注:主营业务税金及附加以销售收入 6% 计;运营资金追加以销售收入 8% 计。

主营业务税金及附加,用来核算企业日常主要经营活动应负担的税金及附加,包括营业税、消费税、城市维护建设税、资源税、土地增值税和教育费附加及地方教育费附加等。这些税金及附加,一般根据当月销售额或税额,按照规定的税率计算,于下月初缴纳。

在本案例中,主营业务税金及附加、运营资金追加均采用了简化的处理方法,现实操作中,处理更为具体和复杂。

第四节　电容量价值评估

我们决定采用 B-S 模型估算 DK 公司的发展选择期权。根据分析,这是一个发展选择实物期权,因此属于看涨期权,可以选择不含红利的看涨期权 B-S 模型:

$$C = SN(d_1) - Xe^{-rT}N(d_2)$$

式中,$d_1 = \dfrac{\ln(S/X) + (r+\sigma^2/2)T}{\sigma\sqrt{T}}$,$d_2 = \dfrac{\ln(S/X) + (r-\sigma^2/2)T}{\sigma\sqrt{T}} = d_1 - \sigma\sqrt{T}$。

（一）B-S 模型中各参数含义及其计算方法

S：原含义为标的股票的现实价格，现是 70 万千瓦机组的新建电厂在建成后，其在基准日所表现的市场价值。S 可以根据 70 万千瓦新建机组的可研报告，采用 DCF（Discounted Cash Flow，现金流贴现法）方式估算，也就是预测新厂建成后经营现金流折现到基准日的现值。

X：原含义为期权执行价，现为 70 万千瓦机组的全部建设成本或全部投资的终值，参照可研报告估算。

r：原含义为连续复利计算的无风险收益率，现在可以采用国债到期收益率。

T：原含义为期权限制时间，现可以采用从基准日到新建电厂完成并投资发电所需要的时间。

σ：原含义为股票波动率，现在应该是投资者投资火力发电企业所能获得的回报率的波动率，可以采用国内中火力发电企业行业的全部上市公司的股票波动率的标准差估算。

（二）B-S 模型中各参数的计算

（1）期权限制时间 T。在本案例中，从基准日（2010 年 8 月 31 日）到新建电厂完成并投资发电（2012 年 1 月 1 日）所需要的时间为_____年，即 $T=$ _____。

（2）无风险收益率 r。在本案例中取 $T=$ _____年期国债收益率作为无风险收益率，通过查表可得 $r=$ __3.85%__。

（3）标的物的现时价格 S。依据第二部分，70 万千瓦机组的项目价值评估，有 $S=$ _____万元。

（4）执行价格 X。在本案例中，执行价格为 70 万千瓦机组全部建设成本或全部投资的终值，有 $X=$ _____万元。

（5）波动率 σ。本案例采用国内中火力发电企业行业的全部上市公司的股票波动率的标准差估算。

对数收益率采用与期权到期时间 T 相同年限的股票历史数据计算；每期数据采用 $\ln(S_{t+1}/S_t)$（$t=1,2,3,\cdots,n$）估算历史数据的标准差。

由于股票波动是随机的，因此对于某个特定股票的预期波动率不能用其单一股票的历史数据估算，一般应该至少采用该股票所在行业全部股票的波动率方差的平均值估算。具体步骤如下：

第一步：选取相关行业及其上市公司，以 Wind 数据库选择行情序列（见图 13-1），本案例选择 Wind 电力下的 45 家上市公司，见表 13-8。

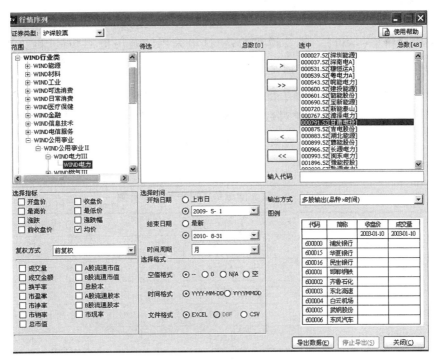

图 13-1　Wind 数据库选择行情序列

表 13-8　Wind 电力上市公司列表

代码	简称	代码	简称	代码	简称
000027.SZ	深圳能源	001896.SZ	豫能控股	600578.SH	京能电力
000037.SZ	深南电 A	002039.SZ	黔源电力	600644.SH	乐山电力
000531.SZ	穗恒运 A	200037.SZ	深南电 B	600674.SH	川投能源
000539.SZ	粤电力 A	200539.SZ	粤电力 B	600726.SH	华电能源
000543.SZ	皖能电力	600011.SH	华能国际	600744.SH	华银电力
000600.SZ	建投能源	600021.SH	上海电力	600780.SH	通宝能源
000601.SZ	韶能股份	600027.SH	华电国际	600795.SH	国电电力
000690.SZ	宝新能源	600098.SH	广州发展	600863.SH	内蒙华电
000720.SZ	新能泰山	600101.SH	明星电力	600868.SH	梅雁吉祥
000767.SZ	漳泽电力	600116.SH	三峡水利	600886.SH	国投电力
000791.SZ	甘肃电投	600310.SH	桂东电力	600900.SH	长江电力
000883.SZ	湖北能源	600396.SH	金山股份	600969.SH	郴电国际
000899.SZ	赣能股份	600452.SH	涪陵电力	600995.SH	文山电力
000966.SZ	长源电力	600505.SH	西昌电力	601991.SH	大唐发电
000993.SZ	闽东电力	600509.SH	天富能源	900937.SH	华电 B 股

第二步：提取表 13-8 中上市公司在 2009 年 5 月 1 日—2010 年 8 月 31 日期间每月的股票价格（均价）。需要说明的是，这里采用的是历史回望法，因为期权限制时间 $T=$ _____ 年，从评估基准日 2010 年 8 月 31 往回倒推 _____ 年时间，这个时间段即为 2009 年 5 月 1 日—2010 年 8 月 31 日。

第三步：计算股票的每期对数收益率，以深圳能源为例，计算得到表 13-9，然后计算月标准差 = _____，在此基础上计算年标准差 = _____，其他上市公司计算方法一致，不再一一罗列。

表 13-9　深圳能源每期对数收益率计算

日期	均价（元）	对数收益率（%）
2009/5/27	10.76	
2009/6/30	11.08	
2009/7/31	12.94	
2009/8/31	13.17	
2009/9/30	11.94	
2009/10/30	12.44	
2009/11/30	13.62	
2009/12/31	13.54	
2010/1/29	13.27	
2010/2/26	12.64	
2010/3/31	13.08	
2010/4/30	13.04	
2010/5/31	10.97	
2010/6/30	10.27	
2010/7/30	10.10	
2010/8/31	10.73	

最后，将所有公司的年标准差做简单算术平均得到所在行业全部股票的波动率方差 $\sigma =$ __32.43%__。

（三）实物期权价值的计算

由上述分析与计算，可以得到如下参数：$S=$ _____；
$X=$ _____；$T=$ _____；$r=$ _____；$\sigma =$ _____；

$$d_1 = \frac{\ln(S/X)+(r+\sigma^2/2)T}{\sigma\sqrt{T}} = \underline{\qquad\qquad\qquad};$$

$$d_2 = \frac{\ln(S/X)+(r-\sigma^2/2)T}{\sigma\sqrt{T}} = d_1 - \sigma\sqrt{T} = \underline{\qquad\qquad\qquad};$$

$$N(d_1) = \underline{\qquad\qquad\qquad}; N(d_2) = \underline{\qquad\qquad\qquad};$$

$$C = SN(d_1) - Xe^{-rT}N(d_2) = \underline{\qquad\qquad\qquad}。$$

讨论题目与案例计算答案

一、讨论题目

1. 如何识别实物期权？
2. 实物期权价值与标的资产价值之间有什么关系？
3. 评估标的资产评估基准日价值的方法有哪些？本案例还可以采取哪些方法？
4. 采用近似资产收益率法计算波动率时，为何要选择与行权期权一样的时间间隔？采用对数收益率的优势是什么？
5. 参数的变化会导致评估结果怎样的变化？如何进行敏感性分析？
6. 情景分析：评估对象所处的情景发生变化时，会如何导致评估结果的差异？

二、案例计算答案

表 13-1 发电量预测表

产权持有单位名称：DK 热电有限公司　　　　　　　评估基准日：2010/8/31

发电机	单位	年份									
		2010	2011	2012	2013	2014	2015	2016	2017	2018	2019
Ⅰ号发电机组	万千瓦	35	35	35	35	35	35	35	35	35	35
年有效发电	小时			2 750	5 500	5 500	5 500	5 500	5 500	5 500	5 500
年实际发电量	万千瓦时	0	0	96 250	192 500	192 500	192 500	192 500	192 500	192 500	192 500
Ⅱ号发电机组	万千瓦	35	35	35	35	35	35	35	35	35	35

(续表)

发电机	单位	年份									
		2010	2011	2012	2013	2014	2015	2016	2017	2018	2019
年有效发电	小时			2750	5500	5500	5500	5500	5500	5500	5500
年实际发电量	万千瓦时	0	0	96 250	192 500	192 500	192 500	192 500	192 500	192 500	192 500
合计	万千瓦时	0	0	192 500	385 000	385 000	385 000	385 000	385 000	385 000	385 000

表 13-2　收入预测表

产权持有单位名称：DK 热电有限公司　　　　　　评估基准日：2010/8/31

项目名称	单位	年份							
		2012	2013	2014	2015	2016	2017	2018	2019
发电量	万千瓦时	192 500	385 000	385 000	385 000	385 000	385 000	385 000	385 000
综合厂用电率	%	10	10	10	10	10	10	10	10
电网结算电量	万千瓦时	173 250	346 500	346 500	346 500	346 500	346 500	346 500	346 500
平均上网结算单价	元/度	0.50	0.50	0.50	0.50	0.50	0.50	0.50	0.50
发电收入	万元	86 625	173 250	173 250	173 250	173 250	173 250	173 250	173 250
供热热量	万吉焦	225	450	900	900	900	900	900	900
供热平均单价	元/吉焦	58	58	58	58	58	58	58	58
供热收入	万元	13 050	26 100	52 200	52 200	52 200	52 200	52 200	52 200
合计	万元	99 675	199 350	225 450	225 450	225 450	225 450	225 450	225 450

注：发电收入＝电网结算电量×平均上网结算单价；电网结算电量＝发电量×（1－综合厂用电率）

综合厂用电率是发电生产过程中设备设施消耗的电量占发电量的比例。

1 度电＝1 千瓦时。

表13-3 资本性支出预测表

产权持有单位名称:DK热电有限公司　　　　　　　　　　　评估基准日:2010/8/31

（单位:万元）

费用明细项		年份							
		2012	2013	2014	2015	2016	2017	2018	2019
用于现有生产设备的维护方面的支出	固定资产购建/更新/改造	20 000	500	1 000	2 000	2 000	2 000	2 000	2 000
	可抵扣增值税	3 400	90	170	340	340	340	340	340
	无形资产购置/开发	0	0	0	0	0	0	0	0
合计		16 600	410	830	1 660	1 660	1 660	1 660	1 660

表13-4 折旧摊销预测表

产权持有单位名称:DK热电有限公司　　　　　　　　　　　评估基准日:2010/8/31

（单位:万元）

资产类型	资产数额	折旧年限	2012	2013	2014	2015	2016	2017	2018	2019	剩余值
新增资本性支出	16 600	10	1 660	1 660	1 660	1 660	1 660	1 660	1 660	1 660	3 320
新增资本性支出	410	10		41	41	41	41	41	41	41	123
新增资本性支出	830	10			83	83	83	83	83	83	332
新增资本性支出	1 660	10				166	166	166	166	166	830
新增资本性支出	1 660	10					166	166	166	166	996
新增资本性支出	1 660	10						166	166	166	1 162
新增资本性支出	1 660	10							166	166	1 328
新增资本性支出	1 660	10								166	1 494
固定资产折旧合计			1 660	1 701	1 784	1 950	2 116	2 282	2 448	2 614	9 585

表13-5 主营业务成本预测表

产权持有单位名称:DK热电有限公司　　　　　　　　　　　评估基准日:2010/8/31

成本明细项		单位	年份							
			2012	2013	2014	2015	2016	2017	2018	2019
燃料费	发电耗用标准煤	元/万千瓦时	250	250	250	250	250	250	250	250
	燃料费小计	万元	4 813	9 625	9 625	9 625	9 625	9 625	9 625	9 625

(续表)

成本明细项		单位	年份							
			2012	2013	2014	2015	2016	2017	2018	2019
其他费用	石灰石	万元	148	443	443	443	443	443	443	443
	脱销剂	万元	579	1 738	1 738	1 738	1 738	1 738	1 738	1 738
	人工成本	万元	749	2 246	2 246	2 246	2 246	2 246	2 246	2 246
	固定资产折旧费	万元	1 660	1 701	1 784	1 950	2 116	2 282	2 448	2 614
	固定资产修理费	万元	498	12	25	50	50	50	50	50
	其他费用小计	万元	3 634	6 140	6 236	6 427	6 593	6 759	6 925	7 091
合计		万元	8 447	15 765	15 861	16 052	16 218	16 384	16 550	16 716

注：在本案例中，固定资产修理费按当期资本性支出的3%计。

表 13-7　现金预测表

产权持有单位名称：DK 热电有限公司　　　　　　　　评估基准日：2010/8/31

(单位：万元)

	2010	2011	2012	2013	2014	2015	2016	2017	2018	2019
主营业务收入			99 675	199 350	225 450	225 450	225 450	225 450	225 450	225 450
主营业务成本			8 447	15 765	15 861	16 052	16 218	16 384	16 550	16 716
主营业务税金及附加			5 981	11 961	13 527	13 527	13 527	13 527	13 527	13 527
主营业务利润			85 248	171 624	196 062	195 871	195 705	195 539	195 373	195 207
应交所得税(25%)			21 312	42 906	49 016	48 968	48 926	48 885	48 843	48 802
税后收益			63 936	128 718	147 047	146 903	146 779	146 654	146 530	146 405
折旧/摊销			1 660	1 701	1 784	1 950	2 116	2 282	2 448	12 199
运营资金追加			7 974	15 948	18 036	18 036	18 036	18 036	18 036	18 036
资本性支出			16 600	410	830	1 660	1 660	1 660	1 660	1 660
现金流			41 022	114 061	129 965	129 157	129 199	129 240	129 282	138 908
时间	0.3333	1.3333	2.3333	3.3333	4.3333	5.3333	6.3333	7.3333	8.3333	9.3333
折现系数	0.9492	0.8119	0.6944	0.5939	0.5079	0.4344	0.3716	0.3178	0.2718	0.2325

(续表)

	2010	2011	2012	2013	2014	2015	2016	2017	2018	2019
现金流			28 485	67 740	66 015	56 111	48 006	41 072	35 140	32 293
现金流折现					374 861					

注：主营业务税金及附加以销售收入的6%计；运营资金追加以销售收入的8%计。
2019年折旧/摊销额＝2019年固定资产折旧额＋剩余值＝2 614＋9 585。

表13-9 深圳能源每期对数收益率计算

日期	均价（元）	对数收益率（%）
2009/5/27	10.76	—
2009/6/30	11.08	2.93
2009/7/31	12.94	15.52
2009/8/31	13.17	1.76
2009/9/30	11.94	-9.80
2009/10/30	12.44	4.10
2009/11/30	13.62	9.06
2009/12/31	13.54	-0.59
2010/1/29	13.27	-2.01
2010/2/26	12.64	-4.86
2010/3/31	13.08	3.42
2010/4/30	13.04	-0.31
2010/5/31	10.97	-17.29
2010/6/30	10.27	-6.59
2010/7/30	10.10	-1.67
2010/8/31	10.73	6.05

计算股票的每期对数收益率，以深圳能源为例，计算得到表13-9，然后计算月标准差＝7.88%，在此基础上计算年标准差＝7.88%×$\sqrt{12}$＝27.30%

由上述分析与计算，可以得到如下参数：S＝374 861（万元）；
X＝400 000×$(1+r)^{1.3333}$＝420 663（万元）；T＝1.3333；r＝3.85%；σ＝32.43%；
$d_1 = \dfrac{\ln(S/X)+(r+\sigma^2/2)T}{\sigma\sqrt{T}} = 0.0165$；$d_2 = \dfrac{\ln(S/X)+(r-\sigma^2/2)T}{\sigma\sqrt{T}} = d_1 - \sigma\sqrt{T} = -0.3580$；

$N(d_1)$＝0.5066；$N(d_2)$＝0.3602；
$C = SN(d_1) - Xe^{-rT}N(d_2)$＝45 962.88（万元）。

第十四章 合并对价分摊的公允价值评估案例

第一节 案例介绍

本案例是基于国内新评估准则《以财务报告为目的的评估指南(试行)》和新会计准则《企业会计准则第 20 号——企业合并》体系的一个评估实例,所涉及的评估业务是协助企业在执行新会计准则后,对非同一控制下企业合并的合并成本进行分配。案例给出了一个合并对价分摊(Purchase Price Allocation,PPA)的公允价值评估的基本过程。由于合并对价分摊中最核心的工作是无形资产评估和合理性测试,其中,合理性测试也是控制评估质量的重要手段,这对无形资产评估来说尤为重要,故本书把该案例收录在内。

本案例的编撰主要借鉴了《中国资产评估》2010 年第 8 期的一篇文章"BM 公司合并对价分摊的公允价值评估案例"、财政部颁布的《以财务报告为目的的评估指南(试行)》和《企业会计准则第 20 号——企业合并》等内容。

一、本案例要解决的关键问题

本案例需要解决的关键问题主要包括可辨认无形资产的识别与评估和合理性测试两项。

1. 可辨认无形资产的识别与评估

《企业会计准则第 20 号——企业合并》对合并中取得的被购买方的可辨认无形资产与或有负债的确认,以其公允价值是否能可靠计量为原则,并没有给出具体的、操作性强的确认和计量标准。而在实践中,无形资产、或有负债是否存在,其公允价值是否能可靠计量,很多时候并没有准确、唯一的答案。从国内的评估实务来看,由于目前国内相关准则在确认可辨认无形资产标准方面与国际上的相关规定还有一些差距:如美国财务会计准则第141号(SFAS141)——《企业合并》中列出了29种五大类可确认的无形资产,但国内相关准则没有明确列明如此众多的可辨认无形资产。因此,国内评估师往往会在无形资产辨认、评估模型和评估参数的选用方面存在一些问题,特别是当需要承担按照国际会计准则要求进行的PPA评估时,需要与审计师进行较多的沟通与协调。总之,PPA评估中的一些可辨认无形资产与或有负债的评估,如客户关系、未结订单、对外担保、涉讼事项等,对我国评估界而言,还属于较新的业务领域,评估经验和评估参数积累尚有待丰富与完善,评估技术手段也尚有待规范与提高。另外,我们的相关准则和规范也需要与时俱进,及时解决对行业有重大影响的专业技术共性问题。

2. 合理性测试

用财务指标度量合并对价分摊引起的公允价值计量合理性问题。公允价值计量相关指标的构建是本案例的核心工作,本案例拟针对合并对价分摊的公允价值计量进行合理性分析,采用WARA与WACC比较方法对案例进行合理性测试。PPA评估中,应对合并对价分摊的合理性进行测试,若测试结果不合理,应重新检查各项可辨认资产、负债及或有负债的公允价值是否合适,或者是否存在遗漏的资产、负债。此外,在PPA合理性测试中,对商誉的计算有两种模式:一种是计算会计商誉,即直接采用购买价与可辨认净资产的公允价值之差作为商誉价值;一种是计算评估商誉,即采用评估确定的企业价值与可辨认净资产的公允价值之差作为商誉价值。本案例中使用的是后者。

二、案例分析要点

BM公司合并对价分摊的公允价值评估是在执行新会计准则背景下,以财务报告为目的的资产评估项目。本案例给出了一个合并对价分摊的公允价值评估(PPA评估)的基本过程。通过对本案例的分析,可以梳理出PPA评估的一些特点:

1. PPA评估的特殊性

PPA评估作为一种以财务报告为目的的新兴评估业务,具有相对的特殊性。在新企业会计准则的执行过程中,部分企业和审计师忽视了PPA评估的特殊性,认为可以采用股权收购方法评估结果作为PPA的评估依据。这种观点是错误的,从本案例中,可以看出两者存在本质的差异,见表 14-1。

表 14-1 PPA 评估与股权收购评估对比表

项目	PPA 评估	股权收购评估
评估目的	为财务报告提供价值参考依据	为股权转让提供价值参考依据
评估对象	各项可辨认资产、负债及或有负债	全部或部分股东权益
评估方法	优先遵循会计准则及应用指南	遵循评估准则
评估基准日	与购买日一致	一般早于购买日

2. PPA 评估方法的选用应遵循公允价值层级性要求

PPA 评估的实质是对不包含商誉的资产组或资产组组合的各项资产和负债的公允价值进行评估,故属于部分资产评估,其评估方法选用应不同于企业价值评估。

《企业会计准则第 20 号——企业合并》应用指南对各项可辨认资产与负债的公允价值的确认方法进行了规定。PPA 评估中,各类资产与负债的评估方法应首先符合该规定。该规定实质上是对各种公允价值的确认方法按照公允价值层级性理念进行了优先排序。

根据美国第 157 号财务会计准则公告(SFAS157)——《公允价值计量》,公允价值层级(Fair Value Hierarchy)将评估的资料分为三个等级:位于公允价值层级中最高优先地位的是活跃市场中的报价;位于最低优先地位的是不可观察的数据,例如报告实体自己的内部数据;采用收益法、成本法等估值技术获得的参数则仅优于最低优先地位的不可观察的数据。

故在 PPA 评估中,优先选用的方法应为市场法。若选用收益法等其他方法,评估参数选取时也要优先使用来源于活跃市场的数据。在本案例中,技术分成率、资产回报率等参数的确定方法和过程均体现了上述原则。

第二节 案例描述

一、案例背景

BM 公司是一个以生产高压、超高压电站锅炉及生物质发电锅炉为主体的,集科研、生产、配套、服务于一体的企业。其主要产品为循环流化床锅炉。BM 公司通过了 ISO(International Standard Organization,国际标准化组织)质量体系认证,并拥有美国机械工程师学会颁发的 ASME(American Society of Mechanical Engineers,美国机械工程师学会)授权证书及"U""S"钢印。

2015年6月,LJP公司以15亿元人民币现金收购了BM公司100%的股权,构成了非同一控制下的企业合并,其合并对价即为15亿元人民币。

二、委托评估资产分析

根据《企业会计准则第20号——企业合并》,非同一控制下的企业合并,购买方在购买日应当依据所取得的被购买方各项可辨认资产、负债及或有负债的公允价值,对合并成本进行分配。

为了明确本次评估的相关事项,确保评估报告符合《企业会计准则第20号——企业合并》及其他相关准则的要求,评估人员首先与审计人员、LJP公司和BM公司管理层就下列事项进行了讨论,并取得了一致的意见:

1. 评估基准日:本项目评估基准日应为股权购买日,确定为2015年6月30日。

2. 评估对象和范围:本次评估对象为BM公司于评估基准日的各项可辨认资产、负债及或有负债的市场价值,涉及的资产范围包括账面资产和负债以及表外可辨认资产、负债。

3. 评估目的:本次评估系确定BM公司于评估基准日的各项可辨认资产、负债及或有负债的市场价值,为LJP公司管理层准备财务报告进行合并对价分摊提供价值参考意见。

4. 价值类型:本次评估采用持续经营前提下的市场价值作为选定的价值类型。市场价值是指自愿买方和自愿卖方在各自理性行事且未受任何强迫的情况下,评估对象在评估基准日进行正常公平交易的价值估计数额。持续经营是指被评估企业的生产经营活动会按其现状持续下去,并在可预见的未来,不会发生重大改变。

5. 评估方法:各项可辨认资产、负债及或有负债的公允价值的评估方法的选用,应遵循《企业会计准则第20号——企业合并》应用指南的相关规定。

第三节 评估过程技术说明

在上述分析的基础上,评估人员以"为LJP公司管理层准备财务报告进行合并对价分摊提供价值参考意见"为目的,对BM公司各项可辨认资产、负债及或有负债在评估基准日 2015 年 6 月 30 日的市场价值进行了评估。相关评估过程简要说明如下：

一、评估方法简介

本次评估范围内的各项资产、负债的评估方法如下：

（1）货币资金：按清查核实后的账面值确定评估值。

（2）应收款项：按应收金额减去估计的风险损失金额确定评估值。

（3）存货：包括原材料、材料采购、包装物、在产品和在用低值易耗品等。①原材料、包装物和在用低值易耗品按其现行重置成本确定评估值；②材料采购按清查核实后的账面值确定评估值；③在产品按完工产品的估计售价减去至完工仍将发生的成本、估计的销售费用、相关税费后以及基于同类产成品的基础上估计出售可能实现的利润确定评估值。

（4）长期股权投资：对拥有控制权且被投资单位正常经营的长期股权投资，采用同一评估基准日对被投资单位进行整体评估，以被投资单位整体评估后的净资产乘以持股比例确定长期股权投资的评估值。对参股且被投资单位仍在正常经营的长期股权投资，按权益法评估，以评估基准日被投资单位资产负债表中载明的净资产账面值乘以持股比例确认评估值。长期股权投资减值准备按评估相关规范的规定评估值确定为零。

（5）建筑物、在建工程、机器设备：对于有活跃市场报价的，以评估基准日市场价格为基础确定评估值；对于同类资产有活跃市场报价的，参照评估基准日同类资产的市场价格确定评估值；对于其他资产，采用重置成本法进行评估。重置成本法基本公式为：评估价值＝重置价值×成新率。

（6）无形资产——土地使用权：评估基本思路是，分别用市场比较法、基准地价系数修正法两种方法求出出让土地使用权价格，再按各自权重加和得到土地使用权价格。

（7）其他无形资产：包括应用软件、技术、未结订单与客户关系。①应用软件，按评估基准日市场价格作为评估值；②技术采用收益途径的许可费节约法（Royalty Saving Method）进行评估；③未结订单与客户关系采用收益途径的超额收益法进行评估。

（8）应付款项、应付职工薪酬、应交企业所得税、应交其他税金和预计负债：按清查核实后的应付债务金额确定评估值。

二、市场需求与竞争分析

根据《以财务报告为目的的评估指南（试行）》和《企业会计准则第20号——企业合并》，本次评估对应的评估对象应当是合并中取得的被购买方可辨认资产、负债及或有负债。本案例中，被购买方可辨认资产既包括资产负债表中列示的所有资产，又包括未反映在资产负债表中的可辨认无形资产。评估师对BM公司表外无形资产进行了辨认和评估，经过现场调查及从企业内部和外部渠道获取相关资料，认为BM公司在评估基准日可辨认的无形资产主要包括锅炉制造技术（以下简称"技术"）、未结订单、客户关系等。确定这些可辨认资产价值，需要对统一的市场需求和竞争情景进行分析。

（一）工业锅炉行业总体现状和未来需求态势

一方面，中国工业锅炉行业经过五十多年来的发展，取得了长足的进步，行业逐步规范和壮大，生产能力不断提高，已形成比较完整的产品体系。但另一方面，中国工业锅炉行业发展极不平衡，生产集中度不高，"大而全""小而全"的现象普遍存在。

近十年来，随着国民经济的发展，同时受国家能源结构变化和日益严格的环境保护政策的制约，中国工业锅炉产品发展发生了新的变化。以往影响工业锅炉市场的主要因素是国民经济的发展速度和投资规模，北方地区采暖需要和住宅建设、第三产业和民营企业的发展，效率低、污染重的落后锅炉淘汰改造以及正常的更新改造等。未来工业锅炉产品市场发展除了受上述因素影响外，还越来越受能源政策和节能、环保要求的制约。在国家倡导并推行热电联产和集中供热的形势下，大中城市的小容量燃煤锅炉的比重将会显著下降；循环流化床锅炉等采用清洁燃烧技术的锅炉将得到较快的发展；燃油燃气锅炉特别是燃气锅炉将会有长足的进步，小型燃机热电（冷）联产系统、燃气—蒸汽联合循环热电（冷）联产系统的开发应用会有较大进展；蓄热式电热锅炉系统随着电力工业的改革和发展，其市场将进一步拓宽；燃生物质和生活垃圾的锅炉市场潜力较大。随着石油、煤炭等资源价格的持续上涨，国家对节能减排、环保优先、鼓励可再生能源开发及利用等方面的扶持力度在不断加强。这一政策为行业内企业发展大型循环流化床锅炉、燃气轮机余热锅炉、秸秆锅炉、垃圾焚烧锅炉等提供了极好的机遇。与此同时，从市场竞争的角度看，随着世界经济的不断发展，国际市场的需求不断扩大，为东南亚以及非洲等处于经济快速发展阶段的国家和地区，提供了良好的发展机遇。同时，受国家宏观调控、"上大压小""以大代小"政策的影响,小型锅炉的市场总量将会减少。

(二)BM 公司市场竞争分析

BM 公司的产品定位及生产能力处于行业中间水平。BM 公司多年来致力于循环流化床锅炉的开发与生产,曾一度处于行业的领先地位,拥有良好的业绩。近几年来,随着其他厂家技术的发展以及市场经营政策的辅助,公司的传统经营模式已无法使企业再更多地拥有市场份额,尽管到目前为止 BM 公司在循环流化床锅炉市场仍有较高的占有率,但不可否认的是其他锅炉企业的市场份额在逐年提高,竞争对手成长迅速。目前 BM 公司尚不具备生产大型化产品的竞争能力,小型循环流化床锅炉的竞争异常激烈,且这些项目建设也都往综合利用方向转化,比如掺气、掺秸秆、掺垃圾、掺煤泥等,在市场价位偏低的情况下,目前也大多无竞争力。近年来,由于投资项目减少,造成了"僧多粥少"的局面。凡是有锅炉投标项目的,不论锅炉大小,竞争都相当激烈。锅炉的价格在招标中将成为越来越重要的因素。但 BM 公司的产品价格在各处招标中,往往处于偏高的劣势地位,价格竞争力较弱。

三、无形资产折现率的确定

由于 BM 公司是非上市公司,无法直接计算其风险回报率。故采用在国内上市公司中选取可比公司并通过分析可比公司的方法计算 BM 公司的折现率。

在本次评估中可比公司的选择标准如下:公司至少具有二年以上上市历史且为盈利企业;公司只发行人民币 A 股股票;公司为锅炉制造类上市公司。

根据上述标准,本次评估我们选定以下可比公司:

(1)无锡华光锅炉股份有限公司(股票简称:华光股份,股票代码:600475)。

(2)东方锅炉(集团)股份有限公司(股票简称:东方锅炉,股票代码:600786)。

(一)加权资金成本(WACC)的确定

WACC 代表期望的总投资回报率,计算公式如下:

$$WACC = E/(D+E) \times R_e + D/(D+E) \times R_d \times (1-T)$$

式中:E 代表股权价值;R_e 代表股权期望回报率;D 代表负息债权价值;R_d 代表债权期望回报率;T 代表企业所得税税率。

股权回报率利用资本资产定价模型(CAPM)确定。实际使用 CAPM 时,考虑了公司特有风险对股权收益率的影响。具体公式为:

$$R_e = R_f + \beta \times \text{ERP} + R_s$$

式中：R_e 为股权回报率，R_f 为无风险回报率，β 为风险系数，ERP 为市场风险超额回报率，R_s 为公司特有风险回报率。

由于中国目前尚未建立起真正意义上的公司债券市场，本次评估采用中国人民银行公布的 1 年期贷款利率作为债权回报率。由于计算可比公司 WACC 是为了确定评估基准日预期的无形资产回报率，计算被评估公司 WACC 是为了确定评估报告日可预期的无形资产回报率，故可比公司 WACC 计算中采用评估基准日有效的 1 年期贷款利率作为债权回报率，被评估公司 WACC 计算中采用评估报告日有效的 1 年期贷款利率作为债权回报率。

WACC 计算中各参数的估算说明本文从略，计算结果详见表 14-2。

表 14-2 折现率计算表

可比公司	$E/(E+D)$ (%)	$D/(E+D)$ (%)	R_f (%)	ERP (%)	β (%)	R_s (%)	R_e (%)	R_d (%)	T (%)	WACC (%)
华光股份	99.50	0.50	3.51	8.77	0.82	0.70	11.41	6.84	15	11.38
东方锅炉	97.80	2.80	3.51	8.77	0.87	0.70	11.80	6.84	15	11.70
平均值	98.65	1.65	3.51	8.77	0.84	0.70				
BM 公司	98.65	1.65	3.51	8.77	0.84	0.70	11.60	6.84	25	11.53

（二）无形资产期望回报率的确定

上述计算的 WACC 可以理解为投资企业全部资产的期望回报率。企业全部资产由营运资金、固定资产和无形资产组成。WACC 可以用下式表述：

$$\text{WACC} = W_c \times R_c + W_f \times R_f + W_i \times R_i$$

式中：W_c 代表营运资金占全部资产的比例；W_f 代表固定资产占全部资产的比例；W_i 代表无形资产占全部资产的比例；R_c 代表营运资金期望回报率（税后）；R_f 代表固定资产期望回报率（税后）；R_i 代表无形资产期望回报率（税后）。

对于营运资金的期望回报率根据现行 1 年期贷款利率确定为 7.47%（税前），故税后回报率为 5.6%；固定资产等长期资产的期望回报率根据现行长期贷款利率确定为 5.87%（税后）。

通过上式，可以计算得到 R_i，作为投资无形资产的期望回报率。经计算，可比公司无形资产期望回报率的平均值为 16.9%。

（三）各类无形资产期望回报率的确定

我们可以认为计算出来的16.9%应该是各类无形资产期望回报率的加权平均值。我们可以在进一步分析可比公司无形资产组合特点的基础上，确认各单项无形资产的期望回报率，具体如下：

（1）商誉：一般认为，企业商誉的期望回报率应在20%—30%之间，本次评估结合被评估企业所在的锅炉制造业的行业特点，确定商誉的期望回报率为25%。

（2）人力资源：虽然有人将人力资源在分类上归属于商誉，但一般认为其在商誉的无形资产组合中期望回报率相对较低，可以等同于商誉之外的其他无形资产。故本次评估确定人力资源的期望回报率为16%。

（3）其他无形资产：其他无形资产的期望回报率应高于WACC，但低于组合无形资产的加权平均期望回报率。其他无形资产中，未结订单由于收益确定性较大，风险较小，故期望回报率应较客户关系、技术等其他无形资产低一些。基于上述分析，本次评估中确定未结订单的期望回报率为14%，确定客户关系和技术的期望回报率为16%。

根据上述计算和分析确定的各项无形资产期望回报率即为本次评估采用的无形资产折现率。

四、技术评估

BM公司的技术为循环流化床锅炉制造技术，包括9项专利技术和相关专有技术。同类产品中，BM公司研制的循环流化床锅炉具有以下特点：(1)燃烧效率、锅炉热效率、脱硫效率高于同行业平均水平；(2)锅炉连续运行时间大于同行业平均水平；(3)超负荷运行能力大于同行业平均水平(10%)；(4)燃料适应性广，可燃用烟煤、无烟煤、褐煤等燃料；(5)已设计制造燃用烟煤、无烟煤、褐煤、煤泥、煤矸石、生活垃圾、油页岩、造纸污泥以及秸秆、稻壳、木屑、棕榈壳等生物质燃料等不同型号、参数的锅炉。

结合本次评估的无形资产技术的特点，确定采用收益途径的许可费节省法对其进行评估。具体分为如下步骤：(1)确定技术的尚余经济寿命期，预测在经济寿命期内的销售收入；(2)根据市场交易案例分析同类技术的许可费率，确定技术年许可费与销售收入的比率或称分成率；(3)根据技术分成率计算技术寿命期内可节省的年许可费；(4)采用适当折现率将技术年许可费折成现值，折现率应考虑相应的形成该现金流的风险因素和资金的时间价值等因素；(5)将尚余经济寿命期内可节省的年许可费现值求和,即可确定技术的价值。

（一）经济寿命周期的确定

一般认为技术是有经济寿命周期的,经济寿命周期长的技术价值相对较高,经济寿命周期短的技术价值相对较低。技术经济寿命主要受新的可取而代之的技术的出现时间影响,另外技术经济寿命也会由于使用技术产生污染或国家产业政策调整等原因发生改变;对于专有技术,保护措施也会对其经济寿命产生影响。本次评估根据技术及产品市场特点,确定技术尚余经济寿命为4.5年。

（二）技术未来年许可费的计算

1. 销售收入的预测

2015年下半年销售收入根据实际经营数据确定,2016年销售收入根据企业预算及实际订单情况确定,2017年销售收入根据2016年订单及市场情况分析确定。由于宏观政策的逐步转变、BM公司的产品技术结构的限制以及市场需求的影响,预计其未来产品销售收入将有一定程度的下滑,故2018年和2019年的产品销售收入确定为50亿元/年。

2. 收入流失率的预测

考虑到被评估企业的产品目前正面临更新换代的压力,本次评估的技术对应的产品销售收入将逐年下降。故本次评估考虑技术产品2016—2019年的销售收入流失率分别为20%、30%、40%和50%。

3. 技术分成率的确定

评估人员对国内循环流化床锅炉生产技术的交易案例进行了检索和分析,认为BM公司目前生产的循环流化床锅炉属于b系列循环流化床锅炉。本次评估确定BM公司循环流化床锅炉生产技术与B公司2015年7月引进的b系列循环流化床锅炉技术比较接近,故本次评估选取的技术分成率为0.1%。因次评估采用税后现金流计算,故考虑所得税后的技术分成率:2015年为0.067%（0.1%×(1-33%)）,2016年以后为0.075%［0.1%×(1-25%)］。

4. 确定技术许可费及其现值

技术许可费额=产品年收入×收入流失率×技术分成率,将尚余经济寿命期内各年技术收益贡献额按适当的折现率进行折现。折现率的取值为16%,折现率估算详见折现率相关说明。

（三）评估结果

经上述评估程序和参数估算,将技术收益贡献额折现加和即可得到本次评估技术的市场价值为 915.08 万元(如表 14-3 所示)。

表 14-3　技术评估计算表

评估基准日:2015 年 6 月 30 日

年份	2015(7-12 月)	2016	2017	2018	2019
技术产品销售收入(万元)	214 776	661 810	645 000	500 000	500 000
收入流失率(%)		20	30	40	50
技术分成率(%)	0.067	0.075	0.075	0.075	0.075
技术收益贡献额(万元)	143.9	397.1	338.6	225.0	187.5
时段(年)	0.5	1.5	2.5	3.5	4.5
折现系数($r=16\%$)	0.93	0.80	0.69	0.59	0.51
折现值(万元)	133.61	317.83	233.65	133.84	96.15
技术市场价值(万元)	915.08				

五、未结订单评估

截至评估基准日,BM 公司拥有未结订单 56 项,总金额 304 643.35 万元。上述产品均为被评估企业设计生产的工业锅炉。

对于未结订单,采用了超额收益法进行评估,主要估算步骤如下:(1)确定未结订单的经济寿命期及销售收入;(2)计算未结订单收益贡献额;(3)采用适当折现率将未结订单收益贡献额折成现值;(4)将经济寿命期内未结订单收益贡献额的现值相加后确定未结订单的市场价值。

其中,未结订单收益贡献额的计算公式为:

未结订单收益贡献额=息税前利润(EBIT)-营运资金贡献额-长期资产贡献额-技术现金流贡献额-人力资源贡献额-所得税

(一)经济寿命周期的确定

根据未结订单合同约定的交货期及评估基准日后实际产品的生产销售情况,本次评估确定其经济寿命为 8 个月,即 0.67 年。

(二)未结订单收益贡献额及其现值的计算

1. 销售收入的预测

根据企业提供的未结订单清单,截至评估基准日未结订单总金额为 304 643.35 万元。

2. 销售成本的预测

未结订单销售成本根据其寿命期内总体产品的成本利润率及订单产品的实际成本利润率综合分析确定,即在2015年实际数据和2016年预测数据的平均值的基础上,考虑订单产品的实际成本利润率后综合分析确定。

3. 期间费用的预测

根据企业统计,产品销售费用主要有销售人员工资、差旅费、中标服务费和招待费,这四项费用分别占销售费用的32.78%、12.55%、21.07%和33.60%。当合同订单签订后,中标服务费不再发生,后面的销售费用主要为催收货款所发生的工资、差旅费、招待费,但发生的金额大大下降,工资、差旅费、招待费所占比例分别下降为10.4%、3%和6%,即订单的存续销售费用仅为全部销售费用的19.4%。根据未来财务预测,销售费用占收入的比例为0.93%,故未结订单相关的销售费用占收入的比例为0.18%(0.93%×19.4%)。管理费用的预测在年度财务预测基础上,结合未结订单的具体情况,确定占收入的比例为8.5%。考虑财务费用和利息支出基本相等,故不再进行具体预测。

4. 确定主营业务税金及附加

教育费附加和城市维护建设税总计为流转税的10%,增值税税率为17%。

5. 确定营运资金贡献额

根据营运资金与营业收入的历史比例关系来估算未来各年营运资金占用金额,假设贡献率为5.6%。

6. 确定固定资产等长期资产的贡献额

考虑到资本性支出(现有固定资产改造更新支出除外)的影响,假设长期资产贡献率为5.91%。

7. 确定人力资源贡献额

人力资源公允价值采用重置成本法确定为6 100万元,其中人力资源贡献额为976万元。

8. 计算未结订单收益贡献额及其现值

根据上述计算即可得到未结订单收益贡献额,并采用适当的折现率将其进行折现。折现率取值为14%,详见折现率相关说明。

(三)评估结果

经上述评估程序和参数估算,将未结订单收益贡献额折现加和,即可得到本次评估未结订单的市场价值为4 662.26万元(如表14-4所示)。

表 14-4 未结订单评估计算表

评估基准日:2015 年 6 月 30 日

项目	占比(%)	金额(万元)
未结订单销售收入		304 643.35
减:销售成本	87.50%	266 562.93
税金与附加		647.37
销售利润(毛利)		37 433.05
减:营业费用	0.18%	548.36
管理费用	8.50%	25 894.68
EBIT		10 990.01
减:营运资金贡献额	5.60%	615.44
长期资产收益贡献额	5.90%	648.41
技术现金流贡献		915.08
人力资源贡献额		976.00
减:所得税		2 747.50
未结订单贡献额		5 087.58
折现系数(8 个月,14%的折现率)	0.9164	
未结订单市场价值		4 662.26

六、人力资源评估

人力资源属于商誉类无形资产,不作为可辨认的无形资产。采用超额收益法评估客户关系等无形资产时,需要扣除人力资源的收益贡献额。人力资源价值采用成本法进行评估,评估计算表如表 14-5 所示。

表 14-5 人力资源评估计算表

评估基准日:2015 年 6 月 30 日

项目	数额
职工人数(人)	1 154
年工资总额(万元)	4 332
招聘费用(万元)	307
培训费用(万元)	307
人力资源公允价值(万元)	6 100

七、评估结果与合理性测试

经评估,BM 公司的全部可辨认资产、负债及或有负债的市场价值如表 14-6 所示。

表 14-6 评估结果计算表

评估基准日:2015 年 6 月 30 日　　　　　　　　　　　　　　　　　　　　（单位:万元）

项目	账面价值	评估价值	评估增值
流动资产	224 541.19	226 787.50	2 246.31
长期投资	7 959.79	8 648.14	688.35
固定资产	53 144.62	79 825.46	26 680.84
无形资产	11 779.75	29 087.89	17 308.14
其他资产	20 794.72	20 794.72	0.00
资产总计	318 220.08	365 143.71	46 923.63
负债总计	191 336.53	191 336.53	0.00

全部可辨认资产、负债及或有负债的公允价值经评估确定后,应对其合理性进行测试,结果见表 14-7。PPA 合理性测试方法是将加权资产平均回报率(WARA)和加权资金成本(WACC)进行比较。一般认为,两者比较接近则表明公允价值评估是合理的;否则,应重新检查各项可辨认资产、负债及或有负债的公允价值是否合适,或者是否存在遗漏的资产、负债。本案例中,计算得到 WARA 为 11.39%,WACC 为 11.53%,(WACC-WARA)/WACC=1.21%,相差较小,可以认为评估结果合理。

表 14-7 合理性测试计算表

评估基准日:2015 年 6 月 30 日

项目	公允价值(万元)	回报率(%)	资产比例(%)	加权回报率(%)
运营资金	7 115.00	5.60	3.71	0.21
长期资产	123 135.00	5.87	64.26	3.77
无形资产				
技术	915.08	16.00	0.48	0.08
未结订单	4 662.26	14.00	2.43	0.34
人力资源	6 100.00	16.00	3.18	0.51
商誉	49 699.00	25.00	25.94	6.48
WARA				11.39
WACC				11.53

案例讨论

本案例可供学生思考与讨论的问题有:

1. 本案例给出了合并对价分摊的公允价值评估的一个基本步骤和模式,并对该评估业务的特点和难点进行了总结和分析,对财务报告目的的评估实践有一定的指导意义;有助于评估人员加深对会计准则相关规定的理解,正确处理会计准则、评估准则在评估实务中的衔接,把握合并对价分摊工作的要点,有效应对在评估实务中出现的新问题和难点问题。

2. 本案例的评估结果为各项可辨认资产、负债及或有负债的公允价值,评估报告并未包括商誉(或合并收益)确认、公允价值计量形成的递延所得税项目等涉及合并对价分摊的会计事项,这与以审计师身份撰写的合并对价分摊案例有着显著的差异。这种差异也体现了在PPA评估业务中评估师、审计师与企业管理层的责任区分:评估师的责任是对各项可辨认资产、负债及或有负债的公允价值发表专业意见;企业管理层的责任是根据评估师确定的公允价值进行合并对价分摊;审计师的责任是对上述合并对价分摊事项(包括作为公允价值依据的评估报告)进行审核。

3. 在本案例的无形资产评估中,现金流和对应的折现率均为考虑所得税后的,体现了收益口径与折现率口径一致的原则。目前,在采用收益途径的无形资产评估实务中,关于所得税的处理有两种观点:一种是基于股东现金流的角度,认为应在无形资产预期现金流中扣除所得税;一种是基于公司现金流的角度,认为不应在无形资产预期现金流中扣除所得税。虽然持上述两种观点的评估师各执己见,目前尚无定论,但较为统一的观点是折现率应与使用的现金流口径一致,即税后现金流应使用税后折现率,税前现金流则应使用税前折现率。

附录1 国际评估指南 NO.4——无形资产评估(修订版)

国际评估指南 NO.4——无形资产评估(修订版)[①]

(Exposure Draft of Proposeed Revised GN 4: Valuation of Intangible Assets)

(Published January 2009)

1 介绍和范围

1.1 国际评估准则委员会("委员会")发表《评估指南》以指导专业的评估师在特定的资产类型或特定评估目的中应用国际评估准则(IVS)的基本原则。《评估指南》也意欲向那些委任或依靠评估的信息使用者提供信息,以便使用者了解他们的专业顾问通常会使用的主要的评估技术和方法。由于资产的类型和评估要求的目的范围广泛,《评估指南》不可能为每种评估情况提供权威性指导,并且在某些特定情况下背离准则的描述可能是有道理的。《评估指南》不提供关于如何评估的说明,也不展开对不同评估方法优点的细节性讨论。

1.2 本《评估指南》是为了给无形资产评估所执行的国际公认原则和这类资产评估所采用的主要途径和方法提供指导。其中有许多与其他类型资产评估所遵循的原则和方法类似,因此这一《评估指南》应与其他国际评估准则结合阅读,特别是 IVS1《以市场价值为基础的评估》、IVS2《以非市场价值为基础的评估》和 IVS3《评估报告》。

1.3 无形资产评估有许多不同目的的需求,包括:企业收购、合并、出售或部分出售;购买或转让无形资产;向税务机关出具报告;诉讼;以财务报告为目的。

1.4 GN16《以财务报告为目的的无形资产评估》是专为以根据国际财务报告准则(IFRS)编

[①] 本评估准则(翻译稿)原载于《中国资产评估》2009年第6期,由中锋资产评估公司张潆心和崔劲翻译,本书摘录,并针对部分地方做了细微调整。如有误差,请以原文为准。

制的以财务报告为目的的无形资产评估的补充指南。

2 定义

2.1 商誉:由某项资产或资产组中产生的经济利益,其不能被单独确定或分离地识别。

2.2 无形资产:无形资产是一种非货币性资产,以其经济特性而显示其存在,没有具体的物质形态,但为其拥有者带来了权利和特权,并因此而带来收益。

3 无形资产的类型

3.1 无形资产可以是可辨认的或不可辨认的。

一项资产如果是以下情况就是可辨认的:

- 可分离的,即不论其实体是否打算将它分离,它都能够单独地或连同有关的合同、确定的资产或负债分离,或从实体中分割出来,销售、转让、许可、出租或交换;
- 源自合同或其他合法权利的资产,无论这些权利可否被转让或可从实体或其他权利和义务中分离。

任何与企业相关的不可辨认无形资产通常被称为商誉。

3.2 商誉依附于企业未来的经济利益。企业不能用商誉来抵押,而且商誉不能从企业分离。

商誉包括以下几种:

- 客户资源;
- 一个企业所产生的额外收入,超过或高于来自可辨认有形资产、无形资产或货币性资产的公平回报;
- 企业作为一个整体的额外价值,超过或高于其可辨认有形资产、无形资产或货币性资产的总价值。

总体而言,商誉的价值是从企业的总价值中扣除所有可辨认的有形资产、无形资产和货币性资产去除负债和或有负债后的剩余数额。

3.3 可辨认的无形资产可能是契约型的或非契约型的。下面列出了无形资产的主要类别,在每一类中,资产可以是契约型的或非契约型的。

3.4 市场关系类无形资产主要集中在市场营销或提升产品或服务中使用。例如:

- 商标、商业名称、服务商标、集体商标和证明商标;
- 商业外观(独特的颜色,形状或包装设计);
- 报纸标题;
- 互联网域名;
- 非竞争条款。

3.5 客户或供应商关系类无形资产源于与客户或供应商的关系和专业知识。例如:

- 广告、建筑、管理、服务或供货合同;

- 许可,使用和停止的协议;
- 服务合同;
- 订单;
- 雇佣合同;
- 使用权,如钻井、水、空气、木材切割和机场降落位置;
- 特许经营协议;
- 客户关系;
- 客户名单。

3.6 技术类无形资产是指权利和技术使用权(专利技术和非专利)、数据库、公式、设计、软件、流程和制作方法。

3.7 艺术类无形资产是指获取利益的权利,例如从戏剧、书籍、电影和音乐等艺术作品中获得特许权使用费,以及从非合同性质的版权保护中获得收益。

3.8 具体无形资产的定义是根据它的特点确定的,如它的功能、市场地位、全球影响力、市场形象、能力和形象。这些特征把无形资产彼此区分。例如:

- 糖果品牌可能通过不同的味道、成分和质量来区别;
- 计算机软件产品通常是参考其功能规格来区别。

3.9 一项无形资产的特点包括所有权、特权和因附属资产产生的其他权利。通常以法律文件形式确认的所有权包括:专利、商标和版权。所有权可以通过协议或信函的形式转让或不转让给其他人。

3.10 虽然同一类别的类似无形资产有一些共同的特征,但它们也将有不同的特性将无形资产类型加以区分,可能包括的因素如:

- 确切功能;
- 具体定义;
- 寿命;
- 使用地域范围;
- 所有权。

3.11 性质各异的无形资产意味着很少可能在市场交易中找到完全相同的案例。通常只是可获得相似的资产案例,但不完全相同。

3.12 另一个重要因素是确定无形资产的寿命。这可能是受合同或自身生命周期限制的有限的一段时间;或者可能是无限的寿命。使用寿命的确定将包括法律规定、技术、功能和经济因素。例如,一项药物专利资产可能在其专利有效期内有五年的法律寿命,但竞争对手的更高效药物预期在三年内进入市场。这可能会导致评估剩余年限只有三年,在法律寿命和经济寿命之间应选取较低的一个。

4 评估途径和方法

4.1 在《资产评估准则的基本概念》(IVS 2007)第9条中,所有无形资产评估方法都被认为是以下三种基本途径中的一种:

- 市场比较途径;
- 收益资本化途径;
- 成本途径。

4.2 评估方法的选择受评估目的或评估基础的影响,见 IVS1"以市场价值为基础的评估",或 IVS2"以非市场价值为基础的评估"。

4.3 可适当地考虑采用多种途径,并且在每一种途径中,可能有不同的方法可用。在进行任何以市场价值为目的评估时,评估师的责任是选取最接近假设交易人将使用的途径和方法。理解无形资产的市场性质,通常关键是确定最合适的评估方法。

4.4 本节的《评估指南》认为,根据不同的评估投入,即各种假设情况下的评估资料参数,无形资产评估通常可使用不同的评估方法。这些投入将在第5节中更详细讨论。

市场参与者和特定实体因素

4.5 在开展以市场价值为基础的评估,因为意愿卖方是一个特有的市场参与者的假设性实体,因此与现实中的实际拥有者不相关。市场价值的基本概念已在 IVS1 中说明,不包括任何的特别价值或无法被一般的市场参与者使用的价值。

4.6 在以市场为基础的评估中,不能被一般市场参与者利用的某些个体的特别因素一般将不包括在投入中。可能无法被一般市场参与者使用的具体实例包括:

- 附加价值来源于某种类似无形资产的投资组合中;
- 无形资产和权力人所拥有的其他资产之间的协同效用;
- 法律权利或限制;
- 税收优惠或税收加重;
- 在全球,而不是在特定的地理区域能够使用一个品牌;
- 可以以同样的价格将软件销售给企业和消费者;
- 特定的成本和收入协同效用。这些个别实体的具体因素,是否可以提供给市场普遍使用,需要根据具体情况逐个确定。

4.7 如果估值目标不是市场价值,而是反映某项资产对具体权利人的价值,那么应反映特殊个体的具体因素。在对一个特定所有者的评估情况中,实例包括:

- 根据国际财务报告准则中涉及的在用价值,测试无形资产减值(见 GN16);
- 支持投资决策;
- 评价一种资产的使用状况。

集合体（无形资产束）

4.8 尽管有时在一个独立的基础上评估无形资产是适当和可行的,但在其他情况下,与其他的有形或无形资产联系在一起或许是不可能或不切实际的。评估师应清楚地在评估报告中说明无形资产价值是在一个独立的还是在与其他资产结合的基础上进行的评估。如果是后者的情况下,评估师应该解释为什么有必要依照评估目的将无形资产和其他资产相结合,并要清楚描述该无形资产是与哪些资产结合的。

[市场法]比较途径

4.9 参照市场活动,使用比较的途径确定无形资产价值的评估方法,如交易的投标价涉及相同或相似的资产。

4.10 另外一个比较法的途径是,参考相同或相似的资产的交易价格,或隐含的交易价格的"评估倍数",确定一项资产的价值的市场交易方法。

4.11 评估倍数是根据资产的交易价格除以财务参数确定,如一定的历史的或未来的营业额或利润水平。一些在无形资产评估实践中应用的估值倍数是以交易价格除以下数据计算:

- 无形资产所产生的营业额增长;
- 扣除一定的费用后的数额,如扣除营销费用后的利润贡献;
- 息税前利润（EBIT）,或者在扣除利息、税收、折旧及摊销前的利润（EBITDA）。

4.12 具备相应的资产财务参数可用估值倍数来评估。例如,如果从市场交易中可确定的估值倍数是历史营业额的1.5倍,资产的历史营业额"CU"（货币单位）是50 000,使用评估倍数所得出的价值将是:1.5×CU 50 000 = CU 75 000

4.13 市场交易法所需要的资料是:

- 相同或相似无形资产的价格和（或）估值倍数;
- 如有需要,应调整交易价格或估值倍数,以反映评估资产与交易中资产的不同的特点。

4.14 有一些实际困难限制使用这种方法评估无形资产。通常情况下,很少或根本没有可获取价格资料的相同或类似资产的交易。即使有确定的交易,支付的价格也可得,也可能难以确定对价格还是对估值倍数进行适当调整,才更能反映评估的无形资产和交易中资产的不同特点。在实践中,这种调整可能只是定性,而不是定量、定级。例如:

- 商标价值更主要的是体现在市场中的主导地位,而不是参与交易;
- 药物专利价值在于有更大的疗效和较少副作用,而不是参与交易。

4.15 上文所述的困难可能限制了市场交易法在评估无形资产中的可靠性。因此,在实践中这种方法是经常被用来作为辅助性的方法,以交叉复核用其他评估方法得出的结果,而不是作为主要的评估方法。

[收益法]收益资本化途径

4.16 使用收益法来确定无形资产价值的评估方法,参考收益、现金流量或成本节约的资本化价值,这些可能是实际或假设一个拥有该资产的市场参与者获得的。

4.17 任何收益资本化方法都是严重依赖预期的财务信息(PFI),PFI 可以是任何类型的财务数据预测,因此,包括的预测有:

- 营业额;
- 毛利润、营业利润和净利润;
- 税前和税后的利润;
- 息税前和息税后的现金流量;
- 剩余使用寿命。

4.18 使用收益途径的无形资产评估的主要方法有:

- 权利金节省法(又称许可费节省法);
- 直接估算法(又称增量收入法);
- 超额收益法(实际为差额法)。

4.19 所有这些涉及预测现金流量资本化的方法都使用现金流量贴现的方法,或者在简单的情况下应用估值倍数。

4.20 如需现金流量折现方法进一步的应用指导,见 IVS GN9《为市场评估和投资分析进行的现金流折现分析》。作为现金流量折现法的替代方法,现金流量和收入可以使用倍数资本化,特别是在简化的例子中。

4.21 除了对从资产使用中产生的收入、现金流或成本节约进行资本化,对由于资产的摊销而减少的纳税额进行资本化,也可能适当地提高无形资产的价值。这种调整,被称为税收摊销利益,反映了从资产中导致的收入不仅包括使用带来的直接收入,也包括企业由于使用资产而减少的税款。

4.22 只有当这种收益可以普遍地被市场参与者获得时,才能在评估市场价值时对现金流量做出纳税摊销的调整。

4.23 在以非市场价值的价值为基础进行评估时,如果摊销受益符合评估的依据,税收摊销利益(TAB)也应该被调整。因此,当进行一项具体的评估时,只有当具体的实体可以真正获得税收摊销时,才能使用税收摊销利益调整。

[收益法]权利金节省法或许可费节省法

4.24 使用权利金节省法确定无形资产的价值,是指与向第三方支付许可使用费相比,假设拥有该资产将不必支付使用费,由此产生的资本价值。它涉及计算一个假设的授权使用者在资产的使用寿命中要支付给许可人的总使用费。这个假设的全部使用费要根据纳税进行调整,然后折现成当前的价值再资本化。

4.25 权利使用费费率通常是预计使用该资产时产生的营业额的百分比。在某些情况下,权利使用费除了包括以营业额或其他财务数据为基础的周期性总额,可能还包括最初的一次性支付数额。

4.26 以下是适用权利金节省法的评估投入（所需资料数据）：

- 使用费费率和相应的财务参数，如销售百分比，这可能是假设在一个公平交易中，自愿的使用人为获得使用该无形资产的使用权向自愿的权利拥有人而支付的；
- 财务参数预测，如营业额，该使用费费率将适用于连同预计寿命在内的整个的资产寿命期；
- 因假设支付使用费而带来的税费节约；
- 许可使用者在使用资产期间所有的市场营销费和应承担的其他费用；
- 可以预测一个周期使用费的折现率能得出单一的资本价值；
- 或在简单的情况下，使用与现金流量一致的资本倍数。

4.27 市场上表面类似的资产，使用费率往往可以有很大的差异。通常参照典型的运营商要从资产使用中获得的销售利润来谨慎地交叉检查所假设的使用费投入。

[收益法]超额收益法（直接估算法）

4.28 直接估算法是指将使用无形资产的企业的预测利润或现金流量，与那些不使用该资产的企业获得的利润相比较。通过使用资产带来的预计增量利润或现金流量是可获得的，并可计算。通过使用一个合适的折现率或资本倍数将预计周期总量资本化。

4.29 根据评估基础的需要，预测企业的现金流量所使用或不使用的资产，可以或不可以被允许包含一般的市场参与者所不具备的特殊因素。

4.30 下列评估投入，部分或全部适用于直接估算法：

- 预测一个市场参与者使用无形资产将会带来的周期性利润、节约的成本或现金流量；
- 预测一个市场参与者不使用无形资产将会带来的周期性利润、节约的成本或现金流量；
- 一个用于资本化周期性利润或现金流量的适当的资本化倍数或折现率。

4.31 该方法对于因使用了无形资产从而节省成本或产生额外利润的无形资产评估都适用。

4.32 以下是一个使用直接估算法的简单例子。假设评估一个品牌，在企业使用该品牌的最近报告期内的税后利润是 CU12 000。一个确定没有使用该品牌的类似企业，在最近报告期内的税后利润是 CU10 000。因此，使用品牌所获得的增量税后利润是 CU2 000。用一个适当的市场中典型类似业务的价格收入比率将超额利润资本化。

[收益法]超额收益法（差额法）

4.33 超额收益法是以由无形资产带来的现金流量扣除由其他资产带来现金流量的比例后的现值确定无形资产的价值。

4.34 超额收益法可以适用于使用单一的定期现金流量预测——"单期超额收益法"，或使用多期现金流量预测——"多期超额收益法"。在实践中，因为无形资产通常会在一个较长时期内带来货币收益,所以多期超额收益法更常用。

4.35 该法涉及预测企业使用无形资产带来的现金流量增加,从这个现金流量中减去除了该无形资产以外,由其他有形、无形或金融资产带来的现金流贡献。

4.36 无形资产价值应扣除商誉的影响。这个可以确保:

- 预测现金流量只反映评估基准日存在的资产带来的预期增长;
- 现金流量中商誉的贡献价值部分应做出调整,如劳动力和其他因素引起的未来经济利益增长是无法识别的无形资产。

4.37 现金流量预测通过现值技术应用和一个适合的折现率,或者资本化参数(在简单的情况下),得出资本价值。

4.38 除了无形资产以外的其他资产对现金流的贡献被称作"资产必要报酬""CAC"或者"经济回报"。这些有贡献的资产支持无形资产产生的现金流量。关于CAC将在第5节的5.29到5.39作更进一步的讨论。

4.39 为了确定有贡献资产的公平回报,这些资产的价值必须得到确定。任何主观性和不确定性的公允价值估计都将限制超额收益法的可靠性,应考虑超额收益法与其他现有评估方法相比的可靠性。

4.40 使用超额收益法所需要的资料包括:

- 企业由无形资产带来的现金流是可以预测的,这将涉及对于最小的业务或业务组合,企业适当地分配收入和支出,这里包括标的无形资产可带来所有的收入;
- 企业中一切有关的资产带来的必要报酬,包括其他无形资产;
- 一个适当的折现率,或资本倍数,可以使无形资产单独带来的预期现金流资本化。

4.41 通常情况下,使用超额收益法评估的各类无形资产是那些与其他的资产结合起来对现金流产生贡献的无形资产,并且无其他替代方法可使用。

4.42 实践中该方法经常用于评估研发投入项目(IPR&D)。这些都是难以用其他方法评估的。因每个IPR&D项目都是很可能是独一无二的,很难有类似资产的市场交易,因此不太可能使用比较的办法。IPR&D项目的特点是优先考虑超期的开发时间和额外费用,而不是资产产生的现金流量(或成本节约)。折现现金流量法,如多期超额收益,较适合反映那些考虑成本优先于资产产生的现金流量(或成本节约)的项目,而这种做法不太适合权利金节省法和直接估算法。

4.43 实践中该方法也经常用于评估的客户关系或客户合同。还有,很少有类似资产的市场交易可从中获得价格信息,因此不太可能使用市场比较法。此外,由于市场中无此类资产的租约,无法获得任何数据以确定权利使用金费率,因此也很难适用权利金节省法;同样,它是不可能适用于直接估算法,因为很难再找到一个没有此客户关系的类似企业。

成本途径

4.44 成本途径,往往被称为重置成本法。以计算重置类似或具有相同服务功能的资产所要付出的成本来确定无形资产的价值。作为一个理性的购买者将不会为一项资产支付超过重置这种服务功能的资产所需要的支付,这为某些无形资产的价值提供了一个上限或最高值。可能需要进行减值等方面的调整,以反映重置具有类似服务功能资产的成本和重置一个服务能力较少的资产的成本的区别。

4.45 由于制造一项资产的成本永远只能代表一个买方将为一个"现成的"资产所支付的最大值,而且因为反映与新的替代物相比,标的资产的服务潜力的减值调整往往是主观的,这种方法主要用于没有可识别收入或其他经济利益的内部产生的无形资产。

4.46 采用成本途径,必须估算类似或具有类似服务潜力的资产的重置成本。这个可以通过:

- 确定市场上替代资产的价格;
- 确定开发或建造一个类似资产的成本。

4.47 在实践中,这些类型中只有少数的无形资产可以估算。

- 该方法有时适用于软件,因为具有相同(或类似)服务功能的软件价格有时是可以从市场上获得的;
- 有时适用于网站,因为计算构建一个网站所需的费用是完全有可能的;
- 有时可通过确定组建劳动力的成本,对劳动力的无形效益进行评估。虽然劳动力通常不被认为是可识别无形资产,因为拥有实体无法控制它的经济利益流量,它可能很难独立于企业,当使用超额收益法时应确定有关劳动力的资产必要贡献。

4.48 成本途径不适合那些没有可询价的具有相同服务潜力资产可比的无形资产评估。例如,开发商标或出版物标题的成本是难以确定的。通常没有一套固定的方案可以确定开发这样的资产和成果需要多少年。开发成本常常与一个交易可实现的数额没有任何关系。这是因为一个商标或出版物标题的价值可能很大程度地多于或小于其开发成本。

4.49 运用重置成本法所需的评估资料包括下列一些或所有因素:

- 具有相同生产能力或服务潜力的相同资产的开发或交易成本;
- 具有相同或类似生产能力或服务潜力的类似资产的开发或交易成本;

在一个具有相同或类似生产能力和服务潜力的类似资产(而不是相同资产)的成本可以确定的案例中,需要对成本做出适当的调整(包括适当的摊销),以反映标的资产的具体特征;

- 重置资产的成本和标的资产的交易价格之间的预计差异——因价值是衡量在交易中所能获得的总额。

5 评估所需资料数据

5.1 本节研究在上一节讨论的各种评估方法中确定的 8 个最常用的评估资料数据。它们是:(1)未来的财务资料;(2)可比的交易价格和隐含的估值倍数;(3)专利使用费率;(4)超额利润;(5)资产必要报酬;(6)折现率;(7)资本化倍数;(8)重置成本。

5.2 本节将对如何确定这些评估投入提供指导。需要评估师对不同的资料进行调查或核实的程度将取决于评估目的和评估工作的范围。在实践中,可能会有更多的资料数据——这里不可能提供一个详尽的清单。

未来的财务资料(PFI)

5.3 所有收益资本化途径下的无形资产评估方法都需要 PFI 作为它们的一些资料数据。资本化收益将涉及如营业额、营业利润、现金流或其他的一些财务参数。这些财务参数的估算对评估结果的可靠性是至关重要的。

5.4 应用市场比较途径时常常也需要 PFI,估值倍数往往既适用于历史财务参数也适用于预测的未来财务参数。

5.5 PFI 的预测基础和确定适当的折现率的基础之间存在着联系。

5.5.1 在"传统"或"固有"的思路下,预测的现金流量反映了目前的现金流量,并且用一个与标的资产风险相对应的比率折现。

5.5.2 在"预期"或"清晰"的思路下,特殊的假设被引入现金流量预测中,以反映资产的业绩风险,因此这些折现率只是反映货币时间价值的比率。

5.6 在做 PFI 估算时,重要的是要明确当前使用的是哪种途径,以使风险不被重复计算或漏算。折现率选择的影响将在第5.4条及以后各条讨论。

5.7 PFI 应按如下因素估算:

- 因使用资产带来的预期营业额和预测的市场份额;
- 已取得的历史利润率和业绩预期的变动情况会带来的市场预期份额;
- 因资产收入而产生的税费;
- 企业使用资产的营运资金和资本性支出的需求;
- 详细预测阶段之后的增长率应当与资产在相应产业预期使用寿命、经济环境和市场对企业增长的预期相适应,从而为经营预测提供现实依据。在这些资料数据背后的假设应该同其来源一起记录在评估报告中。

5.8 要适当地估计预测期,以使它与无形资产的预期使用寿命相一致。因为无形资产的寿命可能是有限的或假设为无限的,预测的现金流量也可能是有限的期间内或可能运行到永远。

5.9 在评估中从不同来源得出的 PFI 应在"基准点"评估其适当性。基准性测试是进行 PFI 假设一致性检查的过程。在市场价值的基础上进行评估,这将包括对比评估所用数据资料和来源于市场的数据资料,以评估和改善其准确性和可靠性。

5.10 PFI 被用来确定无形资产的市场价值、增长率、利润率、税率、营运资金和资本性支出,基准测试应包括比较来自市场参与者的相应数据。

5.11 其他影响 PFI 的因素可能包括经济和政治前景、政府的相关政策。如货币汇率、通货膨胀和利率等问题可能会使无形资产在不同的经济环境下的经营截然不同。应考虑这些因素如何影响标的无形资产所在的特定市场和行业。

5.12 当现金流量预测是永续的,应特别考虑使用的增长率。不应超过产品、行业、本国或相关国家的长期平均增长率,除非可以证明更高的增长速度是有道理的。

5.13 当使用 PFI 来确定无形资产价值时,应进行产生资产价值的敏感性分析,以评估基本假设合理变化带来的影响。那些得出资产价值的 PFI 要素是最敏感的,应当通过不断地重新核对来确保那些基于现有相关因素的假设基础,尽可能坚实可靠。

可比的交易价格

5.14 如果是在这种极少情况下——标的资产与在活跃市场中交易的其他资产是相同的,就可以直接地获得可靠的市场价格。在这种情况下,活跃市场中的市场价格是唯一需要的资料。市场价格不需要做出任何调整。

5.15 由于大部分无形资产的性质是多种多样的,从可比交易中得到的信息通常只会是类似的,而不是相同的资产。在某些情况下,可比交易的类型也可能与评估标的不同,例如它可能涉及市场参与者之间的交易建立在特定的评估价值基础上,如对使用价值的要求。尽管有差异,从这些交易中得出的信息仍可能是有意义的,虽然可能需要进行基准测试的讨论:

- 所涉及资产的不同特点,包括地理覆盖范围、功能、市场覆盖面或市场准入[例如某资产可能是在企业对企业(B2B)的市场中,另一个是在企业对消费者(B2C)的市场中];
- 特定买方或卖方可能会影响价格,如强制拍卖或作为集团重组一部分的关联方交易;
- 可比交易的日期和评估日期之间市场的变化。

5.16 通常的情况是完整的交易信息是很难或不可能获取的,可能是保密的。虽然交易价格可能是众所周知的,但评估师不知道详细条款,例如,卖方是否给出了保证和赔偿,是否涉及奖励,或交易对税收筹划有什么影响。

5.17 类似的交易可能提供直接的价格依据,或加以分析可产生如前所述的估值倍数。基准测试得出的信息应用来判断确定的因素是否将导致可比交易的价格高于或低于假设交易中标的资产的价格。如果可能的话,任何增加或减少应量化——如果这是不可能的,应尽量多记录可获得的定性信息,如与交易资产相比,因素是否会"明显"或"稍微"增加价值。

权利使用费率或数额

5.18 在权利使用费率法下,一个关键的信息是一个自愿的权利使用人将向一个自愿的授权许可人,为获得在资产整个寿命中的使用权而支付的权利使用费率。对于以市场价值为基础的评估,出租人和承租人都应当是有能力承担租约的,而不是购买或出售资产的市场参与者。

5.19 权利使用费率可根据任何现有的或以前的标的资产的许可合约,或参照市场上相同或相似的资产的许可合约获得。

5.20 任何所取得的权利使用的信息都应予以调整,以反映可比的许可费合约与标的资产之间的差异。比较标的资产与其他许可费协议的标准因素包括:

- 可能影响权利使用费率的具体的权利使用人和授权人因素,如:他们是关联方;
- 独家经营权条款;
- 权利使用人或授权人是否有某些费用责任,如营销和广告;
- 许可开始日期和有效期;
- 许可的期限;
- 不同的特点,如市场地位、地域覆盖面;
- 功能,无论是与 B2B 或 B2C 的产品相关的。

5.21 当计算权利使用费现金流量时,维持费和其他费用支出的处理必须始终一致。因此,如果授权人负责维持费用,例如,广告或维护研究和发展,权利使用费率应该将这个作为权利使用费的现金流量反映。另外,如果维护开支不包括在权利许可费用中,它也应从权利许可费的现金流量中扣除。同样,在权利许可费的现金流量中对税的处理也应该一致。

5.22 对选定的权利使用费率也应该作合理性核查。这样的核查在特定的水平上比较利润总额,如毛利润或营业利润,以及如果在确定许可使用费时采用选定的权利使用费率,有多少利润将分别归属于权利使用人和授权人。这种合理的利润分成也可以被核查。

5.23 如果由此产生的利润分成与市场案例显示的范围有较大差别:

- 这可以参照具体因素解释——例如,这个标的资产可能是特别复杂,因此,授权人预期得到高于正常的回报;
- 也许有必要重新考虑权利使用费率的选择是否适当;
- 依据已采用的评估基础,不同于其他市场参与者所选择的使用费率可能是适当的。

超额利润

5.24 直接估算法评估的关键是预测超额利润,这是一种 PFI。

使用或不使用标的无形资产可获得的现金流量预测,应参照:

- 拥有(无形资产)的实体的活动;
- 任何使用相同或类似无形资产的主体的信息是公开的;
- 评估师的专有数据库;
- 其他可利用的研究。

5.25 使用或不使用一项资产所产生的不同利润的例子包括:

- 同一实体同时销售有商标和没有商标的饮料;
- 非竞争协议产生的不同预测现金流量。

5.26 如果这些数据来自拥有(无形资产的)实体,应该对其测试或与其他市场数据比较。根据评估依据要求,有关具体实体的因素在预测中可能需要调整。

5.27 标准中可比性因素,包括对现金流和利润的预测范围,会因依赖另一个无形资产而造成偏差,这不包括无形资产的使用。这种情况时有发生,例如,通过依靠自己名字为品牌,而不是没有品牌取得的可比利润。在这种情况下,超额利润和标的无形资产得出的价值将被低估。

5.28 可比的商标与评估标的之间可能存在的投资水平的差异也需要说明。由于较高的销售价格,一个品牌产品可能会比无品牌的产品产生更高的毛利润。但品牌产品的销售可能需要无品牌产品不需要的广告及市场推广费用。同样,一个新的制造技术可降低制造成本,但需要购买更多的机械。增加机械的回报需要在技术评估中考虑。

资产必要报酬

5.29 当应用超额收益法来评估具体资产时,其他资产对现金流量的贡献必须扣除。这是通过资产扣除有关其他资产的资产必要报酬(CAC)实现的。这些费用是 PFI 的一种。

- 如果现金流量是在纳税后的基础上预测,CAC 也应该在一个纳税后的基础上确定;
- 如果现金流量是在纳税前的基础上预测,CAC 也应该在一个纳税前的基础上确定。

5.30 确定 CAC 一般包括三个步骤:

- 确定资产对现金流的贡献;
- 计量这类资产的公允价值;
- 确定一个这类资产的适当合理的资本价值回报。

5.31 基本原则是:

- CAC 应就所有资产,包括商誉对现金流增长的贡献因素而得出;
- 如果某项资产所要求的 CAC 涉及一个以上业务,那么 CAC 也应该适当地涵盖不同的业务范围。

5.32 资产 CAC 的典型构成包括营运资金、固定资产、标的无形资产以外的无形资产和以劳动力为基础的无形资产。需要注意的是损益表中的费用和 CAC 不要重复计算,而且同样没有 CAC 被忽略。

5.33 CAC 通常作为标的资产价值一个公平的使用回报和复原成本来计算。

- 资产使用回报是一个投资人对一项资产要求的投资回报。这种投资者要求的回报基于资产的公允价值来计算。
- 资产复原成本是指关于资产随时间损耗的原始投资恢复。因此,对固定资产来说,这种资产恢复成本通过折旧费来表现。

5.34 对有形资产,一个公平的资产使用回报和复原成本就是使用资产所要支付的金额。这可能是由租赁或租购合约提供的一个资产回报的综合数字来确定。

5.35 另外,假设折旧费或摊销费的资本开支(如超额收益法使用折现现金流量,折旧应当作为非现金费用被加回),可作为替代的资产复原成本。然后资产使用回报可以参照在市场上购买资产支付的利率确定。

5.36 关于营运资金,必须注意利息费用是否已从现金流量预测中扣除。通常情况下,利息费用从现金流量中扣除,但都通过有形资产和无形资产的债务融资的资金成本折现来体现。为了反映营运资金额外的公平回报,应使用一个适当期限的银行贷款利率。因为营运资金是一项不会随时间推移而损耗的资产,也就是说不是一个"消耗"的资产,营运资金回报不作为CAC。

5.37 关于劳动力,组织相应的人力并使其达到可以使用的程度也会产生成本,因此对于劳动力也应该要求有相应的回报。劳动力的回报可通过劳动力资产的公允价值确定。劳动力资产通常是使用成本途径评估,这种资本价值的公平回报通常参照企业雇用劳动力的资金成本确定。

5.38 一项无形资产的公平回报可以参照一个租赁资产的假设权利使用费率确定。或者,如果该资产可以在一个企业单独使用,资产回报可参照一个假设资金成本确定。

5.39 应对所有使用的CAC的合理性进行检查。加权平均资产收益率(WARA),应为每个资产的CAC乘以它的公允价值后的合计结果。这些计算的总和再除以企业在用全部资产的总公允价值,这样的结果应当接近于企业的资金成本(WACC)。

折现率

5.40 当使用收益资本化法时,为了得出单期资金量,需要对定期数额进行预测,这可以通过增加定期数额以降低风险和货币时间成本,或用一个定值乘以资本化倍数来获得。一个定值资本化可视为简化的贴现现金流量(DCF)。

5.41 在大多数DCF运用中,未来不同时期的数额预测是不同的,并且不能和前几期保持一致的增长率。因此,它们必须要使用特定合适的折现因素折现。然而,在一些DCF运用中,未来不同时期的预测数额和前几期保持一致的增长率。在这种情况下,可以使用一个资本倍数得出单一的资本价值。

5.42 适当折现率的使用取决于是否已使用传统的(隐含的)的途径或预期价值(明确的)模型。

5.43 在传统途径下的折现率应该同时反映货币的时间价值和被评估的单项资产的风险。这与使用这项资产的企业或行业的折现率不同。以下方法可用来确定这一折现率:

- 用市场观察得出的利率,以溢价或折价的"积累"途径来反映不同的风险;
- 直接观察市场上使用标的资产或类似无形资产企业的资本成本。

5.44 在应用积累途径时,出发点往往是找到某一区域典型企业的加权平均资本成本(WACC)。WACC是债务和股本成本的加权平均成本。

5.45 在实践中,通常是难以观察市场上类似资产的资本成本,因大多数企业依靠的不仅仅是标的资产而是更多的资产。但是,有可能使用市场利率来交叉检查积累方法结果的合理性。

5.46 根据预期价值的做法,因为现金流风险在模型中明确地反映,因此折现率反映的仅仅是货币时间价值。如果所有的风险可以反映在模型中则可以适当使用无风险折现率,例如到期日与标的资产寿命相近的政府债券。然而,一切风险都在现金流预测中消除的情况是非常罕见的,因此,大多数投资者对无形资产的期望回报都高于"无风险"的政府债券。

资本化倍数

5.47 如前所述,当不同时期的现金流量增长是一个定量时,可以用一个单一资本金额或者通过运用适当的资本化倍数得出。

5.48 资本化倍数也可用于预测现金流量:

- 利用估值倍数,如市场上类似资产的价格/收益比,这方面的资料很难获得;
- 通过调整已获得的折现率,以反映标的资产的寿命。

重置成本

5.49 使用重置成本法的所需资料数据在前面的4.50节已经讨论过。应对重置成本资料的适用性进行基准测试,包括:

- 区分标准的替代资产和标的资产的特征,如服务和生产的能力;
- 估算重置成本的日期与评估日期的比较。

5.50 重置成本的调整范围,可以通过调查或相对优先考虑的成本得出,如果有一种以上的调整,应予论证。

6 评估方法的选择

6.1 除在极少数情况下,在评估日可以从市场上获得相同资产的价格,否则在评估方法选用的章节中有必要考虑最合适的方法或所考虑到的方法的可靠性和评估资料数据的坚实性。评估方法或采用该方法的原因通常应在评估报告中论证披露。

6.2 从无形资产评估的基本方法中,或许可得到足够的数据作为第二种方法的必要参数,这有时被称为"逆向推导"。例如:

- 如果无形资产评估使用权利金节省法或额外利润法作为主要方法,隐含的倍数,也就是说,营业额及扣除营销费用的贡献可以推断("逆向推导"),并与那些来自市场的可比性交易作对比;
- 如果无形资产评估使用多期超额收益法或重置成本法作为主要方法,隐含的权利使用费率可以推断,因而如果使用权利使用费节省法,就可以采用;这种利率可被认定为合理的。

6.3 在相同的无形资产缺乏一个活跃市场的情况下,许多资产主要使用收益资本化的方法评估。这是因为定性和主观的调整往往要用于不同资产的交易数据,这可能对可靠性产生不利影响。

6.4 然而,因为给出了大量可能需要应用的资料,收益资本化法本身也受到可靠性限制。尤其是当给定的方法对一个难以估计可靠性的假设特别敏感时。

6.5 使用收益资本化法评估无形资产时,应该用另一种评估方法交叉核对结果,在可能的情况下,增加具体方法的可靠性。

6.6 下表以矩阵的形式列示品牌可以使用的评估方法：

数据类型	可获取的资料	数据可靠性	对评估方法的影响
可交易价格或价值倍数	两个类似资产的交易，每个都是评估日一年前的	低，资产不可比	市场法只能作为辅助的，不能作为主要的方法
未来的财务信息	可在企业排除特别因素的预期基础上做出预测	中等/高——标的企业是一个市场参与者，并且几乎没有特别因素需要调整	收益法能否采用，取决于其他所需的资料
使用费费率	可获得 10 个详细的可比许可协议	高	权利金节省法可作为主要的评估方法
超额收益	可以在市场上认定一个不使用商标的可比企业，但不太可能获得该企业的 PFI 的预测	——	不可以使用超额收益法
价值乘数	其他品牌企业的价格或收益乘数可获得	中等，必须在市场的 P/E 乘数和标的商标的资本化倍数之间做出调整	乘数可以用于市场交易法或收入资本化途径
折现率	参照使用相似商标企业的 WACC 和标的企业的 WACC。使用积累的方法可以得出	高	可以使用收入资本化途径
资产必要报酬	需要其他资产对现金流贡献的资本价值，然而，其中之一是客户关系，这是不可预知的	不详，没有一项资料不可计算	不可以使用多期超额收益法，因为客户关系的价值不可知
重置成本法	无重置的资料	——	不可使用重置成本法

6.7 在上面的例子中，使用定期数额贴现而不是应用资本化倍数资本化现金流量时，权利金节省法可被用作主要方法，同时使用市场交易法作为交叉检查。当使用销售比较法交叉检查收入资本化法的结果时，应用销售比较法的结果应该与 TAB（税收摊销利益）之后的收入资本化结果交叉核对。

6.8 评估报告应对主要方法和次要方法或交叉核对结果之间的差异做出解释。这种解释应突出那些被视为最高和最低可靠的评估资料数据，因此，可得出不同结果的相对可靠性。

6.9 采用评估方法的可靠性排序如下：(1) 比较其他相同或类似资产在市场上的交易案例；(2) 采用成本法还是收益法作为主要的评估方法取决于支持应用方法的有效数据的可靠性；(3) 在可能的情况下，使用主要方法得出的结果应该用另一种评估方法对其合理性进行交叉检查。

6.10 当不需要花费过多成本或精力便可获取数据时,便可采用其他方法评估无形资产。这是一个很好的做法,运用不同的方法评估以交叉核对主要方法的结果。如果每种方法的结论不同,一定要谨慎判断以决定各种方法的重要性。

术语缩写表

CAC:Contributory asset charge 资产必要报酬

CAPM:Capital Asset Pricing Model 资本资产定价模型

CU:Currency unit 货币单位

DCF:Discounted cash flow 折现现金流

EBIT:Earnings before interest and tax 息税前利润

EBITDA:Earnings before interest, tax, depreciation and amortisation 税息折旧及摊销前利润

GN:Guidance Note 评估指南

IFRS:International Financial Reporting Standard 国际财务报告准则

IPR&D:In-process Research and Development 研发投入

IVS:International Valuation Standard 国际评估准则

PFI:Prospective financial information 预期财务信息

US GAAP:US Generally Accepted Accounting Principles 美国公认会计准则

WACC:Weighted average cost of capital 加权平均资本成本

WARA:Weighted average return on assets 加权平均资产回报

附录2 资产评估准则——无形资产

资产评估准则——无形资产[①]

引 言

1. 本准则规范无形资产的评估和相关信息的披露。

2. 本准则不涉及土地使用权的评估。

定 义

3. 本准则所称无形资产,是指特定主体所控制的,不具有实物形态,对生产经营长期发挥作用且能带来经济利益的资源。

无形资产分为可辨认无形资产和不可辨认无形资产。可辨认无形资产包括专利权、专有技术、商标权、著作权、土地使用权、特许权等;不可辨认无形资产是指商誉。

基本要求

4. 注册资产评估师应当经过专门教育和培训,具有专业技能和经验,能够胜任无形资产的评估工作。

5. 注册资产评估师应当恪守独立、客观、公正的原则,保持应有的职业谨慎,不得求证客户授意的评估价值。

6. 注册资产评估师应当谨慎区分可辨认无形资产与不可辨认无形资产。

7. 注册资产评估师应当独立获取评估所依据的信息,并确信信息来源是可靠和适当的。

8. 注册资产评估师使用的假设应当合理,不得使用没有依据的假设。

9. 注册资产评估师可以利用专家协助工作,但应当对专家工作的结果负责。

评估要求

10. 当出现无形资产转让和投资、企业整体或部分资产收购和处置等经济活动时,注册资产

---

① 财政部关于印发《资产评估准则——无形资产》的通知,财会[2001]1051号,2001年7月23日。

评估师可以接受委托,执行无形资产评估业务。

11. 注册资产评估师在执行无形资产评估业务前,应当确定下列事项:

(1) 无形资产的性质和权属;

(2) 评估目的;

(3) 评估基准日;

(4) 评估范围。

12. 注册资产评估师在进行无形资产评估时,应当考虑下列事项:

(1) 有关无形资产权利的法律文件或其他证明资料;

(2) 无形资产的性质、目前和历史状况;

(3) 无形资产的剩余经济寿命和法定寿命;

(4) 无形资产的使用范围和获利能力;

(5) 无形资产以往的评估及交易情况;

(6) 无形资产转让的可行性;

(7) 类似的无形资产的市场价格信息;

(8) 卖方承诺的保证、赔偿及其他附加条件;

(9) 可能影响无形资产价值的宏观经济前景;

(10) 可能影响无形资产价值的行业状况及前景;

(11) 可能影响无形资产价值的企业状况及前景;

(12) 对不可比信息的调整;

(13) 其他相关信息。

13. 无形资产的评估方法主要包括成本法、收益法和市场法,注册资产评估师应当根据无形资产的有关情况进行恰当选择。

14. 注册资产评估师使用成本法时应当注意下列事项:

(1) 无形资产的重置成本应当包括开发者或持有者的合理收益;

(2) 功能性贬值和经济性贬值。

15. 注册资产评估师使用收益法时应当注意下列事项:

(1) 合理确定无形资产带来的预期收益,分析与之有关的预期变动、受益期限,与收益有关的成本费用、配套资产、现金流量、风险因素及货币时间价值;

(2) 确信分配到包括无形资产在内的单项资产的收益之和不超过企业资产总和带来的收益;

(3) 预期收益口径与折现率口径保持一致;

(4) 折现期限一般选择经济寿命和法定寿命的较短者;

(5) 当预测趋势与现实情况明显不符时,分析产生差异的原因。

16. 注册资产评估师使用市场法时应当注意下列事项:

（1）确定具有合理比较基础的类似的无形资产；

（2）收集类似的无形资产交易的市场信息和被评估无形资产以往的交易信息；

（3）依据的价格信息具有代表性，且在评估基准日是有效的；

（4）根据宏观经济、行业和无形资产情况的变化，考虑时间因素，对被评估无形资产以往交易信息进行必要调整。

17. 当对同一无形资产使用多种评估方法时，注册资产评估师应当对取得的各种价值结论进行比较，分析可能存在的问题并作相应调整，确定最终的评估价值。

披露要求

18. 注册资产评估师应当在评估报告中声明下列内容：

（1）评估报告陈述的事项是真实和准确的；

（2）对评估所依据的信息来源进行了验证，并确信其是可靠和适当的；

（3）评估报告的分析和结论是在恪守独立、客观和公正原则基础上形成的，仅在假设和限定条件下成立；

（4）与被评估无形资产及有关当事人没有任何利害关系；

（5）利用了专家的工作，并对专家工作的结果负责（如果没有利用专家工作，则不用声明）；

（6）评估报告只能用于载明的评估目的，因使用不当造成的后果与签字注册资产评估师及其所在评估机构无关。

19. 注册资产评估师应当在评估报告中明确说明有关评估项目的下列内容：

（1）无形资产的性质；

（2）评估目的；

（3）评估基准日；

（4）评估范围；

（5）重要的前提、假设、限定条件及其对评估价值的影响；

（6）评估报告日期。

20. 注册资产评估师应当在评估报告中明确说明有关无形资产的下列内容：

（1）无形资产的权属；

（2）使用的信息来源；

（3）宏观经济和行业的前景；

（4）无形资产的历史状况；

（5）无形资产的竞争状况；

（6）无形资产的前景；

（7）无形资产以往的交易情况。

21. 注册资产评估师应当在评估报告中明确说明有关评估方法的下列内容：

（1）使用的评估方法及其理由；

（2）评估方法中的运算和逻辑推理方式；

（3）折现率等重要参数的来源；

（4）各种价值结论调整为最终评估价值的逻辑推理方式。

施行日期

22. 本准则自 2001 年 9 月 1 日起施行。

附录3 常用表格

附表1 正态分布下的累计概率 $N(d)$

	0.00	0.01	0.02	0.03	0.04	0.05	0.06	0.07	0.08	0.09
−2.0	0.0228	0.0233	0.0239	0.0244	0.0250	0.0256	0.0262	0.0268	0.0274	0.0281
−1.9	0.0287	0.0294	0.0301	0.0307	0.0314	0.0322	0.0329	0.0336	0.0344	0.0351
−1.8	0.0359	0.0367	0.0375	0.0384	0.0392	0.0401	0.0409	0.0418	0.0427	0.0436
−1.7	0.0446	0.0455	0.0465	0.0475	0.0485	0.0495	0.0505	0.0516	0.0526	0.0537
−1.6	0.0548	0.0559	0.0571	0.0582	0.0594	0.0606	0.0618	0.0630	0.0643	0.0655
−1.5	0.0668	0.0681	0.0694	0.0708	0.0721	0.0735	0.0749	0.0764	0.0778	0.0793
−1.4	0.0808	0.0823	0.0838	0.0853	0.0869	0.0885	0.0901	0.0918	0.0934	0.0951
−1.3	0.0968	0.0985	0.1003	0.1020	0.1038	0.1056	0.1075	0.1093	0.1112	0.1131
−1.2	0.1151	0.1170	0.1190	0.1210	0.1230	0.1251	0.1271	0.1292	0.1314	0.1335
−1.1	0.1357	0.1379	0.1401	0.1423	0.1446	0.1469	0.1492	0.1515	0.1539	0.1562
−1.0	0.1587	0.1611	0.1635	0.1660	0.1685	0.1711	0.1736	0.1762	0.1788	0.1814
−0.9	0.1841	0.1867	0.1894	0.1922	0.1949	0.1977	0.2005	0.2033	0.2061	0.2090
−0.8	0.2119	0.2148	0.2177	0.2206	0.2236	0.2266	0.2296	0.2327	0.2358	0.2389
−0.7	0.2420	0.2451	0.2483	0.2514	0.2546	0.2578	0.2611	0.2643	0.2676	0.2709
−0.6	0.2743	0.2776	0.2810	0.2843	0.2877	0.2912	0.2946	0.2981	0.3015	0.3050
−0.5	0.3085	0.3121	0.3156	0.3192	0.3228	0.3264	0.3300	0.3336	0.3372	0.3409
−0.4	0.3446	0.3483	0.3520	0.3557	0.3594	0.3632	0.3669	0.3707	0.3745	0.3783
−0.3	0.3821	0.3859	0.3897	0.3936	0.3974	0.4013	0.4052	0.4090	0.4129	0.4168
−0.2	0.4207	0.4247	0.4286	0.4325	0.4364	0.4404	0.4443	0.4483	0.4522	0.4562
−0.1	0.4602	0.4641	0.4681	0.4721	0.4761	0.4801	0.4840	0.4880	0.4920	0.4960
0.0	0.5000	0.5040	0.5080	0.5120	0.5160	0.5199	0.5239	0.5279	0.5319	0.5359
0.1	0.5398	0.5438	0.5478	0.5517	0.5557	0.5596	0.5636	0.5675	0.5714	0.5753

(续表)

	0.00	0.01	0.02	0.03	0.04	0.05	0.06	0.07	0.08	0.09
0.2	0.5793	0.5832	0.5871	0.5910	0.5948	0.5987	0.6026	0.6064	0.6103	0.6141
0.3	0.6179	0.6217	0.6255	0.6293	0.6331	0.6368	0.6406	0.6443	0.6480	0.6517
0.4	0.6554	0.6591	0.6628	0.6664	0.6700	0.6736	0.6772	0.6808	0.6844	0.6879
0.5	0.6915	0.6950	0.6985	0.7019	0.7054	0.7088	0.7123	0.7157	0.7190	0.7224
0.6	0.7257	0.7291	0.7324	0.7357	0.7389	0.7422	0.7454	0.7486	0.7517	0.7549
0.7	0.7580	0.7611	0.7642	0.7673	0.7704	0.7734	0.7764	0.7794	0.7823	0.7852
0.8	0.7881	0.7910	0.7939	0.7967	0.7995	0.8023	0.8051	0.8078	0.8106	0.8133
0.9	0.8159	0.8186	0.8212	0.8238	0.8264	0.8289	0.8315	0.8340	0.8365	0.8389
1.0	0.8413	0.8438	0.8461	0.8485	0.8508	0.8531	0.8554	0.8577	0.8599	0.8621
1.1	0.8643	0.8665	0.8686	0.8708	0.8729	0.8749	0.8770	0.8790	0.8810	0.8830
1.2	0.8849	0.8869	0.8888	0.8907	0.8925	0.8944	0.8962	0.8980	0.8997	0.9015
1.3	0.9032	0.9049	0.9066	0.9082	0.9099	0.9115	0.9131	0.9147	0.9162	0.9177
1.4	0.9192	0.9207	0.9222	0.9236	0.9251	0.9265	0.9279	0.9292	0.9306	0.9319
1.5	0.9332	0.9345	0.9357	0.9370	0.9382	0.9394	0.9406	0.9418	0.9429	0.9441
1.6	0.9452	0.9463	0.9474	0.9484	0.9495	0.9505	0.9515	0.9525	0.9535	0.9545
1.7	0.9554	0.9564	0.9573	0.9582	0.9591	0.9599	0.9608	0.9616	0.9625	0.9633
1.8	0.9641	0.9649	0.9656	0.9664	0.9671	0.9678	0.9686	0.9693	0.9699	0.9706
1.9	0.9713	0.9719	0.9726	0.9732	0.9738	0.9744	0.9750	0.9756	0.9761	0.9767
2.0	0.9772	0.9778	0.9783	0.9788	0.9793	0.9798	0.9803	0.9808	0.9812	0.9817

注：d = 第一列值 + 第一行值，例如 $N(-2+0.01) = N(-1.99) = 0.0233$。

附表2　e^{rt}的值：1元的连续复利终值

$t \backslash r$	1%	2%	3%	4%	5%	6%	7%	8%	9%	10%
1	1.0101	1.0202	1.0305	1.0408	1.0513	1.0618	1.0725	1.0833	1.0942	1.1052
2	1.0202	1.0408	1.0618	1.0833	1.1052	1.1275	1.1503	1.1735	1.1972	1.2214
3	1.0305	1.0618	1.0942	1.1275	1.1618	1.1972	1.2337	1.2712	1.3100	1.3499
4	1.0408	1.0833	1.1275	1.1735	1.2214	1.2712	1.3231	1.3771	1.4333	1.4918
5	1.0513	1.1052	1.1618	1.2214	1.2840	1.3499	1.4191	1.4918	1.5683	1.6487
6	1.0618	1.1275	1.1972	1.2712	1.3499	1.4333	1.5220	1.6161	1.7160	1.8221
7	1.0725	1.1503	1.2337	1.3231	1.4191	1.5220	1.6323	1.7507	1.8776	2.0138
8	1.0833	1.1735	1.2712	1.3771	1.4918	1.6161	1.7507	1.8965	2.0544	2.2255

(续表)

$t\backslash r$	1%	2%	3%	4%	5%	6%	7%	8%	9%	10%
9	1.0942	1.1972	1.3100	1.4333	1.5683	1.7160	1.8776	2.0544	2.2479	2.4596
10	1.1052	1.2214	1.3499	1.4918	1.6487	1.8221	2.0138	2.2255	2.4596	2.7183
11	1.1163	1.2461	1.3910	1.5527	1.7333	1.9348	2.1598	2.4109	2.6912	3.0042
12	1.1275	1.2712	1.4333	1.6161	1.8221	2.0544	2.3164	2.6117	2.9447	3.3201
13	1.1388	1.2969	1.4770	1.6820	1.9155	2.1815	2.4843	2.8292	3.2220	3.6693
14	1.1503	1.3231	1.5220	1.7507	2.0138	2.3164	2.6645	3.0649	3.5254	4.0552
15	1.1618	1.3499	1.5683	1.8221	2.1170	2.4596	2.8577	3.3201	3.8574	4.4817
16	1.1735	1.3771	1.6161	1.8965	2.2255	2.6117	3.0649	3.5966	4.2207	4.9530
17	1.1853	1.4049	1.6653	1.9739	2.3396	2.7732	3.2871	3.8962	4.6182	5.4739
18	1.1972	1.4333	1.7160	2.0544	2.4596	2.9447	3.5254	4.2207	5.0531	6.0496
19	1.2092	1.4623	1.7683	2.1383	2.5857	3.1268	3.7810	4.5722	5.5290	6.6859
20	1.2214	1.4918	1.8221	2.2255	2.7183	3.3201	4.0552	4.9530	6.0496	7.3891
21	1.2337	1.5220	1.8776	2.3164	2.8577	3.5254	4.3492	5.3656	6.6194	8.1662
22	1.2461	1.5527	1.9348	2.4109	3.0042	3.7434	4.6646	5.8124	7.2427	9.0250
23	1.2586	1.5841	1.9937	2.5093	3.1582	3.9749	5.0028	6.2965	7.9248	9.9742
24	1.2712	1.6161	2.0544	2.6117	3.3201	4.2207	5.3656	6.8210	8.6711	11.0232
25	1.2840	1.6487	2.1170	2.7183	3.4903	4.4817	5.7546	7.3891	9.4877	12.1825
26	1.2969	1.6820	2.1815	2.8292	3.6693	4.7588	6.1719	8.0045	10.3812	13.4637
27	1.3100	1.7160	2.2479	2.9447	3.8574	5.0531	6.6194	8.6711	11.3589	14.8797
28	1.3231	1.7507	2.3164	3.0649	4.0552	5.3656	7.0993	9.3933	12.4286	16.4446
29	1.3364	1.7860	2.3869	3.1899	4.2631	5.6973	7.6141	10.1757	13.5991	18.1741
30	1.3499	1.8221	2.4596	3.3201	4.4817	6.0496	8.1662	11.0232	14.8797	20.0855
31	1.3634	1.8589	2.5345	3.4556	4.7115	6.4237	8.7583	11.9413	16.2810	22.1980
32	1.3771	1.8965	2.6117	3.5966	4.9530	6.8210	9.3933	12.9358	17.8143	24.5325
33	1.3910	1.9348	2.6912	3.7434	5.2070	7.2427	10.0744	14.0132	19.4919	27.1126
34	1.4049	1.9739	2.7732	3.8962	5.4739	7.6906	10.8049	15.1803	21.3276	29.9641
35	1.4191	2.0138	2.8577	4.0552	5.7546	8.1662	11.5883	16.4446	23.3361	33.1155
36	1.4333	2.0544	2.9447	4.2207	6.0496	8.6711	12.4286	17.8143	25.5337	36.5982
37	1.4477	2.0959	3.0344	4.3929	6.3598	9.2073	13.3298	19.2980	27.9383	40.4473
38	1.4623	2.1383	3.1268	4.5722	6.6859	9.7767	14.2963	20.9052	30.5694	44.7012
39	1.4770	2.1815	3.2220	4.7588	7.0287	10.3812	15.3329	22.6464	33.4483	49.4024

(续表)

t\r	1%	2%	3%	4%	5%	6%	7%	8%	9%	10%
40	1.4918	2.2255	3.3201	4.9530	7.3891	11.0232	16.4446	24.5325	36.5982	54.5982
41	1.5068	2.2705	3.4212	5.1552	7.7679	11.7048	17.6370	26.5758	40.0448	60.3403
42	1.5220	2.3164	3.5254	5.3656	8.1662	12.4286	18.9158	28.7892	43.8160	66.6863
43	1.5373	2.3632	3.6328	5.5845	8.5849	13.1971	20.2874	31.1870	47.9424	73.6998
44	1.5527	2.4109	3.7434	5.8124	9.0250	14.0132	21.7584	33.7844	52.4573	81.4509
45	1.5683	2.4596	3.8574	6.0496	9.4877	14.8797	23.3361	36.5982	57.3975	90.0171
46	1.5841	2.5093	3.9749	6.2965	9.9742	15.7998	25.0281	39.6464	62.8028	99.4843
47	1.6000	2.5600	4.0960	6.5535	10.4856	16.7769	26.8429	42.9484	68.7172	109.9472
48	1.6161	2.6117	4.2207	6.8210	11.0232	17.8143	28.7892	46.5255	75.1886	121.5104
49	1.6323	2.6645	4.3492	7.0993	11.5883	18.9158	30.8766	50.4004	82.2695	134.2898
50	1.6487	2.7183	4.4817	7.3891	12.1825	20.0855	33.1155	54.5982	90.0171	148.4132

附表3　e^{-rt}的值：1元的连续复利现值

t\r	1%	2%	3%	4%	5%	6%	7%	8%	9%	10%
1	0.9900	0.9802	0.9704	0.9608	0.9512	0.9418	0.9324	0.9231	0.9139	0.9048
2	0.9802	0.9608	0.9418	0.9231	0.9048	0.8869	0.8694	0.8521	0.8353	0.8187
3	0.9704	0.9418	0.9139	0.8869	0.8607	0.8353	0.8106	0.7866	0.7634	0.7408
4	0.9608	0.9231	0.8869	0.8521	0.8187	0.7866	0.7558	0.7261	0.6977	0.6703
5	0.9512	0.9048	0.8607	0.8187	0.7788	0.7408	0.7047	0.6703	0.6376	0.6065
6	0.9418	0.8869	0.8353	0.7866	0.7408	0.6977	0.6570	0.6188	0.5827	0.5488
7	0.9324	0.8694	0.8106	0.7558	0.7047	0.6570	0.6126	0.5712	0.5326	0.4966
8	0.9231	0.8521	0.7866	0.7261	0.6703	0.6188	0.5712	0.5273	0.4868	0.4493
9	0.9139	0.8353	0.7634	0.6977	0.6376	0.5827	0.5326	0.4868	0.4449	0.4066
10	0.9048	0.8187	0.7408	0.6703	0.6065	0.5488	0.4966	0.4493	0.4066	0.3679
11	0.8958	0.8025	0.7189	0.6440	0.5769	0.5169	0.4630	0.4148	0.3716	0.3329
12	0.8869	0.7866	0.6977	0.6188	0.5488	0.4868	0.4317	0.3829	0.3396	0.3012
13	0.8781	0.7711	0.6771	0.5945	0.5220	0.4584	0.4025	0.3535	0.3104	0.2725
14	0.8694	0.7558	0.6570	0.5712	0.4966	0.4317	0.3753	0.3263	0.2837	0.2466
15	0.8607	0.7408	0.6376	0.5488	0.4724	0.4066	0.3499	0.3012	0.2592	0.2231
16	0.8521	0.7261	0.6188	0.5273	0.4493	0.3829	0.3263	0.2780	0.2369	0.2019
17	0.8437	0.7118	0.6005	0.5066	0.4274	0.3606	0.3042	0.2567	0.2165	0.1827

(续表)

$t \backslash r$	1%	2%	3%	4%	5%	6%	7%	8%	9%	10%
18	0.8353	0.6977	0.5827	0.4868	0.4066	0.3396	0.2837	0.2369	0.1979	0.1653
19	0.8270	0.6839	0.5655	0.4677	0.3867	0.3198	0.2645	0.2187	0.1809	0.1496
20	0.8187	0.6703	0.5488	0.4493	0.3679	0.3012	0.2466	0.2019	0.1653	0.1353
21	0.8106	0.6570	0.5326	0.4317	0.3499	0.2837	0.2299	0.1864	0.1511	0.1225
22	0.8025	0.6440	0.5169	0.4148	0.3329	0.2671	0.2144	0.1720	0.1381	0.1108
23	0.7945	0.6313	0.5016	0.3985	0.3166	0.2516	0.1999	0.1588	0.1262	0.1003
24	0.7866	0.6188	0.4868	0.3829	0.3012	0.2369	0.1864	0.1466	0.1153	0.0907
25	0.7788	0.6065	0.4724	0.3679	0.2865	0.2231	0.1738	0.1353	0.1054	0.0821
26	0.7711	0.5945	0.4584	0.3535	0.2725	0.2101	0.1620	0.1249	0.0963	0.0743
27	0.7634	0.5827	0.4449	0.3396	0.2592	0.1979	0.1511	0.1153	0.0880	0.0672
28	0.7558	0.5712	0.4317	0.3263	0.2466	0.1864	0.1409	0.1065	0.0805	0.0608
29	0.7483	0.5599	0.4190	0.3135	0.2346	0.1755	0.1313	0.0983	0.0735	0.0550
30	0.7408	0.5488	0.4066	0.3012	0.2231	0.1653	0.1225	0.0907	0.0672	0.0498
31	0.7334	0.5379	0.3946	0.2894	0.2122	0.1557	0.1142	0.0837	0.0614	0.0450
32	0.7261	0.5273	0.3829	0.2780	0.2019	0.1466	0.1065	0.0773	0.0561	0.0408
33	0.7189	0.5169	0.3716	0.2671	0.1920	0.1381	0.0993	0.0714	0.0513	0.0369
34	0.7118	0.5066	0.3606	0.2567	0.1827	0.1300	0.0926	0.0659	0.0469	0.0334
35	0.7047	0.4966	0.3499	0.2466	0.1738	0.1225	0.0863	0.0608	0.0429	0.0302
36	0.6977	0.4868	0.3396	0.2369	0.1653	0.1153	0.0805	0.0561	0.0392	0.0273
37	0.6907	0.4771	0.3296	0.2276	0.1572	0.1086	0.0750	0.0518	0.0358	0.0247
38	0.6839	0.4677	0.3198	0.2187	0.1496	0.1023	0.0699	0.0478	0.0327	0.0224
39	0.6771	0.4584	0.3104	0.2101	0.1423	0.0963	0.0652	0.0442	0.0299	0.0202
40	0.6703	0.4493	0.3012	0.2019	0.1353	0.0907	0.0608	0.0408	0.0273	0.0183
41	0.6637	0.4404	0.2923	0.1940	0.1287	0.0854	0.0567	0.0376	0.0250	0.0166
42	0.6570	0.4317	0.2837	0.1864	0.1225	0.0805	0.0529	0.0347	0.0228	0.0150
43	0.6505	0.4232	0.2753	0.1791	0.1165	0.0758	0.0493	0.0321	0.0209	0.0136
44	0.6440	0.4148	0.2671	0.1720	0.1108	0.0714	0.0460	0.0296	0.0191	0.0123
45	0.6376	0.4066	0.2592	0.1653	0.1054	0.0672	0.0429	0.0273	0.0174	0.0111
46	0.6313	0.3985	0.2516	0.1588	0.1003	0.0633	0.0400	0.0252	0.0159	0.0101
47	0.6250	0.3906	0.2441	0.1526	0.0954	0.0596	0.0373	0.0233	0.0146	0.0091
48	0.6188	0.3829	0.2369	0.1466	0.0907	0.0561	0.0347	0.0215	0.0133	0.0082
49	0.6126	0.3753	0.2299	0.1409	0.0863	0.0529	0.0324	0.0198	0.0122	0.0074
50	0.6065	0.3679	0.2231	0.1353	0.0821	0.0498	0.0302	0.0183	0.0111	0.0067

主要参考文献

[1] Dixit A. K., Pindyck R. S. *Investment under Uncertainty*[M]. Princeton university press, 1994.

[2] Mard M. J., Hitchner J. R., Hyden S. D. *Valuation for Financial Reporting:Fair Value Measurements and Reporting, Intangible Assets, Goodwill and Impairment* [M]. John Wiley & Sons Ltd, 2007.

[3] Mun J. *Real Options Analysis:Tools and Techniques for Valuing Strategic Investments and Decisions* [M]. John Wiley & Sons Ltd, 2002.

[4] Smit Han T. J., Trigeorgis L. *Strategic Investment:Real Options and Games*[M]. Princeton University Press, 2012.

[5] 埃斯瓦斯·达摩达兰.估值:难点、解决方案及相关案例[M].李必龙,李羿,郭海等译,北京:机械工业出版社,2013.

[6] 巴鲁·列弗.无形资产管理、计量与呈报[M].王志台,唐春霞,杨明译,北京:中国劳动保障出版社,2003.

[7] 陈洪,赵英爽.知识产权损害赔偿评估[J].科技与法律,2013(6):62—72.

[8] 陈佳贵,黄群慧.无形资产管理及其对我国企业改革与发展的意义[J].管理世界,1998(6):129—137.

[9] 陈智超.无形资产转让定价问题研究:以美国和OECD的制度为中心[M].厦门:厦门大学出版社,2012.

[10] 戈登·史密斯,罗素·帕尔.知识产权价值评估、开发与侵权赔偿[M].夏玮,周叔敏,杨蓬译,北京:电子工业出版社,2012.

[11] 格里·格瑞.股票价值评估(简单量化的股票价值评估方法)[M].北京:中国财政经济出版社,2004.

[12] 郭化林.中外资产评估准则比较研究[M].上海:立信会计出版社,2012.

[13] 胡晓明,赵东阳,孔玉生,等.企业异质与可比公司赋权——基于并购的非上市公司估值模

型构建与应用[J].会计研究,2014(11):53—59.

[14] 胡晓明.基于企业异质的市场法估值模型构建与应用[J].会计之友,2015(17):14—19.

[15] 姜楠.对无形资产评估价值决定理论的重新认识[J].东北财经大学学报,2004(6):52—55.

[16] 姜楠.无形资产评估[M].北京:中国财政经济出版社,2015.

[17] 李永刚.市场风险溢价ERP确定方式分析[J].中国资产评估,2015(1):30—34.

[18] 李志强.小微企业融资难题与信息化对策[J].当代财经,2012(10):80—85.

[19] 理查德·拉兹盖蒂斯.评估和交易以技术为基础的知识产权:原理、方法和工具[M].中央财经大学资产评估研究所,中和资产评估有限公司译,北京:电子工业出版社,2012.

[20] 梁旭雯,陈轩.中美无形资产会计准则比较分析[J].宁波工程学院学报,2011,23(4),19—24.

[21] 林婷莎.企业合并对价分摊中的无形资产评估研究[D].大连:东北财经大学,2011.

[22] 刘德运.无形资产评估[M].北京:中国财政经济出版社,2010.

[23] 刘爽,王军辉,刘玉锁.轻资产企业价值评估的探讨[J].会计之友,2014(20):48—52.

[24] 刘伍堂.无形资产评估[M].北京:知识产权出版社,2011.

[25] 刘小峰,程书萍,盛昭瀚.不同驱动力下的服务创新及其竞争优势分析[J].科技与经济,2012,25(3):96—100.

[26] 刘小峰,毛彦宇.基于B-S模型的无形资产分成率计算[J].中国资产评估,2015(1):35—39.

[27] 刘小峰.实物期权评估模型中波动率的计算及其敏感性分析[J].中国资产评估,2013(4):16—19.

[28] 罗伯特·F.赖利,罗伯特·P.施韦斯.商业价值评估与知识产权分析手册[M].李浩敏译,北京:中国人民大学出版社,2006.

[29] 罗伯特·卡普兰,大卫·诺顿.战略地图:化无形资产为有形成果[M].刘俊勇,孙薇译,广州:广东经济出版社,2005.

[30] 玛格丽特·布莱尔,史蒂文·沃曼.无形财富:来自布鲁金斯无形资产特别工作组的报告[M].王志台,谢诗蕾,陈春华译,北京:中国劳动保障出版社,2004.

[31] 那力,夏佩天,薛晓波.无形资产转让定价的国际税法调整:公平交易原则VS全球公式法[J].当代法学,2010(5):125—131.

[32] 帕特里克·沙利文.价值驱动的智力资本[M].赵亮译,北京:华夏出版社,2002.

[33] 汤姆,科普兰,蒂姆,等.价值评估:公司价值的衡量与管理(第4版)[J].高建,魏平,朱晓龙等译,北京:电子工业出版社,2013.

[34] 汤湘希.无形资产会计研究[M].北京:经济科学出版社,2009.

[35] 王毅.知识产权侵权损害赔偿评估研究[J].中国发明与专利,2007(12):54—57.

[36] 王志强,梁明锻,陈培昆.实物期权理论及其在资产评估中的应用[J].中国资产评估,2005

(1):14—18.

[37] 韦斯顿·安顿.知识产权价值评估基础[M].李艳译,北京:知识产权出版社,2009.

[38] 温世扬,邱永清.惩罚性赔偿与知识产权保护[J].法律适用,2004(12):50—51.

[39] 吴汉东.利弊之间:知识产权制度的政策科学分析[J].法商研究,2006(5):6—15.

[40] 严郁.无形资产研发与管理税务问题探讨[J].财会通讯,2012(16):68—70.

[41] 杨汝梅.无形资产论[M].施仁夫译,上海:立信会计出版社,2009.

[42] 于玉林.美国道化学公司无形资产经营的可取之经与可借之道[J].财务与会计,2006(2):66—68.

[43] 约翰·贝利.无形资产的有形战略:管理公司六大无形资产的制胜法宝[M].陈江华译,北京:知识产权出版社,2006.

[44] 张五常.经济解释:张五常经济论文选[M].北京:商务印书馆,2000.

[45] 张潆心.国际评估指南NO.4——无形资产评估(修订版)(征求意见稿)[J].崔劲译,中国资产评估,2009(6):6—16.

[46] 张志强.期权理论与公司理财[M].北京:华夏出版社,2001.

[47] 赵加积.重视无形资产的优化配置[N].人民日报,2008-05-09,第07版.

[48] 赵强.资产评估价值类型的探讨[J].中国资产评估,2013(12):26—28.

[49] 中国注册会计师协会.财务成本管理[M].北京:中国财政经济出版社,2012.

[50] 中国资产评估协会.SY公司GMB产品专利技术评估案例[J].中国资产评估,2010(10):20—27.

[51] 中国资产评估协会.BM公司合并对价分摊的公允价值评估案例[J].中国资产评估,2010(8):13—20.

[52] 中国资产评估协会.CSSJD公司商誉减值测试评估案例[J].中国资产评估,2010(10):13—20.

[53] 中国资产评估协会.资产评估[M].北京:经济科学出版社,2011.

[54] 中国资产评估协会.资产评估理论与实践研究[M].北京:经济科学出版社,2011.

[55] 周友梅,胡晓明.资产评估学基础(第三版)[M].上海:上海财经大学出版社,2014.

北京大学出版社教师反馈及教辅申请表

北京大学出版社本着"教材优先、学术为本"的出版宗旨,竭诚为广大高等院校师生服务。为更有针对性地提供服务,请您认真填写以下表格并经系主任签字盖章后反馈给我们,我们将按照您填写的联系方式免费向您提供相应教辅资料,以及在本书内容更新后及时与您联系邮寄样书等事宜。

书名		书号	978-7-301-	作者	
您的姓名				职称职务	
校/院/系					
您所讲授的课程名称					
每学期学生人数	_____人	_____年级		学时	
您准备何时用此书授课					
您的联系地址					
邮政编码			联系电话(必填)		
E-mail(必填)			QQ		
您对本书的建议:				系主任签字盖章	

我们的联系方式:

北京大学出版社经济与管理图书事业部
北京市海淀区成府路 205 号,100871
联 系 人:徐 冰
电 话:010-62767312/62757146
传 真:010-62556201
电子邮件:em@pup.cn　　em_pup@126.com
Q 　 Q:5520 63295
微 　 信:北大经管书苑(pupembook)
新浪微博:@北京大学出版社经管图书
网　　 址:http://www.pup.cn